少年读历史

SHAONIAN DU LISHI

秦·汉

朝旭文化◎主编

江苏凤凰美术出版社

图书在版编目（CIP）数据

少年读历史．秦汉 / 朝旭文化主编．-- 南京：江苏凤凰美术出版社，2020.1（2021.1 重印）

ISBN 978-7-5580-6809-6

Ⅰ．①少… Ⅱ．①朝… Ⅲ．①中国历史－秦汉时代－少年读物 Ⅳ．① K209

中国版本图书馆 CIP 数据核字 (2019) 第 266807 号

责任编辑 李秋瑶
封面设计 陈玉军
责任监印 唐 虎

书　　名 少年读历史．秦汉
主　　编 朝旭文化
出版发行 江苏凤凰美术出版社（南京市湖南路 1 号　邮编：210009）
出版社网址 http://www.jsmscbs.com.cn
印　　刷 德州市永诚印刷有限公司
开　　本 880mm × 1230mm　1/32
总 印 张 24
版　　次 2020 年 1 月第 1 版　2021 年 1 月第 3 次印刷
标准书号 ISBN 978-7-5580-6809-6
总 定 价 120.00 元（全 8 册）

营销部电话 025-68155675

少年，我们为什么要读历史？

学史明智，鉴古知今。

历史是什么？历史是一个民族和国家形成、发展及其兴盛衰亡的真实记录，是前人各种知识、经验和智慧的总汇。

历史就像一面镜子，以史为镜可以知兴替，以人为镜可以明得失。学史明智，鉴古知今。读华夏历史，不仅可以了解中华五千年的史实，而且还能够让我们铭记历史，从历史中学习前人的智慧，深刻把握人类发展的历史规律，在对历史的深入思考中汲取智慧、继往开来。

少年朋友们，读历史不只是为了应对考试，更要深刻地认识到学习历史的重要意义。有的人从历史中学到丰富的史学知识，有的人从历史中学到坚韧不拔的精神，有的人从历史中学到为人处世之道，有的人从历史中学到为官之道……历史如同一个巨大的宝库，有着无尽的财富，只要你愿意去挖掘，每个人都可以各取所需，有意想不到的收获。

少年朋友们，读历史对我们有太多太多的好处——

1 丰富知识，开拓思维

读历史，用历史知识武装头脑，取其精华，去其糟粕，让头脑敏锐地思考，做出有益于他人或者社会的行为。

2 增强民族自豪感和凝聚力

读历史，了解华夏五千年的灿烂历史，为勤劳智慧的祖先感到骄傲，增强人们的自豪感、荣誉感、归属感和整体的凝聚力。

3 培养胸怀和抱负

读历史，我们可以了解前人处世的态度、远大的抱负和无畏的精神，受到他们潜移默化的影响和熏陶，从而胸怀远大的志向。

4 借鉴别人的经验

读历史，了解历史上的人物和事件，借鉴前人的经验，吸取教训，学习某个人物的某种精神，从而武装自己的头脑及提高明辨是非的能力。

5 了解人性的弱点

读历史，你能从中发现历史环境和现实场景有相通之处，看清共同的人性弱点，从而提醒自己不能犯相同的错误。

少年朋友们，可见读历史是多么的重要啊！从今天开始，让我们多看一些有益的历史书籍吧！

目录

秦朝

汉朝

少年读历史

秦朝

历二帝，共十四年

都城：咸阳（今陕西咸阳）

秦王统一天下

荆轲刺杀秦王失败后，愤怒的秦王政就对燕国发起了猛攻，燕太子丹率领燕军与秦军交战，却**节节败退**。燕王只好和燕太子丹退守到辽东，秦军依然紧追不舍。秦王政让燕国交出燕太子丹，燕王无奈，只好杀了燕太子丹向秦王政赔罪，向秦国求和。

这时，秦国已经灭掉了韩国，赵国也只剩一座代城，秦王政手下的大臣尉缭(liáo)说："不如趁天气寒冷，先攻打南方的魏国和楚国。"于是，公元前225年，秦王派大将出兵魏国。魏国战败，魏王和大臣们都成了秦军的俘虏，被押送到秦国国都咸阳。

接着就要攻打楚国，出发前，秦王政问将领李信："你需要多少兵马才能打败楚国？"李信说：

“只需要二十万人马。”同样的问题，老将王翦却说要六十万兵马。秦王政认为王翦年纪大了，胆子也变小了，就给了李信二十万兵马，让他带兵攻打楚国。

王翦见秦王政不再信任他，就以生病为由，辞官回老家去了。

结果二十万秦军被楚军打得**七零八落**，**狼狈不堪**地逃了回来。秦王政这才明白用错了人，亲自

到王翦的故乡，请他出来统领秦军。王翦说："楚国是六国之中实力最强的，如果一定要我出兵，我仍然要六十万兵马。楚国轻易就能召集上百万士兵，而我带六十万兵马已经是很少的了。"

秦王政答应了王翦的要求，让他带兵出征，亲自把他们送到灞上。

王翦的大军到了楚国边境，楚国大将项燕带领了二十万兵马，副将景骐也带了二十万兵马，动员了全国的兵力，要跟秦国决一死战。

可王翦到了前线以后，安营扎寨，不许士兵主动攻击对方。每天，不管楚军怎么挑战，王翦对他们都不理不睬，只是派出一部分人马运输粮草，让其余士兵专心修筑城池，摆出一副坚固防守的姿态。

双方对峙了一年多，原本时刻防御着的楚军以为王翦只是在这里守卫边境，逐渐松懈下来，有时还在军营中玩游戏。王翦派人时刻打听楚军的动静，收到消息后，知道时机到了，便整顿好军队，**排山倒海**似的冲了过去。

没有防备的楚军手忙脚乱地抵抗了一阵儿，就连连败退，两个将军也带着残兵败将逃跑了。

王翦一路打到了寿春，活捉了楚王负刍，楚将景骐自杀。王翦又渡过长江，追击退守江南的项燕，项燕见大势已去，也自杀了，楚国就此灭亡。

王翦灭楚后，就向秦王政告老还乡了。他的儿子王贲接替了他的位子。公元前228—公元前222年，王贲又攻下早已衰落的燕、赵两国。

到公元前221年，只剩齐国了。齐王建一向不敢得罪秦国，便不断向秦国求和，以为处处忍让就能保全齐国。齐国的大臣们也被秦国收买了，当其他国家受到秦国攻击并向齐国求援时，齐王总会因为害怕或大臣们的劝阻，选择**袖手旁观**。他**一厢情愿**地认为，秦国和齐国是盟国，相隔又远，秦国不会真的来攻打齐国。公元前221年，王贲带领秦军攻打齐国，大军压境，齐王后悔也晚了。

秦军几十万人马像洪水一般冲过来，如入无人之境，齐国的士兵多年没打仗了，哪里抵挡得住，又无处求援，没几天，都城就被攻破了，齐王建只好投降。

秦王政花了十余年时间，吞并六国，一统天下。从此，中国结束了自周平王以来五百多年的诸侯割据的战乱局面，进入了一个新的时代——秦朝。这是中国历史上第一个统一的多民族中央集权的国家。

历史小启迪

秦始皇能统一六国，不仅是因为六国互相攻打，彼此削弱实力，更是因为历史发展的趋势需要一个大一统的国家。其中，楚国原本有实力与秦国抗衡，却因为懒散松懈的军纪，招致惨败。可见，一时的努力容易，坚持下来却很难，成功贵在坚持。

赵高独揽大权

公元前210年，秦始皇到东南巡察，陪同他的是他的小儿子胡亥、丞相李斯和宦官赵高。

秦始皇在巡察途中病倒了，到了沙丘（今河北广宗）之后，他的病情越发严重。他知道自己不久于人世，便让李斯和赵高送信给还在蒙恬(tián)那里当监军的扶苏，让他立刻赶回咸阳继承大统。

可是，赵高还没来得及把密信交给使者，秦始皇就去世了。

沙丘离咸阳还有一千六百多里，短时间内是赶不回去的，李斯担心死讯一旦公开，会引起民心动荡，六国遗民也会乘机造反，就把秦始皇的尸体放在辒辌车（古代的卧车，有门窗，关上则温，打开则凉。由于这次事件，后世常将辒辌车用作丧车）中，派秦始皇的亲信宦官同车。每到一个地方，都跟平时一样，给秦始皇送去饮食和百官的奏章，由宦官

在辒辌车内批示公文。为了掩盖异味，他们又在车里装了许多臭鱼，打算回到咸阳后再做安排。

宦官赵高跟扶苏和蒙恬都有仇，他又是胡亥的老师。他怕扶苏继位后，会找自己算账，就怂恿胡亥夺位。等胡亥答应了，他们又去逼李斯参与夺位的事，最后李斯也同意了。

接着，李斯又以秦始皇的名义，伪造了一份诏书，令扶苏和蒙恬自尽。

扶苏死后，赵高、李斯、胡亥立即回到咸阳，把秦始皇病逝的消息宣告天下。三人早就商量好了，他们拆开秦始皇留给公子扶苏的信，谎称秦始皇在沙丘留下了遗诏，让朝中大臣拥立胡亥登基，胡亥即秦二世。大臣们都以为这是秦始皇生前的命令，谁也不敢反对。

胡亥刚继位，就在赵高的诱导下，把将来有可能和他争夺皇位的兄弟姐妹全杀光了，并天天追求极致的享受。后来赵高又设计害死李斯，继而成为秦朝的丞相。国家大权很快就被赵高独揽了。

秦二世非常信任赵高，但赵高**野心勃勃**，日夜盘算着篡夺皇位。可朝中大臣有多少人能听他摆布，又有多少人反对他，他心中没底。于是，他想了一个办法，准备测试一下自己的威信有多高，同时也可以摸清敢反对他的人有多少。

一天上朝时，赵高让人牵来一只鹿，满脸堆笑地对秦二世说："陛下，臣献给您一匹好马。"秦二世一看，心想：这哪里是马，分明是一只鹿嘛！便笑着对赵高说："丞相搞错了，此乃鹿也！"赵高面不改色地说："请陛下看清楚了，这的的确确是一匹千里好马。"秦二世又看了看那只鹿，将信将疑地说："马的头上怎么会长角呢？"赵高一看时机到了，转过身，用手指着众大臣，大声地说："陛

下如果不信我的话，可以问问众位大臣。”

大臣们都被赵高的一派胡言搞得不知所措。当看到赵高脸上露出阴险的笑容，两只眼睛骨碌碌地盯着众人的时候，大臣们忽然明白了他的用意。一些胆小又有正义感的人都低下头，不敢说话，因为说假话对不起自己的良心，说真话又怕日后为赵高所害。有些正直的人，坚持认为是鹿而不是马。还有一些平时唯赵高**马首是瞻**的奸佞小人，立马站出来支持赵高的说法，完全睁着眼睛说瞎话。

这件事过后，赵高不择手段地把那些不肯与自己**同流合污**的忠臣良将纷纷治罪，甚至害得他们**家破人亡**。

历史小启迪

千古一帝秦始皇，死后却成了奸臣争夺权力的道具，令人唏嘘。秦王朝传不过三世，享国仅十四年，便江山易姓，山河破碎。究其原因，自然很多。赵高的所作所为虽不是根本原因，但也是重要因素，正如汉朝人所说：“秦使赵高执辔而覆其车。”赵高用阴谋、权术，给自己铺就了到达权势高位的台阶，同时也把自己钉上了历史的耻辱柱。

陈胜、吴广揭竿而起

秦始皇当年为了阻止匈奴入侵，派大将蒙恬率领三十万大军修筑长城，还从全国各地调集了七十万名囚犯和民工参与长城的修筑。后来，秦始皇为了开发南方地区以及修建秦陵，又陆续调集了近百万民工。没有足够的壮丁，官兵就直接到各家各户去抓。

秦陵工程浩大，从秦始皇生前就开始建造了，秦二世时又继续修建，前前后后花了三十八年，终于修建完成。为了防止秦陵里面的布置被工匠们泄露出去，秦二世就把他们全都封死在陵墓里面，给秦始皇陪葬。

那时候没有机械设备，长城修在大山峭壁上，秦陵也是全靠人力长途伐运四川、湖北等地的木材，开凿北山的石料，同时还要押送大批贫苦农

民去北方边疆防守……秦朝人口不过两千多万，繁重的徭役就累死了大量民工。百姓们**苦不堪言**，**怨声载道**，起义的烽烟眼看就要燃起了。

公元前209年，两名军官押着强行征来的九百多名壮丁，动身去渔阳（今北京密云区一带）。为了便于管理，军官从里面挑选了两个人当队长，一个叫陈胜，一个叫吴广。

陈胜年轻的时候，家里很穷，靠给人种地为生，可他很不喜欢这样的生活。

有一天，他把农具一扔，在田埂里发起了呆，忽然他对同伴说："以后大家大富大贵了，一定不要忘记彼此啊。"同伴们都嘲笑他**不自量力**，说："我们给人家耕地，怎么可能富贵呢？"

陈胜听了，长叹一口气说："燕雀安知鸿鹄之志哉！"意思是说：小小的麻雀，怎么会懂得我这只大雁的高远志向呢？

这次去渔阳，陈胜认识了吴广，两人十分投缘，很快成了好朋友。

队伍走到大泽乡（今安徽宿州）的时候，遇到了连绵的大雨，耽误了行程，眼看不能在规定的日期内到达渔阳了，大家都着急起来，因为按照秦朝的法律，不能按期报到，是要被杀头的。

陈胜就和吴广商量说："我们误了日期，现在去渔阳，不是白白送死吗？咱们去也是死，不去也是死，还不如起来造反一搏。以前的楚国大将军项燕因为爱护士兵，打了许多胜仗，楚国人都非常爱戴他。我们不如借他的名义号召天下，百姓一定会支持我们的。"吴广觉得陈胜说得很有道理，愿意和陈胜一起干。

他们找来一块白布条，写上“陈胜王”三个字，然后趁陈胜替伙夫买鱼的机会，偷偷塞进鱼腹。伙夫剖鱼的时候，发现了鱼腹中的布条，大家十分惊奇，都注意到了这件事。

半夜的时候，大伙儿又听到有个声音在叫：“大楚兴，陈胜王！”其实，那是吴广在荒郊的破祠堂里学狐狸叫呢。

可大家听到叫声，都认为陈胜称王是上天的旨意，便对他十分尊重。

陈胜和吴广见大家相信了他们，第二天早晨，就进到押送官的营帐中，故意闹着要回去，激怒他们，等军官拔出剑时，陈胜一把夺过剑，杀死了他们。

外面的人听到动静，都闯了进来，陈胜大喊道：“王侯将相，宁有种乎？”意思是说：那些当大官、当皇帝的人，难道天生就比别人高贵吗？大家被陈胜的气势所感染，都欢呼起来。

随后，陈胜叫兄弟们做了一面大旗，上面写了一个斗大的“楚”字，宣布正式起兵。大家推举陈胜为将军，吴广为都尉，九百多名壮丁组成起义军，顺利地占领了大泽乡。

附近的青年子弟听说了，纷纷过来参军，人多了武器不够，他们就砍了许多木棍当刀枪，又砍了许多竹子，留下上面的枝当旗子，这就是成语“**揭竿而起**”的由来。

陈胜、吴广领着这支起义军一路前进，每到一处，他们不抢东西，不伤害百姓，受到了百姓们的欢迎。起义军一路势如破竹，占领了好多地方。攻下陈县（今河南周口）后，陈胜就称了王，国号“张楚”。

可惜，起义军战线拉得太长，号令不能统一，起兵不到三个月，就碰上了秦军，起义军抵挡不住打了败仗，吴广和陈胜也相继遇害，起义军就此瓦解。

声势浩大的大泽乡起义虽然失败了，可他们点燃的那把反抗秦朝残暴统治的火却越烧越旺。那些不服秦朝统治的六国遗民纷纷重新成立诸侯国，神州大地上到处都是起义军，烽火连天。

历史小启迪

秦朝的统治如此残暴，被人推翻是历史的必然。而陈胜等人遇到大雨后走投无路，只好揭竿起义，这只是一个偶然的事件。历史就是由一连串的必然事件与偶然事件构成的。在我们的生活当中，会遇到很多偶然的机遇，一旦我们抓住它并好好加以利用，也许离成功的目标就更近了。

刘项起兵反秦

陈胜、吴广的起义坚定了全国人民反抗暴秦的决心，各地的起义军纷纷揭竿而起。那些六国的遗民也纷纷重新建立了政权，战火四起。

势力最大的一支起义军是由项梁和他的侄儿项羽领导的。项梁、项羽是楚国大将项燕的后人，项家祖祖辈辈都是楚国大将，项燕的儿子项梁一直都梦想能恢复楚国。楚国灭亡后，他隐姓埋名，逃到了吴中。项梁能文能武，很快得到了吴中百姓的欢迎，他便暗中教他们武艺，从中结识青年才俊。

大泽乡起义后，二十四岁的项羽和他的叔父杀了吴中太守，占领了会稽郡。吴中的一班青年子弟见项羽相貌堂堂、力能举鼎，都表示愿意跟随他一起起事。叔侄二人很快就拉起了一支队伍。

项梁、项羽带着八千子弟兵渡江，顺利打下了广陵，又渡过淮河，沿路不断有起义军加入，等到了下邳（今江苏睢宁），已经有上万人了。

为了更快地壮大队伍，项梁听从了谋士范增的建议，找到了楚怀王流落在民间的后代熊心，立了一个新的“楚怀王”，以楚国自称。这样一来，项梁的队伍声势大涨，没多久就攻下了东阿、濮阳、定陶三郡。项梁还以楚怀王的名义，把各路起义军联合了起来，成为起义军联盟的

首领。

来投靠项梁叔侄的起义军中，有一支一百多人的队伍，领头的人叫刘邦。

刘邦出生于沛县（今江苏沛县）的一个普通家庭。他性格豪爽，喜欢到处结交朋友，三十多岁的时候，他做了泗水的亭长，在当地小有名气。沛县的吕公见刘邦相貌不凡，还主动把女儿吕雉嫁给了他。

有一次，刘邦奉命押送一批犯人去骊山（在今陕西西安）。一路上，不断有人在晚上逃跑，还没到骊山，队伍就没剩多少人了。刘邦一看，觉得等到了骊山，估计人也就跑光了。于是，走到芒砀山（在今河南永城）这个地方时，他叫大家停下来休息，自己去买了酒，大家痛痛快快地喝了一场。等到天黑，他就把所有人都放了，并对他们说："你们都逃命去吧，我也要走得远远的了。"犯人们都走了，只有十几个人留了下来，愿意跟着刘邦一起找活路。

大伙儿趁着夜色，抄小路通过沼泽地，走了

一程，在前面探路的人回来说，前面有条大蛇。

刘邦走到前面一看，只见路上躺着一条很大的白蛇，便拔出随身带的宝剑，一下子把蛇砍成了两段。刘邦又往前走了一段路，因为醉得厉害，索性躺在地上睡了一觉。

等到第二天醒来，随行的人告诉他，昨晚有个老太太在路边哭泣，说赤帝之子杀了她的儿子白帝之子，说完就忽然不见了。古人信奉鬼神，经过这件事，大家对刘邦更敬重了。

刘邦他们在芒砀山躲了一年左右，聚集起一支一百多人的队伍，跟沛县的文书萧何和监狱官曹参也取得了联系。

当时陈胜、吴广打下了陈县，于是萧何就建议沛县县令把流亡在外的人召集回来，增加守城的力量。等到

刘邦带着一百多人到了沛县，县令又反悔了，还反过来捉拿萧何和曹参。

百姓对平时不理会他们死活的县令本来就不满，见县令糊涂，就一起杀了县令，打开城门迎接刘邦入城，并推举他做了沛公。刘邦顺势建祭坛、立赤旗，称自己是赤帝的儿子，带着大家举起了反秦的大旗。这一年是公元前209年，刘邦四十八岁。

历史小启迪

刘邦起义之时，一无家财，二无靠山，却能在短时间内聚集起一帮跟他打天下的人，是因为他豪爽仗义，能够取信于人。他的故事说明，要想成就大事，就要先学做人，拥有强大的人格魅力，这样才能召集到更多的伙伴来帮助自己，事半功倍。

巨鹿之战

秦朝末年，秦军大将章邯攻打赵国，赵军退守巨鹿（今河北平乡），并被秦军重重包围。赵王无法突围，眼看城就要被攻破了，只得派使者冒死向外求救。

这时，项梁已经因骄傲轻敌，在定陶被秦将章邯的凶猛反扑击败，战死了。项羽想为叔叔项梁报仇，主动提出去救援赵国。于是，公元前207年10月，楚怀王任命心腹将领宋义为上将军，项羽为次将军，让他们率领大军北上援赵。

援赵大军到了安阳（今山东曹县），宋义听说秦军声势浩大，没有必胜的信心，想让秦军和赵军先打上一仗，等到两边兵力都消耗得差不多了再出兵，于是在安阳驻扎下来。

这一停就是十多天，宋义每天只是饮酒作乐，完全不提进攻的事，项羽十分着急，闯进宋义的营帐对他说：“将军总是不出兵是不行的，赵王都快被秦军逼疯了，我们现在渡过黄河，与赵军里应外合，一定能打败秦军。”

宋义冷笑着说：“你懂什么，等到秦军打了胜仗，疲惫的时候再去打，这就叫**以逸待劳**，坐收渔翁之利。和敌人正面对战，你厉害；可说到谋略，你就比不上我了。你还是回去吧。”

这一等，又等了四十六天。北方的十一月天气寒冷，又下起了雨，士兵们衣服不够穿，粮食也不够吃了，都抱怨起来。宋义不但不理会，还大摆宴席，要送他的儿子去齐国当丞相。

项羽终于愤怒了，他指着宋义那暖洋洋的军帐对将士们说："如今**天寒地冻**，士兵们都快没有吃的了，他不肯出兵救赵，还说什么'坐收渔翁之利'。等到秦军打败了赵国，只会更加强大，对我们威胁更大，我们哪还有什么机会！国家安危就在此一举，他却没有半点儿危机感，还有心为儿子大摆宴席，真是该死啊！"

项羽的话说到了大家的心坎儿里。几天后的早上，项羽身穿铠甲，进入宋义的营帐中，再次提出立即出兵，宋义大怒，严词斥责。项羽就像一只凶猛的老虎般一下扑到了宋义面前，宋义还没回过神，剑光一闪，项羽就把他的头给砍了。

然后，项羽提着宋义的头颅，走出营帐，对大家说："宋义与齐国商量谋反，故意按兵不动，楚王秘密派我来处死他。"将士们都吓了一跳，不过宋义在军中本来就没什么威望，而且事情已经发生了，大家就一致拥护项羽当统领。

消息传到楚怀王那里，楚怀王只好**顺水推舟**，让项羽做了代理上将军。

项羽带领大军，到了巨鹿南面的漳水。他派了两万士兵渡过漳水后，打了一场胜仗，紧接着下令全军渡河。出发前，他让每个人只带上三天的粮食，把做饭的锅都砸了，渡过漳水后，把渡船也凿了。他大声对士兵们说："这一仗，只准进，不准退，三天内一定要打败秦军！"

项羽断了自己的退路，他的决心和勇气大大地鼓舞了将士们，全军将士个个士气振奋，越战越勇，呼声震天。经过九次激战，楚军大败三十万秦军，秦军主将章邯狼狈逃跑，项羽活捉了副将王离。

秦末六国复国诸侯表

诸侯国	君主	结局
韩	韩王成、韩王信	韩王信投降匈奴，国除，后被汉将柴武斩杀。
赵	武臣、赵歇、张耳	张耳之子张敖犯法，被贬为宣平侯，国除。
魏	魏咎、魏豹	魏豹被汉将周苛所杀，国除。
楚	景驹、熊心、项羽	项羽被刘邦打败，自杀，国除。
燕	韩广、臧荼、卢绾	卢绾投奔匈奴，国除。
齐	田儋、田荣、田横	田横不肯对汉称臣，自杀，国除。

项羽与秦军决战前，燕国、齐国最先派了一支五千人的起义军去试探秦军的实力，结果全军覆没，诸侯联军也就不敢前往了，只是远远地筑起营垒，观望局势。

现在项羽打败了秦军，请诸侯们到军营相见。他们都被项羽的神勇吓住了，进入辕门的时候，没有一个不是跪着前进的，谁也不敢仰视项羽，连连夸赞他的神勇。

巨鹿之战彻底扭转了整个抗秦战争的局势力，从此，项羽成了反秦联军的统帅，各路诸侯都自愿归他统领。

历史小启迪

巨鹿之战是历史上有名的以少胜多的战役，如果项羽不使用“破釜沉舟”这一计策，可能他也只能兵败而归。这个故事告诉我们，当面对困难时，如果我们以破釜沉舟的勇气，断掉退路，舍弃犹豫，尽自己最大的努力去挑战，往往会有意想不到的收获。

鸿门宴斗智斗勇

秦朝末年，出现了许多反秦起义的队伍。其中，刘邦与项羽就是两支主要的力量。

刘邦兵力虽不及项羽，但刘邦先攻破咸阳。项羽听说刘邦已经进了关中，赶紧率领四十万大军，向关中赶来。大军到函谷关时，被刘邦的军队所阻。项羽大怒，立刻下令攻打函谷关，没多久就攻破了，大军一直到了新丰鸿门，才驻扎下来。此时，项羽大军距离刘邦的兵营不过四十里地，战争一触即发。

刘邦军中有个叫曹无伤的，听说项羽来了，有心转投项羽，就偷偷派人向项羽告密，说刘邦想在关中称王。项羽听到这个消息后，**怒不可遏**，他的谋士范增趁机说："刘邦攻进咸阳后，不像普通人那样贪图财宝美色，他一定有更大的野心，不除掉他，**后患无穷**。”项羽瞪大眼睛，骂道：“刘邦这小子给我等着，明天就去收拾他。”

项羽的叔父项伯，和刘邦的谋士张良是生死之交。他连夜赶到刘邦的营地，把这个消息告诉了张良，劝张良赶紧逃走，免得受刘邦连累丢了性命。

张良却忠心追随刘邦，不愿独自逃走，并把这个消息告诉了刘邦。这时的刘邦只有十万兵马，无法和项羽的四十万大军抗衡，所以他收到消息后大吃一惊，赶紧和张良一起去见项伯，再三表明自己并没有反对项羽的意思，请项伯帮忙在项羽面前说句好话。

项伯又连夜回到项羽的军营，把刘邦的话转告给项羽，说：“刘邦先攻破关中，我们才会顺利地进关，现在人家有大功，你却要攻打人家，这是不仁义的，还是友好地招待他吧。”项羽答应了。

第二天天刚亮，刘邦就带着张良、樊哙(kuài)和一百多名士兵赶到了鸿门，随后和张良两人进入项羽的营帐。

一进门，项羽便气势汹汹地瞪着他。刘邦谦卑地跪拜下去，说："我和将军一起攻秦，将军在黄河以北，我在黄河以南，实在没想到我会先进入关中。能够在这儿遇到将军，实在是太高兴了。我原本只是个小亭长，后来投在将军门下，才得以兴兵伐秦，怎么敢冒犯将军呢？定是有小人挑拨，让将军误会了。"昨夜项伯已经替刘邦说了不少好话，项羽看到他这么低声下气的，脸色也缓和多了，就留刘邦一起喝酒，说："都是你手下曹无伤说的，我也是误信人言而已。"

酒席布置好了，可刘邦**提心吊胆**，不敢多喝。喝了好一会儿酒，范增见项羽没有动手的意思，急得再三向项羽使眼色，还举起腰带上拴着的玉玦暗示项羽，可项羽就是假装没看见。

范增见项羽犹豫不决，便找了个借口离席，随即找到项羽的堂弟项庄，对他说："项王迟迟不肯下手，你进去给大家献酒，再请求舞剑助兴，找机会杀了刘邦。不然，我们将来都会成为他的俘虏。"

项庄进了军帐，向众人敬了一杯酒，说：“大王与沛公喝酒，军中也没什么娱乐，请让我舞剑助兴吧。”项羽点头答应了，项庄就拔剑起舞。

舞着舞着，项庄的剑锋离刘邦越来越近，项伯看形势不对，也站出来拔剑起舞，不断地用身子挡住刘邦，让项庄无法成功。张良看情势紧急，也借故离席，到军门外去找樊哙，说：“情况紧急。项庄舞剑，意在沛公。”

樊哙一听，顿时跳了起来，右手提着宝剑，左手拿着盾牌，直往军门冲去。士兵们上来阻拦，他一连撞倒了两个士兵，闯进了军帐。他的

眼睛瞪得大大的，眼角像要裂开了似的，头发都快直竖起来了，一脸的怒气。

项伯和项庄吓了一跳，停止了舞剑，退到一旁。

项羽按着剑，吃惊地问："你是什么人？"

张良已经跟了进来，连忙回答说："他是替沛公驾车的樊哙。"

项羽说："壮士！赏他一杯好酒，一只肘子。"左右送上一大杯酒和一只半生的猪腿。樊哙一口气把酒喝了，又把盾牌反扣在地上，将猪腿放在盾牌上，拔出剑切着吃。

项羽说："壮士，还能再喝吗？"

樊哙说："我连死都不怕，又岂会推辞一杯酒！秦王像豺狼一样凶狠残暴，老百姓才推翻了他。当初怀王曾许诺，先进关中的人称王。现在沛公先进关中，可他退军驻扎在霸上，封闭了库房，关闭了宫室，一心一意等待大王到来。派将士把守函谷关，是为了防备残余的秦军作乱。沛公这样劳苦功

高，大王不但没有赏赐，反而听信小人的谗言，要杀有功劳的人，这是走秦朝的老路啊！我认为大王不应该这样！”

项羽无话可说，只得让樊哙坐下，樊哙就挨着张良坐下了。

坐了一会儿，刘邦起身上厕所，张良和樊哙也跟着一起到了帐外。樊哙劝刘邦立即离开，说：“做大事不必顾虑细枝末节，守大义不必讲究小的礼让。现在我们是鱼肉，人家是切肉的刀和砧板，何必告辞呢？”

于是，刘邦留下张良，自己悄悄带着樊哙抄小路逃走了。

张良估计刘邦已回到军中，这才进去给项羽赔不是，说：“沛公喝醉了，怕失礼，不能前来告辞。他特意叫我奉上白玉璧一对，献给将军；玉斗一双，献给亚父。”

项羽问：“沛公在哪里？”

张良说：“他怕大王责备他，现在已经回到了军中。”

张良献上礼物，项羽接过来放在了座位上。范增接过玉斗，却将其扔到了地上，并拔剑砍去，说："唉，项羽这小子真是不值得和他共谋大业。将来夺走项王天下的一定是刘邦，我们就等着做俘虏吧。"

范增的话果然应验了，项羽最终被刘邦打败，自刎于吴江边。从此，人们就用"鸿门宴"来比喻**别有用心**、**不怀好意**的宴请。

历史小启迪

鸿门宴上，本是项羽解决刘邦的大好机会，可他的犹豫和固执己见，使他错过了一次绝佳的机会。反之，刘邦面对困境，却能积极想办法，灵活变通，能屈能伸，成功逃脱险境。刘邦面对逆境的积极态度，更值得后人学习。

楚汉争霸

鸿门宴后，项羽进入咸阳，杀了秦王子婴。他不再听楚怀王的指挥，更不承认当初楚怀王与众人定下的“先进关中者为关中王”的约定，自封为“西楚霸王”，把刘邦改封到巴蜀和汉中一带做汉王。他又三分关中，让秦朝的三个降将章邯、司马欣、董翳(yì)在关中钳制刘邦，挡住刘邦出关的路。楚怀王则被发配到了江南，其他诸侯也各自有了封地。

这件事让刘邦十分气愤，他决心和项羽彻底决裂，争夺天下。可刘邦的实力还不足以和项羽抗衡，不得不暂时退居封地。他知道项羽对他很不放心，临走前，就派人烧掉了进入关中的唯一栈道，表示自己不再出兵，以此迷惑项羽，同时也能避免其他诸侯的攻击，还可以安心发展自己的实力。

此后，项羽的野心越来越大，他派人杀了楚

怀王。而刘邦的实力也已渐渐强大起来。他听从韩信的计谋，一边让大将樊哙带着士兵，在出关的必经之地懒洋洋地重修栈道，迷惑守关的雍王章邯，一边亲自率领十万大军，从一条没人知道的小路攻入了陈仓。汉军从天而降，章邯措手不及，战败自杀。关中的另外两个王也相继战败投降了。刘邦顺利占据关中，至此，长达五年之久的楚汉之争，正式拉开序幕。

项羽收到刘邦占领关中的消息后气坏了，准备发兵往西攻打刘邦，可东边齐国的田荣轰走了项羽封的齐王，自己当了王，情况比西边更着急，项羽无奈，只好领兵先去平定齐国的叛乱。这时，刘邦趁机联合了各路诸侯，亲自带领五十六万大军，向东攻打楚国，攻破了西楚都城彭城，短短数月，就占领了项羽的大片领土。

项羽同时面临齐国和刘邦两方面的敌人，但他毫不畏惧，留下一支部队继续围攻齐国，自己则亲率精兵三万，星夜兼程地赶回彭城，断了刘邦的后路。

这时，刘邦正和诸侯联军得意扬扬地在军营内饮酒庆功。项羽大军连夜突袭联军的指挥中心，刘邦和诸侯联军措手不及，慌忙逃命，损失了十余万兵马。项羽死死追击汉军主力，两军从西打到东，一直打到睢水附近，眼看项羽就要取胜了，突然刮起一阵大风，飞沙走石，刘邦趁机带着数十名骑兵逃跑了，他的父亲和妻子吕雉却成了项羽的俘虏。

刘邦一直退到了荥阳、成皋一带，萧何和韩信也从关中带着人马过来会合。刘邦仗着城池坚固，和项羽展开了拉锯战。一个跑不出来，一个打不进去，双方足足对峙了两年多。

这两年多时间里，刘邦又向北陆续收服了魏国、燕国和赵国，还派人挑拨项羽和范增的关系，范增又生气又伤心，就告老还乡了，没想到却在路上生病去世了。范增一死，没有人给项羽出主意，刘邦的压力也小多了。

公元前203年，项羽自己去攻打被汉军占领的彭城，让将军曹咎守住成皋，不要跟汉军交战。可曹咎经不起汉军的骂战，还是出战了，结果战败，成皋失守，刘邦突围到了广武。

汉军占领了广武西边，楚军占领了广武东边，两军又对峙起来。时间一久，楚军的粮食接应不上了，项羽就派使者去叫刘邦出来跟他决斗。刘邦回答使者说："我可以跟霸王斗智，但不会跟他比力气。"

项羽又派人叫刘邦出来，两人在阵前对话，刘邦就在阵前数落项羽暗杀义帝、坑杀俘虏等罪过。项羽听得冒火，让后面的弓箭手放起箭来，刘邦胸口中了一箭，受了重伤。他忍住疼，故意弓着腰摸摸脚，骂道："贼人射中了我的脚趾。"回营后，刘邦为了稳定军心，还到各军营巡视了一遍。

不久，韩信再次在齐地大败楚军，截断了楚军运粮的路，楚军的粮食越来越少了。

刘邦趁楚军断粮之际，派人跟项羽谈话，提议楚汉双方以荥阳东南的鸿沟为界，鸿沟以东归楚，鸿沟以西归汉。项羽同意了，并把刘邦的父亲和妻子放了回去，接着把自己的人马带回了彭城。

然而，这只是刘邦的缓兵之计，不到两个月，刘邦便会合了六十万人马，由韩信统领，从后面追击楚军，与楚军展开了最后的决战。

楚军多年征战，又缺乏粮草，早已疲乏不堪，加上寡不敌众，十万人马在战斗中损失无数，到后来只剩两万了。最后，楚军被刘邦的联军逼到了垓下这个地方。

项羽打退一批，又来一批，好几天过去了，始终无法突围。

一天夜里，一阵阵西风呼呼吹过，四面都传来了楚地的歌声。正坐在营帐中愁眉不展的项羽不禁失神地说："怎么会有这么多人唱楚歌呢，难道刘邦已经占领楚地了吗？"

他看着身边心爱的美人虞姬，还有那匹跟了自己五年的乌骓马，唱起了一首悲凉的歌："力拔山兮气盖世，时不利兮骓不逝。骓不逝兮可奈何，虞兮虞兮奈若何？"唱着唱着，项羽忍不住流下了眼泪。虞姬和左右的侍从也跟着一起唱起来，不忍心抬头看他。项羽决定趁夜突围，他拜别虞姬，带着八百子弟兵，趁着夜色，像猛虎一样，向西南方突围。

天快亮时，汉军发现项羽逃走了，派出五千骑兵追击。项羽边战边退，渡过淮河后，在迷路时陷入沼泽，被汉军追上，这时，他身边只剩下二十八名骑兵。项羽悲愤地说：“今日被困在这里，不是因为我不会打仗，而是因为天要亡我！”说完，他率领二十八名骑兵冲向汉军，杀了百余人，自己只损失了两人。

项羽带着手下一路突围，退到了乌江边上。

乌江亭长驾着一只小船正等在江边，他使劲儿对项羽招手，说道：“大王快上船，江东虽小，也有一千多里土地，几十万人口，回到江东，大王一样可以称王，等待机会**东山再起**。”

项羽苦笑道：“当

年我带着八千子弟兵过江打天下，现在却只剩二十多人，我还有什么脸面回去面对江东父老，让他们尊我为王呢！”说完，他回身又跟追来的汉军拼杀了起来，汉兵一个个倒下，项羽也身负重伤。

这时，项羽看到了汉军的骑兵司马，笑着对他说：“你不是我的老相识吗？听说汉王悬赏千金、封万户侯要我的脑袋，现在就把这个好处送给你吧。”说完，项羽就在乌江边自刎了，这一年，他三十岁。

楚汉之争历时五年，大大小小的战役不计其数，最终刘邦笑到了最后。

历史小启迪

项羽只用三年时间，就率领诸侯灭掉了秦朝，划分天下土地，他的神勇无人能及，令人赞叹。然而，一个神勇的士兵，不一定是一个好的首领。项羽的悲剧，源于他的骄傲自大、刚愎自用，他看不到自己的缺点，最后兵败时，他竟用“不是因为我不会打仗，而是因为天要亡我”来自我开脱，这是多么荒谬可悲啊！

汉朝

历二十四帝，共四百二十二年

都城：长安（今陕西西安）、洛阳（今河南洛阳）

白登之围

公元前202年，经过多年的战争，汉高祖刘邦终于打败了项羽，建立汉朝，定都长安，长达二百余年的西汉时代从此开始。

刘邦登基后，不仅完善了中央集权制和郡县制，还用由萧何制定的宽柔相济、严松相当的《九章律》代替了秦朝的严苛刑法，并大力鼓励农耕和生育。在一系列政策下，饱经战火的神州大地慢慢复原，初现祥和。然而内部尚未稳定，又遭匈奴相逼，汉匈冲突一触即发。

匈奴是中国北方游牧民族的统称，他们逐水草而居，擅长骑射，分为许多部落，每个部落都有

自己的首领。匈奴的前身，是东北亚草原上的各个民族部落，早在殷商时期就不时骚扰中原边境。周朝时，其中的犬戎部落甚至攻破周朝都城，杀了周幽王。到了春秋战国时期，中原各国吸取了教训，齐桓公、秦穆公都对其采取打击、压制的政策，赵武灵王更是兼并了林胡、楼烦等部落，秦、燕、赵等国也都修筑了长城来抵御异族入侵。后来，这些民族部落纷纷融入新崛起的匈奴。秦朝建立后，重修了长城，派大将蒙恬驻守北方。由于忌惮蒙恬的威名，匈奴勉强老实了十几年。但是没过多久，楚汉相争，中原一片混乱，匈奴的优秀首领冒（mò）顿（dú）单（chán）于趁机把众多的游牧部落统一起来，第一次形成了一个统一的民族。匈奴人把王称为“单于”，王后称为“阏（yān）氏（zhī）”，和刘邦起冲突的是冒顿单于。

公元前201年，冒顿单于忽然带着四十万大军包围了马邑。占领马邑后，他们又继续南下，攻下晋阳。汉高祖忍无可忍，亲自带领了三十二万大军前去迎敌。

两军一交战，汉军就接连打了好几场胜仗，夺回了晋阳。驻扎晋阳后，经过侦察，汉高祖得知冒顿所率大多为老弱残兵，且粮草不足。如此情况，本应**乘胜追击**，但高祖为了万无一失，又派娄敬前去侦察。娄敬回来后说：“他们表面上的确是一些老弱残兵，但两军交战，本应显示自己的长处。冒顿一定是把精兵埋伏起来了，陛下不可轻举妄动。”娄敬本是聪明人，只可惜没有眼色，一番话冲撞了高祖的雄心。高祖听了之后大为生气，下令把他囚禁起来，自己则按照原计划，只带了几千人的先头部队朝前追去。

汉军刚到平城，四周就突然冲出无数身强力壮的匈奴兵来，汉高祖这才想起娄敬的话，只可惜为时已晚。在匈奴大军的**步步紧逼**下，汉军奋力拼杀，边打边走，最后退到了平城东面的白登山上。冒顿单于趁机派出四十万精兵，把白登山围了个**水泄不通**。

七天七夜过去了，汉军几次突围都没有成功，眼看就要全军覆没，高祖手下的谋士陈平终于想出了个好主意，他带上一幅绝世美女的画像和一些金银珠宝，前去求见冒顿的阏氏。

见到阏氏后，陈平先是奉上礼物，等阏氏打开那幅美女画像后，他便说："我们已被围困，打算求和。这是汉宫里最美丽的女子，现在不在军中，只得先将画像送来，等单于看过后，再把这位美人接来侍奉单于。"

阏氏一看画中女子远比自己美丽，十分嫉妒，为免自己失宠，就劝冒顿说："汉王也是有神灵相助的人，还是放他回去吧。何况，汉朝的土地又哪里比得上我们的草原。"冒顿本就担心高祖还有援军，听阏氏这么一说，就把包围圈撤开了一角，让汉军冲了出去。

汉高祖虽然**心高气傲**，却也知道现在还没有能力征服匈奴，只好放了娄敬，撤回长安。不过匈奴大军还是不断骚扰边境，使他十分苦恼。娄敬这时又提出了一个建议——把汉朝的公主嫁到匈奴去，再准备一些礼物，作为嫁妆。这样两边成了一家人，就可以过和平的日子了。高祖采纳了这个建议。

但是按娄敬的建议，符合条件的只有吕后所生的鲁元公主。吕后就这么一个女儿，怎么舍得让她嫁那么远呢！她大哭着向高祖求情，无奈之下，高祖只好选了一个美丽的宫女，给了她公主的封号，把她嫁到了匈奴。

从此，用和亲来缓和跟匈奴的关系就成了汉朝经常采用的一个方法，边境也才稍稍安宁下来。

历史小启迪

汉高祖刘邦平定中原后，盲目自信，在和匈奴的战争中打了几场胜仗之后就不听劝告，孤军深入，差点儿酿成大祸。这说明过往的成绩不能代表未来，沉迷于过往的成绩很可能会让自己陷入险境。就像这次白登之围，虽然刘邦最后成功突围，却因国力不够强盛，不得不以和亲的方式换取边境的安宁，实在是一大憾事。

张骞出使西域

汉武帝即位后，汉朝国力达到了鼎盛，于是有了征伐匈奴的打算。他听投降汉朝的匈奴人说，西域有个叫大月氏的国家，原本也是北方的大国，但是匈奴杀了他们的王，还把他们赶到了西边。所以，汉武帝决定与他们结为盟友，共同对抗匈奴。

当时，西行的必经道路——河西走廊还控制在匈奴手里，汉朝也没有人去过西域，只知道大月氏在匈奴西边，具体位置谁也不清楚，且路途遥远，危险重重。

所以，汉武帝征募人才前往西域的诏书下达了很久，才有个年轻官员来应征，他就是胸怀大志的张骞(qiān)。

公元前138年，张骞奉命率领一百多人，加上一个归顺了汉朝并自愿充当队伍的向导和翻译的胡人堂邑父，从陇西出发了。

张骞一行急匆匆地赶路，想尽快通过被匈奴控制的河西走廊，可惜还是碰到了匈奴的骑兵，被抓到了匈奴王廷。匈奴单于扣留了他们，还把他们软禁起来。

这样一过就是十多年。终于有一天，看守放松了警惕，张骞趁机率领部属逃跑了。

在留居匈奴期间，他们得知大月氏的敌国乌孙在匈奴的支持下攻打大月氏，致使大月氏被迫继续西迁到了阿姆河畔，随后大月氏征服了大夏，在那里建立了新的家园。于是，他们不得不折向西南，过库车、疏勒等地，翻越葱岭，直奔大宛，再从大宛转向大月氏。

历经艰辛，他们终于到达了大月氏。然而，阿姆河畔土地**肥沃**、物产丰富，大月氏已经在这里定居下来，人民也都过上了**安定富足**的生活。而且这里离匈奴和乌孙很远，没有了外敌的威胁，他们早已忘了和匈奴的仇怨，不想再打仗了。张骞只好失望地启程回国。

回国途中，张骞为了避开匈奴人，改变了路线，打算从青海的羌人区绕道，不料羌人也已被匈奴控制，张骞等人再次被俘。这次，他们被扣留了一年多，直到匈奴人为争夺王位发生内乱，张骞一行这才乘机脱身，回到长安。

此时，距离他离开长安已经整整十三年了。当初一百多人的队伍，也只剩下他和堂邑父两人。

这次出使西域，张骞虽然没达到预期的目的，却对西域的地理、物产、风俗习惯等有了详细的了解，这就是《汉书·西域传》资料的最初来源。汉武帝对张骞这次出使西域的成果非常满意，封张骞为太中大夫，堂邑父为奉使君，以此表彰他们的功劳。

由于张骞十分了解西域的地理环境，他回国后还曾随卫青出征，为汉军做向导，帮助汉军设计行军路线和扎营布阵，并因此立下军功，仗打完后，被武帝封为博望侯。

公元前 119 年，武帝再次派张骞出使西域，准备联合与匈奴有矛盾的乌孙共同打击匈奴，同时交好西域各族，孤立匈奴，为与匈奴决战做准备。张骞率领三百人组成的使团，带着大批礼物，西行游说乌孙，又分遣副使持节到了大宛、康居、大月氏、大夏等国。

公元前 115 年，张骞回国的时候，乌孙派了几十名使者和他一起来到了长安，与汉朝交好，武帝封张骞为大行令。此后，汉朝使者又先后到过安息、身毒、奄蔡、条支、犁轩等地。

张骞出使西域，促进了汉朝与外邦的第一次

文化交融，西域的核桃、葡萄、石榴、蚕豆、苜蓿等植物，龟兹的乐曲和胡琴等乐器，大宛的汗血宝马等，先后传入中原；汉军还在鄯善、车师等地屯田时学会了当地的一种穿井术——坎儿井；中国的丝绸和冶铁技术也传入西域，并到达了西亚、地中海地区。后人沿着张骞的足迹，走出了誉满全球的“丝绸之路”。

历史小启迪

张骞出使西域，一路历经艰辛，但他从没忘记自己的使命。在这个过程中，不仅体现出了他的忠诚、勤奋、勇敢、执着和诚信，还体现出了他灵活变通的一面。当他没能完成联合大月氏的目标时，并没有灰心沮丧，而是用丰富的沙漠行军经验和地理知识为后人再次出使西域奠定了基础。

王莽篡权

王莽出生于元城（今河北大名），是汉孝元皇后王政君弟弟的儿子。孝元皇后共有八个兄弟，王家先后有九人封侯、五人担任大司马，王家宗族子弟在朝中担任要职的更是**数不胜数**。王莽早年丧父，家境贫寒，从小就立志要爬上权力的巅峰。

王莽想方设法提高自己的声望，平时孝顺母亲，生活节俭，广交朋友，散发钱财，深受乡里好评，那些得了他好处的人，更是对他交口称赞。他的名声，远远超过了他的叔伯和兄弟。

汉元帝死后，继位的汉成帝没过多久就提拔王莽为大司马。此时的王莽虽然**位高权重**，却更加谦虚谨慎、**礼贤下士**，有些落魄的读书人听说他的名声前来投奔，他都一一收留了。

一次，王莽的母亲生病，公卿夫人们前去探

病。到了王府，她们看到一个身穿粗布衣服的妇人前来迎接，还以为是个奴婢，询问之下才知道是王莽的妻子，都十分惊讶。这件事传开后，王莽的声望更是**与日俱增**。

汉成帝去世后，汉哀帝即位，可他只当了六年皇帝就死了。汉哀帝没有后人，太皇太后王政君和大司马王莽迎立中山王即位，即汉平帝。

汉平帝只有九岁，无法亲政，太皇太后王政君临朝听政。可王政君没什么能力，大司马王莽就牢牢把持了朝政大权。

王莽执政后，开始排除异己，把汉哀帝以前亲近、重用的大臣免官的免官、流放的流放，然后换上了自己的亲信。有些大臣为了拍王莽的马屁，揣测王莽的心思，纷纷奏请太皇太后封王莽为安汉公，说他的功绩可以和霍光相比。王莽多

次推让，不肯接受，最后在大臣们的劝说下接受了封号，却坚决把封地退了。

有一年，全国发生了旱灾和蝗灾，民生艰难，百姓们都骚动起来。王莽建议停止征粮征税，又带头拿出一百万钱、三十顷地救济灾民。有他带头，那些贵族、大臣也只好拿出一些土地和钱来。太皇太后见此要把新野的两万顷土地赏给他，他再次拒绝了。

王莽还把自己的女儿嫁给了皇帝，软硬兼施，让女儿做了皇后。他怕平帝的母亲卫姬参与朝政，就封她为中山王后，让她留在中山，不准到京城来，还把平帝的舅舅一家杀光了。

紧接着，王莽又派手下到各地传播他拒绝封地这件事。百姓们恨透了兼并土地的豪强们，听说了这件事后，都称赞他是“周公再世”。在王莽亲信的鼓动下，百姓们纷纷上书，称赞王莽的功德可以和古代的圣人伊尹、周公相比。

泉陵侯刘庆甚至给太皇太后上书，提议恢复周朝周公辅佐周成王的古例，请王莽代行天子的职权。这下，王莽“复古”，成了汉平帝的代理人。

王莽的声望越高，汉平帝越觉得这个人可怕，动了除掉他的心思。可年仅十四岁的平帝不会掩饰自己的情绪，很快就被王莽看出来了。

这一天是平帝的生日，王莽给平帝献上一杯毒酒，平帝接过来喝了，没几天就死了。王莽**装模作样**地哭了一场。平帝没有孩子，王莽从刘家的宗室里找了一个叫孺子婴的两岁幼童，立为皇太子，他的女

儿就成了太后。一个幼儿能做什么呢？明眼人都看出王莽这是要自己当皇帝了。

安众侯刘崇极力反对此事。他召集了一百多名士兵，冒冒失失地进攻有几千名士兵把守的宛城，很快就战败了，死在乱军之中。

经过这件事，大臣们又向太皇太后建议给王莽更大的权力，太皇太后就下达了诏书，称他为“假皇帝”，就是代理皇帝的意思。

第二年秋天，又有人起兵反对王莽这个名不正言不顺的“假皇帝”，同样失败了。王莽一看，觉得没人有实力反对自己了，就决定做真皇帝。于是，在一帮吹捧他的人的操纵下，皇宫里出现了“王莽是真命天子”的牌子，高祖庙里还发现了“汉高祖让位于王莽”的铜箱。

这次，王莽不再推让了，他去找太皇太后拿传国玉玺。王政君大吃一惊，这才明白了王莽的野心，坚决不肯将玉玺交出来。最后被逼得实在没了办法，她只得气愤地痛骂了王莽一番，把玉玺狠狠地摔在地上。从此玉玺便缺了一个角，后来王莽让人用黄金补上了。

公元 9 年的一天，王莽上朝时，拿出一面金匮，称天神已授意自己为真命天子，命人把孺子婴从皇位上拉了下来，流着泪说："当年周公摄政，最终还政于天子，而我迫于天威，不得不做真皇帝啊。"

王莽废了小皇帝，改称小皇帝为定安公，并把他软禁起来。随后，王莽正式登基，宣布成立新朝，自称"新皇帝"。就这样，王莽成了历史上第一个篡权成功的外戚。

王莽称帝后一心复古，进行了一系列改革，但多数以失败告终，最终引发了全国起义。公元 23 年，王莽被更始军杀死，新朝灭亡。

历史小启迪

表面上一片忠心并屡次推掉赏赐的王莽，却是一头披着羊皮的狼，他所有的"善"和"忠"，都是为了给"恶"和"奸"做掩饰，可以说是大奸若忠、大恶若善的典型。可见善与恶、忠与奸并不能轻易地从表面上判断，需要透过现象看本质，这样才能得出正确的结论。

刘秀建立东汉

光武帝刘秀是汉高祖的九世孙。他有两个哥哥，大哥名叫刘縯(yǎn)，二哥名叫刘仲。刘秀九岁就成了孤儿，兄弟姐妹几人都由叔父抚养长大。

王莽新政期间，刘秀曾到长安读书。新朝末年，刘秀二十八岁时，刘縯聚集起一支万余人的队伍，参加了绿林军。公元23年，起义军的首领们商量后，立皇室出身的刘玄当皇帝，年号“更始”。更始帝封刘縯为大司徒，刘秀为太常偏将军。从那以后，绿林军就改称“汉军”。

更始帝即位后，派刘縯进攻宛城，刘秀攻打昆阳、定陵。宛城是座大城，粮草充足、**兵多将广**，**易守难攻**，刘縯连攻数月也没攻下来。刘秀则顺利夺下昆阳、郾城等好几座小城，夺取了大量

物资。

王莽听说汉军拥立刘玄登基，又惶恐又着急，连忙派大司徒王寻、大司空王邑率领四十多万大军，号称“百万”，**气势汹汹**地向昆阳扑来。

此时昆阳城里的汉军只有八九千人，听说王莽派来了大批精锐，还有一位能驱赶野兽一起作战的巨人，有的将士觉得城守不住了，建议弃城。刘秀把大家召集起来，说：“大家**齐心协力**，还有守住昆阳的可能。一旦昆阳失守，汉军也会跟着打败仗，大家只有死路一条。事到如今，我们只有拼死守城，千万不能灭了自己的志气。”

在刘秀的动员下，将士们重新鼓起了士气。

大家经过商量，决定由王凤留守，刘秀带着十二名勇士趁黑夜潜行，从昆阳城南门冲出重围，到定陵和郾城去搬救兵，以形成内外夹击之势，击败王莽大军。

第二天，王莽大军兵临城下，将昆阳重重包围起来。战鼓齐鸣，声震百里，旗帜遮蔽山野。他们竖起了一辆辆高达数十丈的云车，弓弩手在云车上向城里射箭，箭像雨点般朝城里落下，接着又用大车一次次撞击城门，好在城墙

很坚固，汉军在城里拼命抵抗，城始终没被王莽军攻破。

两军相持了十多天，眼看城内守军就要坚持不下去了，刘秀终于带着援军赶来。他带领一千多人为先锋，向王莽军发起了猛攻。王莽军见刘秀兵少，没将他们放在眼里，只派了几千士兵迎战。刘秀身先士卒，带领士兵们斩杀了上千敌军，他带来的援军都因此受到鼓舞，跟在后面冲了上去。

城中的汉军看到援军来了，也从城里冲出来，对王莽军形成内外夹击之势。王莽军顿时阵势大乱。这时，那个一丈来高、腰大十围的巨人巨毋霸，驱赶着一群猛兽从王莽军中冲了出来，阻挡了汉军的进攻。

没想到，突然狂风大作，电闪雷鸣，下起了倾盆大雨，巨毋霸带来助威的猛兽顿时吓得疯狂乱窜，巨毋霸也被挤入水中，活活淹死了。汉军趁势往前追杀，杀敌无数。最后，王邑带着几千残兵，大败而逃。

昆阳大战沉重地打击了王莽军的主力，不久，刘縯也成功攻下了宛城，兄弟俩名声大振。从此，不少起义军都开始自称“汉军”。

就在形势一片大好时，更始帝却对刘秀兄弟俩起了疑心，并借机杀了刘縯。刘秀知道后，痛哭了一场，可他知道现在还不能和更始帝抗衡，就擦干眼泪去见更始帝，说兄长犯上，自己也有错。他还把昆阳之战的功劳让给了将士，也不给兄长戴孝，跟没事人一样，之后又娶了意中人阴丽华，好让刘玄觉得自己并没有为哥哥之死而伤心。更始帝这才放松了警惕，继续让他带兵。

不久，更始帝进攻长安，击败了王莽临时拼凑的军队，杀了王莽，在长安登基。

此时天下仍处于战乱之中，除了更始帝刘玄，还有赤眉军拥立的十五岁的放牛娃刘盆子、成都的公孙述等。更始帝还是不放心刘秀，就派他去最乱的河北招抚，希望他死在乱军之中。

公元 25 年，赤眉军攻破长安，杀了更始帝。此时刘秀已经在河北发展了几十万人的队伍，他率军打败了赤眉军，赤眉军首领樊崇向刘秀投降。刘秀正式定都洛阳，登基称帝，史称汉光武帝。

因为西汉时定都长安，而洛阳在长安的东边，人们就把刘秀建立的汉朝称为“东汉”。又因刘秀建立的汉朝在刘邦建立的汉朝之后，故又称“后汉”。而汉朝曾被王莽篡权，刘秀重建汉朝，延续了汉室，这段历史被称为“光武中兴”。

历史小启迪

兄长刘縯死后，刘秀虽然伤心，却没有与更始帝翻脸，展现出“柔”的一面。直到势力壮大之后，他“刚”的一面才显现出来。如果没有先前的“柔”，刘秀已成为更始帝刀下的亡魂。关键时刻的“柔”，是屈而不折的“柔”。这份“刚柔相济”为刘秀日后的成功打下了坚实的基础。

董卓之乱

公元189年，汉灵帝去世，十四岁的皇子刘辩登基，何太后临朝听政，她的哥哥何进也做了大将军。

何进向来反对宦官专权，当上大将军没多久，就和部下袁绍商量诛杀宦官，无奈何太后并不是很同意他的计划，为了避开太后，何进就给凉州的军阀董卓去了密信，让他带兵进京，剿灭宦官。

董卓性格粗猛，少年时曾游历于羌中，结交了许多羌中豪杰，并因战功卓著，担任了凉州刺史。何进保密工作做得不太好，董卓尚未进京，他自己就成了太监们的刀下亡魂。

何进一死，袁绍、袁术两兄弟打着给何进复仇的名义，率兵冲入宫中，见太监就杀，杀完了太监，又杀和太监有关系的人，接着烧毁了南宫。

一时间，洛阳城中火光冲天，**血流成河**。中常侍段珪见势不妙，急忙挟持少帝刘辩、陈留王刘协及何太后，连夜逃到宫外。

此时，正**心急火燎**地赶往洛阳的董卓已经得知少帝逃出洛阳的消息，引兵前去迎接。

在北芒，董卓见到了少帝一行，向他们询问城里的情况，可少帝吓得痛哭流涕，什么话也说不出来，倒是年纪更小的陈留王很镇定，把变乱经过说得十分清楚。董卓见他如此聪慧，顿时有了废掉少帝而改立陈留王的想法。

于是，在护送少帝一行回到洛阳后，董卓当即召集百官，提出了这个建议。百官纷纷反对，可董卓毕竟是武人出身，二话不说就拔出腰间宝剑，厉声呵斥："谁敢反对，军法处置！"

董卓原本就是大将军，又先后收编了大将军何进和荆州丁原的兵马，实力太强大了。此话一出，大家都不敢反对了。于是，就在百官的噤声中，少帝被废，陈留王即位，史称汉献帝。刘辩虽让出了帝位，也没有得到善终，没过多久，他和何太后就被董卓毒死了。

汉献帝初登皇位，实力欠缺，也根本无法和董卓抗衡。董卓开始盘踞洛阳，大权在握。但他非但没想着振兴汉室，反而**肆无忌惮**地残害百姓。当时，洛阳城里住着很多皇亲国戚，为了笼络手下的将士，他就纵容士兵到处抢东西，还说这叫“搜牢”，是在维护治安。有人稍有不从，就会招来杀身之祸。有一次，他带人去阳城（今河南登封），回来的途中正遇到数百平民在祭神，他派士兵包围人群，把女的分给士兵们做奴婢，男的都杀了，还把他们的头颅系在车前，唱着凯歌回到洛阳。

有了董卓这个魔王，洛阳城里人人自危。公元190年，袁绍、曹操等人率领各州郡联军，高喊着“诛杀董卓，挽救汉室”的口号，讨伐董卓。董卓实力虽强，却怕众怒，只好惶恐不安地带上汉献帝离开洛阳，迁都长安。临走时，他还把昔日繁华的皇家宫苑烧成了一片废墟。

逃到长安后，董卓逐渐发现联军首领们各打各的算盘，没什么好怕的，就在长安做起了土皇帝。他自称太师，命汉献帝尊称他为“尚父”，把家族里的兄弟、侄儿都封了官职，连一个刚生下来的娃娃都封了侯。除此之外，他的残暴程度也**变本加厉**——尚书以下的官员每天都要去他的太师府汇报工作，只要说错一句话，就有可能丢了脑袋，导致百官人人自危。

司徒王允与司隶校尉黄琬、仆射士孙瑞、尚书杨瓒等人密谋除掉董卓，并把中郎将吕布当成了刺杀董卓最好的内应。

吕布武艺高强，是董卓的贴身护卫，还是董卓的义子，只可惜董卓对他却没什么父子之情。一次，为了一件不合心意的小事，董卓抄起身边的戟就向吕布扔了过去，幸好吕布躲得快，才捡回一条小命。诸如此类的事情还有很多，所以，吕布对董卓的怨气也不小。更何况吕布和董卓的婢女有私情，平日里每次见董卓，他心里都有些惶恐不安。

王允刻意接近吕布，两人的来往渐渐密切起来，吕布什么话都愿意向他倾诉。一次，吕布表露出对董卓的恨意，王允心中暗喜，趁机挑拨说："他姓董，你姓吕，他怎么会真的拿你当亲儿子看待呢？他只是想利用你来帮他挡住那些想杀他的人而已。如今董卓倒行逆施，人人得而诛之。将军神勇无双，何不顺应民心呢？"在王允的劝说下，吕布有点儿动心了，但一想到跟董卓有父子之名，又迟迟不能下定决心。于是王允又说："他用兵器杀你的时候，哪儿有什么父子之情啊！"这话说到了吕布的心坎儿里，他一咬牙，终于答应和王允一起动手。

公元 192 年，汉献帝大病初愈，大臣们都进宫朝见天子。董卓也让吕布带着士兵跟随保护，前呼后拥地上朝去了。王允等人收到消息，早已命骑都尉李肃带着十多位勇士伪装成护卫，等候董卓。

董卓的马车到了宫门前，马受了惊，不肯往前走，董卓觉得不妙，想掉头返回，被吕布劝说继续往前走。刚进入宫门，大路两旁埋伏的勇士举起戟就向董卓刺来。没想到董卓怕被人暗算，朝服里面随时都穿着铁甲，戟没有刺进去。

他忍痛跳下马车，大喊：“吕布何在！”吕布从车后站出来，厉声道：“奉皇上命令，诛杀逆贼！”董卓大骂：“狗贼竟敢如此！”话音未落，事先埋伏好的勇士就一拥而上，把他杀了。

王允下令把董卓的尸体扔在街头，让百姓泄愤。他的死讯传出后，百姓全都拍手称快，百官无不高呼万岁，长安城里就像过节一样热闹。

历史小启迪

董卓倒行逆施，作恶多端，人人得而诛之。他再小心谨慎，也不能预知所有的危险。他权倾朝野，也由于自己的恶行葬送了性命，实在是罪有应得。

挟天子以令诸侯

董卓一死，有点儿实力的人都在想办法争夺地盘，形成了大大小小的割据势力，这其中就包括继董卓之后第二个把汉献帝牢牢控制在自己手中，以扶持汉室的名义扩充自己实力的曹操。

曹操是沛国谯县（今安徽亳州）人，父亲名叫曹嵩，是宦官曹腾的养子。曹操早年狡黠放浪，又是太监养孙，很多人看不起他，只有名士乔玄认为他是个人才，说："如今天下大乱，非雄才大略之人不能平定天下。我看，能安定天下的就是曹操了。"曹操听说后，大笑不已。

黄巾起义的时候，曹操任骑都尉，打败黄巾军后，被提拔为济南相，后升为骁骑校尉。

董卓在洛阳**胡作非为**的时候，曹操去了陈留与父亲会合，聚集自己的队伍，后来还和袁绍等人起兵反董。可联军到了洛阳城郊，却你看我、我看你，都想保存自己的实力，谁都不肯出兵。曹操便独自率领五千人马追击董卓，因人马没有董卓多，损兵折将，只好返回洛阳城郊。

他看到同盟军们，有的无所事事地饮酒作乐，有的在快成废墟的洛阳城中抢劫，这才明白他们不是能共事的人，只好失望地离开洛阳，回到兖州发展自己的势力。在此期间，他先后打败了陶谦和吕布，扩充了不少兵力。

公元 195 年，占领了长安的李傕、郭汜两军相争，外戚董承和一大批大臣带着汉献帝逃出长安，再次回到了洛阳。

然而，昔日气派非常的大殿已经被董卓烧得一片狼藉，大臣们寻找多时才找到一处残存的院落（昔日大太监赵忠的宅子）。在院落的南边，河内郡太守张杨给汉献帝草草地盖了一座宫殿用以容身，官员们只能在残垣断壁旁边搭个草棚。另外，大家也没有粮食来源，只好去挖野菜吃，日子过得很艰难，有的大臣竟然饿死了。

汉献帝虽然从登基那天起，就只有皇帝之名，没有皇帝之实，可他在位一天，就象征着汉室还存在一天。所以在得知汉献帝的处境后，曹操有了迎汉献帝的想法，部将们大多不赞同，只有谋士荀彧说："从前晋文公迎周襄王，令诸侯敬服。汉高祖为义帝发丧，而天下归心。如今天子已返回京城，洛阳却一片荒芜，无法让天子安住。若将军趁此机会，拥戴天子以顺从民心，这是大顺；秉持**大公无私**之心以使天下豪杰归服，这是大略；主持正义以纳英才俊杰，这是大德。这样一来，天下即使有人反叛，也不会成为我们的忧患。反之，如不及时扶正朝廷，天下将生叛离之心，等到以后再考虑此事，就来不及了。"

曹操深以为然，便时常给汉献帝送去食品和各种生活用品。过了一段时间，又派曹洪去接汉献帝到许地（今河南许

昌）。可惜曹洪此行并不顺利——汉献帝的岳父董承**千方百计**阻止他带走皇帝。于是，曹操只好亲自出马，他决定接到献帝后，带着献帝迁都到许。

虽然已经这么决定了，但在见到汉献帝之前，曹操还是担心离洛阳很近的杨奉会阻拦这件事。

他的部下董昭完美地解决了他的顾虑，董昭对他说：“杨奉虽然实力很强，但没有盟军支持他，对您又没有防备，只要常给他送礼稳住他，再告诉他现在洛阳缺少粮食，您想接天子到鲁阳（今河南鲁山），鲁阳离许地很近，方便运送粮食。杨奉这人头脑简单，不会多想。使者来回多跑几趟，迁都的事情就办完了，杨奉又怎么来得及阻拦呢？”

曹操采纳了董昭的建议，依计行事，于公元196年正式带着汉献帝迁都。鲁阳的杨奉也为迎接皇帝忙起来了，不过忙来忙去，折腾了半天，杨奉连皇帝的影子都没看到。这时终于有手下人跑来告诉他，曹操带着皇帝都快到许地了。

杨奉这才发现上当了！他带着大队人马去追赶曹操，大骂曹操不讲信用。曹操反唇相讥：“天子和你近在咫尺，你却眼睁睁看着天子没有饭吃，天子跟着你这样的臣子，能有好日子过吗？”

杨奉恼羞成怒，喝令手下部将捉拿曹操，却被曹操打败，手下大将徐晃也带着人马投奔了曹操。

汉献帝到了许地后，将其更名许都。曹操积极召集流亡的农民屯田，让他们用官府的农具和牲口在郊外开荒，收获之后，一半上交官府，由此解决了粮食问题，东汉的临时都城——许都，也终于稳定了下来。

由于挟天子以令诸侯，曹操的势力快速扩张，荀攸、郭嘉、满宠等一批有才能的谋士也陆续前来投奔，曹操渐渐成为天下豪杰中举足轻重的人物。

历史小启迪

在讲究“师出有名”“名正言顺”的古代，曹操迎天子是他军事、政治生涯中至关重要的一笔。虽然汉献帝已经无力制衡诸侯，曹操却借汉献帝占据了大义的名分，为后面的发展铺平了道路。

官渡之战

曹操把汉献帝迎到许地定都后，天下并没有因此太平，各地诸侯也并没有完全听从曹操的节制，这其中尤以何进的老部下、控制了黄河以北大部分地区的袁绍为代表。

为了显示自己的地位，也为了吞并袁绍的地盘，曹操以献帝的名义下诏斥责袁绍拥兵自重。诏书一下，袁绍自然十分不满，袁、曹之间**剑拔弩张**，战争一触即发。

虽然如此，曹操却没有先动袁绍。他认为袁绍做事犹豫不决，遇事往往三思而行，只要没有直接威胁到自己的利益，袁绍不会轻易发兵。所以，在袁绍之外，他把目光

投到了最有潜力，但是实力相对较弱的敌人刘备身上。

事情果然不出曹操所料，当他与刘备交战时，袁绍由于担心病中的小儿子，便没有采纳谋士田丰劝他趁此良机攻打许都的建议。直到刘备战败投奔袁绍之后，袁绍才有了出兵的打算。

公元200年，袁绍调集了十万兵马，南下讨伐曹操。他先占领了黎阳（今河南浚县），然后派手下名将颜良渡过黄河，进攻白马（今河南滑县）。

曹操正驻扎在官渡（今河南中牟），一听白马被围，就要领兵去救。谋士荀攸赶紧劝住了他，说："袁绍有十万大军，我们只有三四万兵马，相差太大，不能和他硬拼，不如采用**声东击西**的办法解除白马之围。"

曹操采纳了荀攸的意见，先派一支人马到了黄河渡口延津，假装渡河，从而迷惑袁绍。袁绍果然上当了，带领主力阻击曹操。曹操趁机突袭白马，派张辽、关羽迎战颜良，一战将颜良斩首，解了白马之围。

袁绍急于求胜，还要亲自带兵渡黄河追击曹操。监军沮授劝他把主力留在延津南面，只分一部分兵力出击。但心急火燎的袁绍不听，还是下令全军渡河，并派大将文丑率领一支五六千人的骑兵做先锋。

曹操一行只有五六百名骑兵，形势非常危急。他命令将士们解下身上穿的铠甲和武器，丢得满地都是，又解下战马的马鞍，让马在山坡下溜达，然后在延津南坡埋伏起来。

延津南坡是文丑的必经之路，文丑的骑兵看到这些景象，以为是曹操兵败逃跑了，纷纷下马去捡地下的“战利品”。就在此时，曹操的伏兵一起冲杀出来，击败了袁军，斩杀文丑，随后又退回官渡，与袁绍大军对峙起来。

官渡地势险要，易守难攻。袁绍命令士兵们堆起土山，筑起高台，居高临下地向曹营射箭。曹操就和谋士们商议，制造出可以发射石头的霹雳车，把十几斤重的石头发射了出去，打塌了袁军的高台。袁绍又命人半夜偷偷挖了一条通向曹营的地道，曹军就在兵营前挖了一条又长又深的壕沟切断地道出口。这样你来我往，谁也奈何不了谁。

两军对峙了三个多月后，曹军疲惫不堪，运粮的士兵更是疲于奔命，加上其他势力**蠢蠢欲动**，曹操逐渐失去了坚守的信心，他写信给荀彧，商量退守许都之事。

荀彧回信说，这一战是决定天下大势的关键，要曹操无论如何都要坚持下去。于是，曹操决心继续坚守。他一方面让己方负责运送粮草的后勤

部队想办法加快速度，并派大将徐晃与史涣阻击了袁绍的后勤部队，烧了袁军的军粮；另一方面加强防守，积极寻找击败袁军的机会。

机会很快就来了。

一天，袁绍的谋士许攸见两军对峙时间过久，深思熟虑之后，向袁绍献上一计："曹操此次倾巢出动，许都防卫一定空虚。我们可以连夜突袭许都，占领许都后，再奉天子之命讨伐曹操。即使不能成功，曹操也必然退却，我们乘胜追击，必能大胜。"

此计本来不错，但袁绍却没有采纳。许攸非常失望，没过多久，他的家人又因为贪财触犯了袁绍的法令而被逮捕。许攸得知消息后，终于下定决心，投靠了曹操。

曹操和袁绍、许攸年轻时曾交好。所以当天夜里，一听到老友来访，正在洗脚的曹操高兴得鞋子都没穿就跑了出去。

入座后，许攸**单刀直入**地说："袁军势大，你打算怎么对付他？军中粮食还能支撑多久？"

曹操说："还可以支撑一年。"

许攸早已暗中观察过曹军的情况，知道曹操没说真话，说："没有那么多，再说一次。"

曹操又说："可以支撑半年。"

许攸拂袖而起，怒道："你不打算打败袁绍了吗，为什么不说实话？"

曹操赶紧说："我刚才是跟你开玩笑的，其实只够支撑一个月了。"

许攸这才缓和了脸色，给曹操献了一计——袁绍的粮草、兵器都在乌巢(在今河南延津境内)，只要奇袭乌巢，必能**大获全胜**。

于是，曹操留下曹洪、荀攸防守大营，亲自率领五千人马，每人抱一捆柴草，夜里从小道出发，向乌巢赶去。路上遇到袁军岗哨的查问，就说是袁绍派来增援的部队。等

到了乌巢，他们放起冲天大火，趁着火势发起攻击，把袁军打得四下溃散。镇守乌巢的将军淳于琼贪酒，曹操烧乌巢时他的酒还没醒，便被曹军杀死了。

袁绍听说这个消息，派大将高览、张郃去攻打曹军大营。曹军士兵拼死作战，大破袁军，张郃投降。袁绍和儿子袁谭连盔甲也来不及穿戴，只带着八百多名骑兵狼狈不堪地逃走了。

官渡之战是三国历史上一场著名的战役，官渡之战后，曹操和袁绍的实力发生了彻底的转变。两年后，袁绍病死。曹操用七年时间，扫平袁绍的残余势力，统一了北方。

历史小启迪

袁绍实力远胜曹操，却被许攸的计策打败了。袁绍之败，一败于刚愎自用，盲目自信，听不进别人的建议；二败于对手下部将了解不够，没有意识到许攸会有叛变之心。相较之下，曹操却能重视人才，正确采纳谋士们的建议，赢得胜利也是自然的了。

赤壁之战

东汉末年，**群雄争霸**，刘备也是其中之一。刘备出身皇族，自称西汉中山靖王的后代，可惜家道中落，只好以贩卖草鞋为生。

刘备的奋斗史颇为曲折。在决心要干一番大事之后，他在北方先后投靠了陶谦、吕布、曹操、袁绍等人，却始终没能建立起自己的根据地。直到袁绍战败，他又去投靠荆州刺史刘表，被安排驻扎在新野（今河南新野）。

要成大事，就要有人才。刘备征战多年，手下也会集了不少人才。但是他依然求贤若渴，在名士司马徽和谋士徐庶的推荐下，他得知在隆中卧龙岗（位于今湖北襄阳）隐居的诸葛亮（号“卧龙”）是一个难得的人才，于是带上关羽、张飞，**风尘仆仆**地赶到卧龙岗，想要拜访诸葛亮，没想到一连两次都扑了个空，直到第三次才见到诸葛亮。

刘备坦率地对诸葛亮说：“如今汉室衰落，我有心重振汉室，却**才疏学浅**，不知先生对天下大势有什么看法？”

诸葛亮先是详细分析了曹操、孙权等人的现状，以及荆州、益州的形势，最后说：“曹操占据了天子大义，又一统北方，我们无法与他争锋。孙权父兄三人把江东经营得如铁桶一般，又有长江天险，更是难以攻打，只能和他联合。唯有荆州的刘表年事已高，两个儿子又不成器，还有益州刘璋，也很是软弱无能。如果您能利用时机占领荆、益两州，建立根据地，然后整顿内政，发展生产，安定民生，再安抚、联合四方的少数民族，联吴抗曹，形成三足鼎立之势。等到时机成熟，就进军消灭曹操。

到那时，再打出您皇室后代的旗号，还会有谁不欢迎将军呢？”此番见解，就是著名的“隆中对”。

刘备与诸葛亮交谈后，高兴地说：“我得到孔明先生，就像鱼儿得到了水一样。”经过几次交谈，刘备大为佩服诸葛亮的才干，想拜他为军师，邀请他下山和自己一起打天下。诸葛亮被刘备的诚意打动，便答应了。

公元208年，荆州牧刘表病逝，他的小儿子刘琮在母亲蔡氏和舅舅蔡瑁的扶持下，继承了刘表的位置。曹操趁机领军南下，打算一举平定南方。眼见大军压境，蔡氏和蔡瑁毫不抵抗，挟持刘琮，投降曹操。

曹操得到荆州后，继续南下，直向刘备扑来。刘备寡不敌众，一路败退到了夏口。诸葛亮建议刘备联合孙权，凭借长江天险共同抗曹。刘备采纳了这个建议，派他去江东说服孙权。

见到孙权之后，诸葛亮向他指出，曹操的人马大多是荆州降兵，军心不稳，且长期奔袭，水土不服，士兵作战能力不强，若此时孙、刘联合，定能击败曹操。孙权虽然嘴上答应了，但心中还有些担心，就找来群臣商议。结果有的将领听说曹操有八十万人马，便主张投降。

孙权犹豫不决，鲁肃趁四下无人时，对孙权说：“主公，曹操会接纳一个投降的臣子，但绝不会接受一个投降的君主的。”孙权有所触动，就把正在鄱阳训练水兵的周瑜召回来商量。

周瑜坚定地说：“曹操号称八十万人马是在虚张声势，其实他的人马最多只有二十万，其中还有七八万是在荆州一战中收编的荆州兵。另外，曹军来自北方，习惯了在陆地上作战，不习惯水战，他们又刚到南方，水土不服，必定会生病，这就进一步削弱了他们的战斗力。何况马超、韩遂还在关西，是曹操的后患。主公只要给我几万精兵，我定能战胜曹军。”

周瑜的话鼓舞了众人，也使孙权下定了联刘抗曹的决心。他任命周瑜为大都督，让他率领三万水军与刘备会合，共同抵抗曹军。

东吴军走到赤壁（今湖北赤壁西北）的时候，

遇到了曹军的前哨。两军初次交锋，曹军就吃了败仗，被迫退到长江北岸，两军隔江对峙起来。

曹操派周瑜的老同学蒋干过江去劝周瑜转投他的阵营。看到老同学来了，周瑜很高兴，设酒宴款待。等知道蒋干的来意，周瑜笑着说："大丈夫最重知遇之恩，即使是苏秦、张仪、郦生他们复生，也不会动摇我的决心。"蒋干最终**无功而返**。

老将黄盖建议用火攻，于是周瑜让他诈降曹操，曹操相信了，约定了投降的日期。

当时，曹军大多晕船，很多士兵还染上了传染病，个个精神不振。曹操让士兵用铁索把战船一艘接一艘地连接起来，上面再铺上木板。这样士兵再在上面操练阵法时，就能像在平地上一样平稳。

到了约定的日子，黄盖悄悄准备好几十艘战船，每艘船上都装着浇足了油的枯枝，船头密布铁钉，外面裹着布进行遮掩，又准备了一批轻快的小船拴在船尾。黄盖率领船队飞速向曹军水寨冲去。到了江心，黄盖命令士兵大喊：“黄盖来降！”曹营中的士兵纷纷出来观看。黄盖一声令下，所有的战船同时点着了火，就像一条条火龙直闯曹军水寨，船头的铁钉一下子牢牢钉在曹军的船只上。“连环战船”一时拆不开，火势很快

蔓延开来，曹军大乱。

周瑜看到赤壁上空火光冲天，立刻率兵杀了过去，刘备的军队也开始追击曹军，曹军大败。曹操带着残兵败将逃走。刘备和周瑜则分水、陆两路紧紧追击曹军，一直追到南郡才收兵回营。曹操的几十万大军损失了一大半，只好派部将曹仁、徐晃、乐进分别留守江陵和襄阳，自己回北方去了。

赤壁之战后，刘备趁机占据了荆州，后来又西进益州，夺取了益州和汉中地区。曹操一统北方，孙权占据江东，诸葛亮所说的三分天下的局面，就这样形成了。

历史小启迪

赤壁之战是孙、刘集团联手抗曹之战。曹操虽然智谋过人，但是不熟悉水战，和长于水战的东吴士兵作战，以短击长，结果大败，再也无力吞并天下了。

少年读历史

SHAONIAN DU LISHI

隋·唐·五代

朝旭文化◎主编

江苏凤凰美术出版社

图书在版编目（CIP）数据

少年读历史．隋唐五代 / 朝旭文化主编．-- 南京：江苏凤凰美术出版社，2020.1（2021.1 重印）

ISBN 978-7-5580-6809-6

Ⅰ．①少… Ⅱ．①朝… Ⅲ．①中国历史－隋唐时代－少年读物②中国历史－五代十国时期－少年读物 Ⅳ．① K209

中国版本图书馆 CIP 数据核字 (2019) 第 266650 号

责任编辑 李秋瑶
封面设计 陈玉军
责任监印 唐 虎

书 名 少年读历史．隋唐五代
主 编 朝旭文化
出版发行 江苏凤凰美术出版社（南京市湖南路 1 号 邮编：210009）
出版社网址 http://www.jsmscbs.com.cn
印 刷 德州市永诚印刷有限公司
开 本 880mm × 1230mm 1/32
总 印 张 24
版 次 2020 年 1 月第 1 版 2021 年 1 月第 3 次印刷
标准书号 ISBN 978-7-5580-6809-6
总 定 价 120.00 元（全 8 册）

营销部电话 025-68155675

少年，我们为什么要读历史？

“学史明智，鉴古知今。”

历史是什么？历史是一个民族和国家形成、发展及其兴盛衰亡的真实记录，是前人各种知识、经验和智慧的总汇。

历史就像一面镜子，以史为镜可以知兴替，以人为镜可以明得失。学史明智，鉴古知今。读华夏历史，不仅可以了解中华五千年的史实，而且还能够让我们铭记历史，从历史中学习前人的智慧，深刻把握人类发展的历史规律，在对历史的深入思考中汲取智慧、继往开来。

少年朋友们，读历史不只是为了应对考试，更要深刻地认识到学习历史的重要意义。有的人从历史中学到丰富的史学知识，有的人从历史中学到坚韧不拔的精神，有的人从历史中学到为人处世之道，有的人从历史中学到为官之道……历史如同一个巨大的宝库，有着无尽的财富，只要你愿意去挖掘，每个人都可以各取所需，有意想不到的收获。

少年朋友们，读历史对我们有太多太多的好处——

1 丰富知识，开拓思维

读历史，用历史知识武装头脑，取其精华，去其糟粕，让头脑敏锐地思考，做出有益于他人或者社会的行为。

2 增强民族自豪感和凝聚力

读历史，了解华夏五千年的灿烂历史，为勤劳智慧的祖先感到骄傲，增强人们的自豪感、荣誉感、归属感和整体的凝聚力。

3 培养胸怀和抱负

读历史，我们可以了解前人处世的态度、远大的抱负和无畏的精神，受到他们潜移默化的影响和熏陶，从而胸怀远大的志向。

4 借鉴别人的经验

读历史，了解历史上的人物和事件，借鉴前人的经验，吸取教训，学习某个人物的某种精神，从而武装自己的头脑及提高明辨是非的能力。

5 了解人性的弱点

读历史，你能从中发现历史环境和现实场景有相通之处，看清共同的人性弱点，从而提醒自己不能犯相同的错误。

少年朋友们，可见读历史是多么的重要啊！从今天开始，让我们多看一些有益的历史书籍吧！

目录

隋朝

唐朝

五 代

少年读历史

隋朝

历三帝，共三十七年

都城：大兴城（今陕西西安）、洛阳（今河南洛阳）

开皇之治

公元581年，隋朝建立。随后，隋文帝经过多年准备，终于在公元589年一举消灭陈朝，统一了全国。政权基本稳定下来后，隋文帝着手准备改革。这场改革主要涉及政治体制、赋税、土地制度、法律、货币等方面。通过改革，满目疮痍的隋朝迅速恢复了生产，经济复苏，百姓得以安居乐业。他在位的这段时间，被称为“开皇之治”。

中原数百年的分裂局面，不但使国库空虚，百姓的生活也十分艰难，出现了没地种、没粮吃的局面。为了让耕者各有其田，百姓能安居乐业，隋文帝即位后的第一件事就是推行均田制。

他采纳尚书左仆射高颎（jiǒng）的建议，实行全国性的户口调查，厘清了全国的人口数量，然后把国家掌握的土地按一定的标准分配给每户人家。均田制抑制了地主兼并土地，有效地提高了农民种地的积极性，确保了国家的税收，这对隋朝的经济发展起到了至关重要的作用。

不仅如此，因各地气候不同，粮食产量也不一样，有的地区丰收，有的地区却歉收。隋朝的国都在关中地区，本是富饶之地，可有几年却因为人口暴增出现粮食紧缺的情况。于是，隋文帝就开凿了人工河通往关中，解决了运粮的问题。他还设立了许多粮仓，丰收时储存粮食，灾荒时就低价出售以前储存的粮食，以此平抑粮价，人们称之为“常平仓”。

除了常平仓，隋文帝还开设了义仓，鼓励百姓将当年多余的粮食放入义仓，等到灾年时免费提供给受灾的百姓取用。义仓这项善政，一直持续到了唐朝初年。

百姓有了粮食，社会逐渐安定下来。隋文帝开始了政治改革，他创立了不少在当时看来十分先进，对后世影响也十分深远的制度。

他总结十六国时政权混乱的教训，借鉴汉魏

时期好的体制，将全国划分为州、县两级，统一了地方行政体系，建立起三省六部制的政府机构。

隋朝以前，朝廷里重复的官职很多，造成了很大程度上的人员浪费，办事效率也很低。于是隋文帝在中央设立了内史、尚书、门下三省，是中央最高政府机构。尚书省下面设吏、礼、兵、民、刑和工六部，与诸寺、台分类处理全国事务。这套制度分工明确、组织严密，既加强了中央集权，又清晰明了，使朝廷的开支缩减了三分之一，对后世也产生了深远影响。此后的历代皇帝在管理朝政上也大多在这套制度的基础上加以改良。

三省六部制：

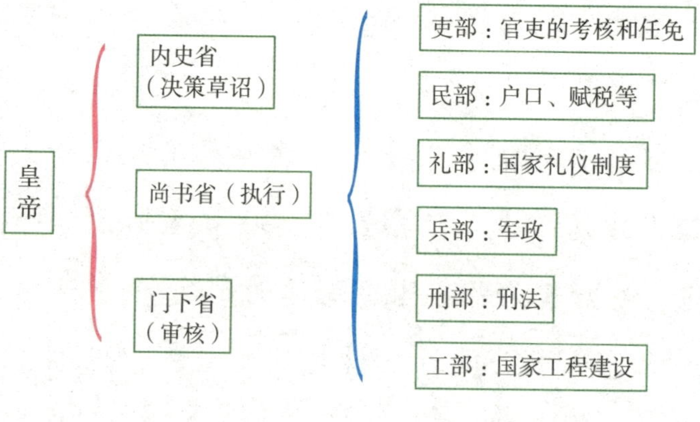

隋文帝还开创了分科考试制度，一改从前做官靠举荐，只有贵族子弟才能世袭官职的惯例，改用明确的考核标准选拔人才的方式，使寒门子弟也有了为国效力的机会。这套制度后来又经过历代皇帝的多次修改，在中国沿用了一千三百多年，一直延续到清朝末期。

隋文帝对律法也进行了重大改良。他下令编订的《开皇律》，取消了大量酷刑，减轻了刑罚，降低了冤案发生的概率，在中国法制史上具有划时代的意义。

隋文帝还十分重视文化传承。公元583年，他向全国发出诏书，凡贡献一卷古代典籍者，就能得到一匹丝绸。这样一来，隋朝收集到了很多散落民间的古籍，藏书高达三十七万卷，是历代藏书最多的。

为了使国力更快强盛起来，让官员们能够奉公守法，隋文帝不但自己非常节俭，对贪赃枉法者一点儿也不姑息纵容，曾发起数次反贪运动。有一次，连三皇子秦王杨俊都牵连进来了。

隋文帝登基后，杨俊渐渐变得奢侈起来，姬妾成群，又建造水上宫殿享乐，还用各种华美的珠宝玉石去装扮宫殿。他还通过向别人放高利贷赚钱。

隋文帝知道后大怒，免了他所有的官职。

将军刘升劝道："秦王只是浪费了一点儿，也没犯什么大错，您就饶了他吧。"

隋文帝没有答应，宰相杨素也来劝他，说："秦王是犯了错，可他的过错不足以让他落到这步田地，请皇上再考虑一下吧。"

隋文帝生气地说："我是五个儿子的父亲，依你们的意思，是不是还要额外制定一个让天子的儿子们专用的法律？当年周公可以诛杀叛乱的管叔与蔡叔，我远远赶不上周公，怎么还能损害法律的尊严呢？"

杨俊为此病倒，只好派

使者向父亲请罪，使者却被隋文帝狠狠骂了一通，杨俊又羞愧又害怕，病情顿时加重了。直到一年多后，隋文帝看他确实悔改了，才恢复了他的官职。

杨俊三十岁就去世了，隋文帝很伤心，他把杨俊所有华丽奢侈的遗物都烧掉了。王府幕僚请求为杨俊立碑纪念，隋文帝说："想要留名，只要一卷史书就够了，哪还需要用到石碑？如果子孙不能保存家业，那碑石也不过是白白地送给人家做盖房子的基石罢了。"

大臣们看到连皇子犯法也不会被宽赦，办起差来就更不敢懈怠了。

在隋文帝的治理下，隋朝不但国内一片繁荣，对外的影响力也很大。隋朝军队或歼灭或重创了屡屡侵犯隋朝边境的吐谷浑、契丹、突厥、高句丽等，在很长一段时间内，他们都不敢进犯隋朝，百姓安享太平。

经过这一系列的改革和整顿，全国从朝廷到民间，一切都井然有序，加上民间轻徭薄赋，百姓休养生息，国家迅速繁荣起来。隋文帝在位的二十多年间，国家的耕田面积不断扩大，还修复了许多水利工程，使得粮食大量增产。到隋文帝末年，储存的粮食可以供全国百姓吃上五六十年。一直到贞观十一年（公元 637 年），隋朝时储存在粮仓里的粮食还没有吃完。相比当时全国的人口数量和国库储备，就连后来唐朝最兴盛的“开元之治”时期都没有达到同样的水平，隋文帝时期国力之盛可见一斑。

因而，历代史学家对隋文帝的评价都很高，当时的“开皇之治”更是被评为中国农耕文明的巅峰时期。

历史小启迪

隋文帝进行了一系列具有深远影响的改革，并严格监督着各项政策的实行，即便皇子犯法，也决不姑息。所谓上行下效，正是隋文帝这份强烈的自律精神，才使国内政治清明，让隋朝在短短的二十年间强盛起来。

功过参半的隋炀帝

隋文帝的历史评价很高，有“圣人可汗”之称，可他和独孤伽罗皇后在选择皇位继承人的时候，选择了杨广，这让隋朝原本大好的局面急转直下。隋炀帝在位期间，改革官制、开创科举制度、开凿大运河、开辟疆土，对后世颇有影响；然而他又好大喜功、贪图享乐、滥用民力，最终激起了人民的反抗，断送了大隋的江山。

隋文帝当初为何会选择杨广为继承人呢？这和独孤伽罗皇后有关。

独孤伽罗是北周卫国公独孤信的女儿，是汉化的鲜卑人，身上既有游牧民族的英气，亦有汉人的谦和。她十四岁就与隋文帝成婚，夫妻二人一起经历过很多波折，感情非常深厚。杨坚称帝后，独孤伽罗被封为皇后。宫中的五位皇子，全是独孤皇后所生，这在古代是极为罕见的。

独孤皇后才智过人，隋文帝每天上朝前，两人会一起乘轿出门，一直到听政的宫殿前才停下来分开。文帝下朝回来，说起政事时，如有什么不当的地方，她必定委婉地劝说文帝，文帝也经常采纳她的意见。她的表弟崔长仁犯了法，文帝本想看在皇后的面子上不处罚他，独孤皇后却坚持按律法处置了他。朝中上下都很佩服她，把她与文帝合称为“二圣”。

独孤皇后是“一夫一妻”制的提倡者，对隋文帝进行严格管控，她在世时隋文帝不敢娶别的妃子。

独孤皇后还不喜欢别人纳妾，但太子杨勇向来行事率性、不拘小节，与隋文帝夫妇一贯严正的作风相冲突。此外，杨勇冷落正室元妃，却宠爱小妾们，更是引起了独孤皇后极大的不满。

与之相反，晋王杨广不仅在平陈统一战争中表现突出，之后在镇守江南并稳定刚刚统一的江南局势中政绩也很突出，所以很受隋文帝夫妇重视。

杨广早有做太子之心，他平时总与妻子萧妃同进同出，很少带家中小妾出门。一次，隋文帝和独孤皇后到他的府第做客，他就和萧妃穿上粗布衣服，只留下几位寻常宫女服侍，连架上的乐器都蒙上了一层厚厚的灰尘，看上去真是一个既节俭又专情的好孩子。隋文帝和独孤皇后从此便对他另眼相看。

在很长一段时间里，杨广都表现得作风简朴、不好女色、礼贤下士、谦恭谨慎，完全把太子杨勇给比下去了。接着，杨广又通过各种方式，收买了一大批为自己说话的人，其中就有宰相杨素。

后来元妃去世，独孤皇后认定是杨勇害死了元妃，决定改立太子。

太子杨勇急了，在宫里用起了巫术。隋文帝知道后，派宰相杨素去查探真伪。杨素去见太子时，故意引导杨勇说了一些怨恨隋文帝的话。这些话传入隋文帝耳中，没几天，杨勇就被废了，晋王杨广成了新太子。

公元602年8月，独孤皇后去世。同年冬天，隋文帝冒着严寒亲自为皇后送葬，随后又下令建造天下最盛佛寺——禅定寺，为皇后祈福。禅定寺一直到隋炀帝时期的大业八年才最终完工，总面积达六十公顷，可见规模之宏大。公元604年，隋文帝去世，杨广即位，史称隋炀帝。

杨广即位不久，就办了两件大事。

一是迁都洛阳，在洛阳建造起新都城——东都。负责此事的宇文恺知道隋炀帝喜欢奢华，所以工程用的木材和石料，都是从很远的地方运过来的，一根大梁就要上千人拉，耗费了大量人力、物力。

二是下令继续修建大运河。大运河并不是一次就修建成的，早在隋文帝时期就开始修建了。

隋炀帝先是让人开通通济渠，同时改造邗沟。之后的五年里，又陆续开通了永济渠和江南河。修成

后的大运河北起北京，南至杭州，沟通钱塘江、长江、淮河、黄河、海河五大水系，是世界上最长的古代运河。此后元、明、清三代都对大运河进行了治理和改建，使经济中心长江流域和政治中心黄河流域两大文明区域相汇相融，对后世政治的统一、经济文化的发展发挥了积极的作用。

急于建功立业的隋炀帝还四处开辟疆土，他或歼灭或重创了突厥、林邑、吐谷浑、契丹、高句丽……拖延、阻止了一系列异族的强大与崛起，大隋的疆域大大超越了从前。据《隋书》记载，即使是隋朝灭亡前夕，数十个异邦邻国仍臣服于大隋王朝，给隋朝进贡。

然而，隋炀帝时期，隋朝表面繁荣强大，背后却是百姓们深重的苦难。大运河的工程在六年时间里，足足用了五百多万名劳工，不少人因为劳累死在了工地上。可以说，大运河是用成千上万名百姓的血汗和生命换来的。

隋炀帝为了到大运河巡视，还下令造了上万条大船，为首的是两条四层高的大龙船，里面的装饰奢侈华丽到了极点。他又下令征发八万多名民工作为纤夫，遇到险滩时，就让众人合力把大船拉过去。白天行船，晚上则停船游乐，一片灯火辉煌。运河两岸的百姓，却因为要给帝妃、大臣、侍从等人进献食物，弄得倾家荡产。唐代诗人皮日休曾写诗评论此事：“尽道隋亡为此河，至今千里赖通波。若无水殿龙舟事，共禹论功不较多。”

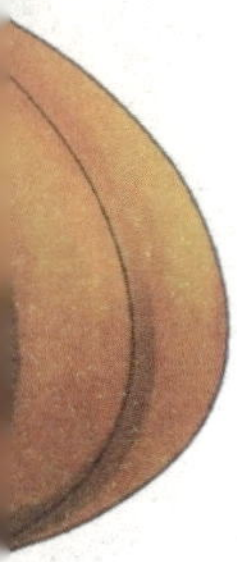

对百姓而言，最大的苦难还是来自战争。仅和高句丽的战争，强召入伍的人就有三四百万之多。其中一场战争中，隋将宇文述带领着三十万人马出征，最后只有两千七百多人返还，死伤无数。

隋炀帝又征发民夫修筑长城，甚至规定他们二十天内修建完毕，为此征召了一百万人。百姓们为了躲避徭役，不惜自残肢体。

公元611年，隋炀帝再次攻打高句丽。他亲自坐龙舟沿大运河到达涿郡，让军队都到涿郡会合。他又征召全国造船的工匠赶到东莱（今山东龙口），赶造三百艘兵船。工匠们日夜赶工，却得不到休息。他们下半身因为长期泡在海水中工作，受到小伤也得不到治疗，时间久了，不少人腰部以下竟腐烂生蛆，有的甚至累得倒入海水中淹死了。

这样的残暴统治必然激起人民的强烈反抗，很快各地的起义如同雨后春笋般不断兴起，大隋的江山变得风雨飘摇。

历史小启迪

杨广登上帝位以后，修长城、修大运河、开疆扩土、迁都等，这些虽是为了国家的富强，但他急于求成、好大喜功，过分地压榨百姓，导致民不聊生。一个罔顾百姓生死的政权，是注定不会长久的。

瓦岗军起义

隋炀帝杨广有一个侍卫名叫李密，他是西魏“八柱国”之一李弼的后人，他的父亲也是隋朝的重臣。一天，隋炀帝发现李密值班的时候，喜欢左顾右盼，看起来很不专心，心中不悦，就免去了他的官职。

李密被免职后，开始发奋读书。一天，他骑着牛去拜访客人，在牛角上挂了一本《汉书》。这一幕恰巧被宰相杨素看到了，他感到十分惊奇，主动上前和李密交谈。回家后，杨素就跟儿子杨玄感提到了李密，夸赞他学识渊博，很有才能。于是，杨玄感和李密成了好朋友。

公元613年，隋炀帝第二次远征高句丽，令时任礼部尚书的杨玄感在黎阳负责督运粮草。杨玄感的父亲杨素死于隋炀帝的猜忌，因此他十分忌恨隋炀帝，一直在找机会起兵反隋。

此时隋军主力远在辽东作战，后方空虚，杨玄感认为这是起兵的好机会，于是他煽动负责运送粮草的八千名壮丁，又把老朋友李密请来当谋士。

李密给出了三条计策："北据涿郡，切断皇帝的后路，断了他攻打高句丽的粮草，这是上上之策；向西进入大兴城，控制潼关地区，凭天险可攻可守，这是中策；就近攻打洛阳，胜负难测，这是下策。"

杨玄感哈哈大笑，说："你的下策才是上策，百官都在洛阳，只要能把洛阳攻下，就动摇了皇帝的基业。"

杨玄感出兵攻打洛阳，一时没能攻破城池。镇守长安的代王杨侑派刑部尚书卫玄带兵增援洛阳，杨玄感不能抵挡，败退下来。辽东的隋炀帝收到告急文书，立即派大将宇文述挥师南下，对杨军形成了四面包围的攻势，很快就把这支起义军给消灭了。杨玄感战死，李密从乱军中逃走。

杨玄感虽然失败了，但动摇了隋朝的统治。很快，起义军形成了星火燎原之势。起义军中，有三股势力最为强盛，一支是河北的窦建德军，一支是江淮地区的杜伏威军，另一支是河南的瓦岗军。李密经过一番考虑，投奔了瓦岗军。

瓦岗军的首领叫翟让，公元611年，他作为东郡法曹，因为犯了法被判了死罪。狱吏黄君汉（后来成为唐代开国功臣）觉得他非常骁勇，是个人才，就偷偷砸了他的镣铐，私自放他走了。

翟让喜出望外，可又担心连累黄君汉，哭着说：“承蒙你的再造之恩我得以幸免，可你怎么办呢？”黄君汉发怒说：“我敬你是条好汉才救你，你怎么能像个小孩子一样涕泪以谢呢？你设法逃走吧，以后若能够成就一番事业，就是报答我了。”

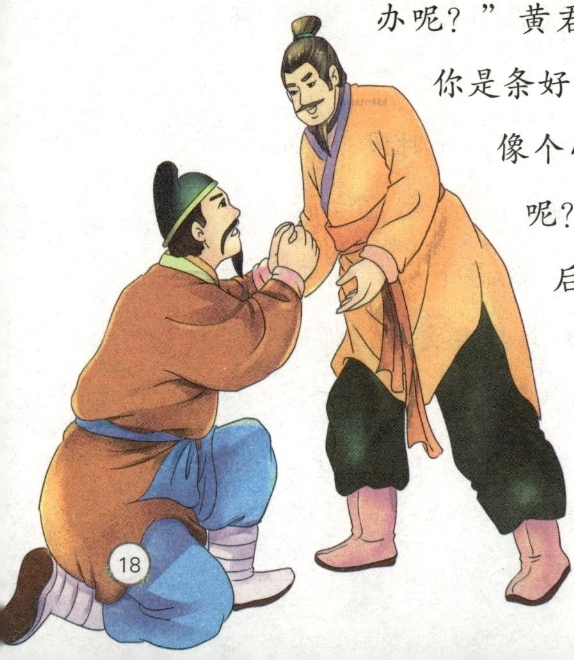

翟让逃出来后到了瓦岗（今河

南滑县东南），组织百姓杀了当地的贪官，打开粮仓接济百姓，得到了百姓的支持，队伍很快就壮大起来。

公元616年，李密加入瓦岗军，帮助翟让整顿队伍，还积极联络友军，请他们与瓦岗军联合，统一听从翟让的指挥。李密逐渐成了瓦岗军的核心成员。他对翟让说：“现在朝廷的官员大多远在辽东，只要我们拿下洛阳和大兴城，隋朝就完了。”

在李密的策划下，瓦岗军开始攻打荥阳。隋炀帝派大将张须陀率军抵挡瓦岗军。翟让有些担心，李密却说：“这人有勇无谋，又骄傲自大，我们肯定可以打败他。”于是，李密让徐世勣(jì)和王伯当事先埋伏在一片树林中，再让翟让正面迎敌，把隋军引入包围圈中。这一战，瓦岗军大胜隋军，隋将张须陀被杀。

公元617年春天，李密又建议翟让趁隋炀帝到江都（今江苏扬州）巡游，东都洛阳空虚的机会，去攻打洛阳。在发现洛阳难以攻下后，又转为攻打洛阳附近的兴洛仓，这是隋朝最大的粮仓。攻下兴洛仓后，瓦岗军把粮食分给了百姓，一时间，来取粮的百姓有十万之多。

瓦岗军一路打来，攻下了许多郡县，很快又攻下了隋朝第二大粮仓——回洛仓。贫苦的农民纷纷加入进来，瓦岗军很快便占领了河南大部分郡县，成了最强大的起义军。

后来，翟让决定建立瓦岗军自己的政权，可他觉得自己远远比不上李密，就把首领的位子让给了李密。于是，李密建国号魏，自称魏公，兼任行军元帅，政权机构就叫“行军元帅魏公府”。

李密大量起用隋朝的降兵降将，并积极培养自己的势力，引起原来一些起义军将领的不满。将领们纷纷把这些情况告诉了翟让，翟让劝他们以大局为重，不要胡乱猜疑。可李密并不接受翟让的好心，反而把他看成了眼中钉。一天，李密备下酒席，请翟让过来喝酒，等大家喝得正高兴的时候，李密却让事先安排好的刀斧手把翟让给杀了。翟让的亲信徐世勣等人也差点儿被害。

这件事让将士们寒了心，从那以后，瓦岗军军心涣散，实力一天不如一天了。

李密一边和隋军作战，一边派人去朝见已在洛阳即位称帝的杨侗，接受官爵。后来李密入关投降了唐朝，不久又因为反唐被杀。

就在李密被杀的前一年，隋炀帝已经被杀了。原来，公元614年，隋炀帝不顾国内危机四伏的形势，再次亲征高句丽，在平壤附近打败了高句丽军队，高句丽国王派使者请降。隋炀帝看到已经挽回了前两次失败的耻辱，无心再打，就启程回国。不料被起义军堵在了江都，无法回到洛阳。

公元618年3月，隋炀帝想要迁居南京，隋朝将领宇文化及、马文举等人，利用将士们渴望回到关中家乡的不满情绪，在江都发动了一场政变，隋炀帝被杀。

历史小启迪

瓦岗军举起反隋大旗，杀贪官，诛恶吏，开仓放粮，赈济贫民，深得百姓拥戴。他们转战中原，浴血奋战，兵至百万，坚持八年，是造成隋朝崩溃的重要推手。如果不是瓦岗军牵制大量隋军，李渊也不可能那么容易攻取长安。这次农民起义，对唐初的政治、经济也产生了重大的影响。

唐朝

历二十一帝，共二百八十九年

都城：长安（今陕西西安）、洛阳（今河南洛阳）

李渊起兵建唐

李渊原是隋朝的贵族，继承祖上的爵位，做了唐国公。公元617年，隋炀帝令他到太原去当留守（官名），镇压农民起义。开始他也打过几个胜仗，后来眼看起义军越打越强、越打越多，他便紧张起来了。

李渊有四个儿子。次子李世民那时刚刚十八岁，是个有胆有识的青年，平时好结交有才能之人。大家也都觉得他大方好客，乐意跟他交往。他看准隋朝的统治不会长久，心里便有了自己的打算。

晋阳（今山西太原晋源区）县令刘文静非常看重李世民，李世民也将他看作知心朋友。刘文静是李密的亲戚，李密加入起义军之后，隋炀帝下令逮捕李密的亲友，刘文静遭受株连，被革职查办，关入晋阳的监牢之中。

李世民听到刘文静被抓入狱，非常着急，慌忙跑去监牢里探望。

李世民拉着刘文静的手说："刘大哥，我前来探望，不仅是为了叙旧，主要是想请您帮我想个办法。"

刘文静早就明白李世民的心思。他说："现在皇上远在江都，李密逼近东都，到处都有人造反，这倒是打天下的好时机。我能够帮您召集十万人马，您父亲手下还有几万人。倘若用这支队伍起兵，攻入大兴城，号令群雄，用不了半年时间，便能夺得天下。"

李世民兴奋地说道："您真是说到我心坎儿里了。"

李世民回到家中，想着刘文静的话，越想越觉得有道理。然而要想将他父亲说服，实在是个难题。正好此时太原北面的突厥（我国古代北方民族之一）进攻马邑，李渊派兵抵抗，连着打了好几场败仗。李渊害怕这件事被隋炀帝知道了要追究他的责任，急得不知道该怎么办才好。

李世民抓住这个机会，去找李渊，劝他起兵反隋。李渊听后，吓得魂飞魄散，呵斥道：“你怎么说出这种大逆不道的话来。要是我去报官，准会把你抓起来。”

李世民并不畏惧，而是说道：“父亲想告便去告吧，儿子才不会贪生怕死呢。”

李渊当然不会真的去告发，不过嘱咐他以后别再说这样的话。

第二日，边境军情更加紧急。李世民再次劝说李渊起兵反隋。这回李渊的口气有所缓和，说是经过一夜的考虑，觉得儿子的话也很有道理，只是家眷都在河东（今山西永济），怕起兵之后，家人有个什么闪失。于是李世民立即派人飞奔到河东，去接家眷。

正在这当口，江都（隋炀帝自前一年，即大业十二年南下江都后，就一直留驻在那里）有消息传来，当即吓得李渊魂不附体。原来，由于李渊未能将突厥及时击退，隋炀帝已经派人来太原，要把他捉去问罪。

李渊内心忐忑不安，不知道怎么办才好，只得将裴寂与儿子李世民召来共同商议。裴寂说："我前日劝您，便是担心发生这样的事。眼下情势紧急，您还犹豫什么呢？古人说'先发制人，后发制于人'。何去何从，望您三思啊！"李世民接着讲道："现在皇上昏庸，尽忠无益。"

不久之后，隋炀帝派来逮捕李渊的两名使者到来，李渊推说自己身染重病不能下床，派下属安排两人先住下。这两人虽说身负皇上圣谕，然而李渊手握兵权，他们也只好耐心等待。

没过几天，江都又传来隋炀帝赦免的命令，令李渊依旧担任原职，**戴罪立功**。情势有所缓和，李渊便将心放了下来，起兵之事便又耽搁了好几天。

裴寂和李世民眼见李渊迟迟无法决断，心里很是焦急，不停催促。李世民随后把刘文静保举出来，和他一块儿谋划。刘文静便又献上一计，即冒充皇帝的名义发出诏令，令太原、西河（距今山西临汾东北十三里）、雁门以及马邑的百姓，只要是年满二十岁便要当兵，做好东征高句丽的准备。此道命令刚下达，马上就民怨沸腾起来。

期间，李世民几次劝父亲举兵起义，李渊先是推辞说："家眷还没有到。"李世民接着说道："家眷早已启程多日，应该马上就到了。如今情势非常紧急，还须早点儿布置方好。"李渊又发愁道："兵力不够，怕一时也不会成什么事。"李世民往前一步，在李渊耳边低语了几句。李渊便满口答应道："好！"

费尽千辛万苦，李渊才下定了起兵反隋的决心。同在太原的两个副留守，即王威和高君雅，察觉李渊父子有异心，准备除掉李渊，却被李渊父子及刘文静等人用计，以"引突厥入寇"的罪名将二人斩首。

不久，李渊的家眷全都自河东赶来。这时窦夫人已经病逝，三儿子玄霸也在家乡不幸因病夭折，所来的人中有李渊的大儿子李建成、四儿子李元吉及女婿柴绍等，其中还有李渊之妾万氏。万氏所生的儿子李智云在途中失散，后在长安被留守阴世师所害，李渊得知后伤心不已。

为将突厥稳住，李渊令刘文静同兵临城下的突厥和谈，邀他们共定京师，一同反隋，并且约定，胜利之后，土地归李渊所有，玉帛财物归突厥所有。始毕可汗很是高兴，马上赠了李渊千匹战马。搞定突厥之后，李渊在大业十三年（公元617年）六月，号称义兵，亲自带领全副武装的三万士兵自晋阳出发，大儿子李建成以及二儿子李世民全都随从，仅令小儿子李元吉留守晋阳。起兵的名义，是要拥立仍在大兴城的代王杨侑为帝。一路上，将军与士兵同甘共苦，所过之处秋毫无犯，沿途树上有成熟的大苹果，在给了钱后才摘下来吃。队伍纪律非常严明，

很受百姓的拥护。

李渊的大军来到霍邑（今山西霍州），遭到隋朝将军宋老生的拦击。霍邑一带道路狭窄，又赶上下了几天大雨，李渊大军的军粮运输中断了，士兵还纷纷传说突厥兵正准备偷袭晋阳。李渊动摇了起来，想撤军回到晋阳。

李世民对李渊说："眼下正是秋收季节，田野里都是粮食，即便缺粮，宋老生也不值得害怕。我们已经用义兵的名义号召天下，如果没有打仗便后撤，肯定令人失望。回到晋阳，是肯定没有生路的。"

李建成同样支持李世民的主张。李渊方改变了主意，打消了撤军的计划。

八月的一天，久雨刚刚放晴，李渊大军一早沿着山边小路，急行军赶到霍邑城下。李渊先令李建成带领几十个骑兵在城下挑战。宋老生见对方人少，便独自带了三万人马出城。随后李世民带兵自南面山头冲杀下来，将宋老生的人马冲得七零八落。宋老生赶忙回头要逃回城去，李渊的士兵早已攻占了城池，把城门关得紧紧的。宋老生走投无路，被李渊的大军杀了。

李渊大军攻下霍邑以后，继续向西进军，在关中农民军的配合下，渡过黄河。留在大兴城的李渊的女儿也招募了七万多人马，号称“娘子军”，响应李渊大军进关。

李渊带领着二十多万大军攻打大兴城，守在大兴城的隋军放弃了抵抗。李渊将大兴城攻下以后，为争取民心，宣布约法十二条，将隋王朝的苛刻法令全部废除，并且暂时让隋炀帝的孙子杨侑做了个挂名的皇帝。

第二年（公元618年）夏天，从江都传来了隋炀帝被杀的消息，李渊这才将杨侑废了，自己即位称帝，改国号为唐，这便是唐高祖。

历史小启迪

李渊是一个有雄心壮志又干练的领袖人物，他筹划了太原起兵，最终得以胜利进军并占领了大兴城。除此之外，他推行的一些政策也有助于全国的统一。李渊创立了初唐的制度和政治格局，为唐王朝的统一奠定了良好的基础。

玄武门之变

唐朝建立后不久，李世民和皇太子李建成之间就为争夺皇位展开了激烈的斗争。

本来，唐朝的建立，李世民出力最多、功劳最大，他又网罗了尉迟敬德、秦叔宝、徐世勣、李靖这些著名将领，广泛结交知名人士，像房玄龄、杜如晦(huì)等著名的十八学士，都成了他的谋士。所以，他的势力无人能比。李建成在太原起兵之后，也统领一支军队，打过一些胜仗，虽然没有李世民那样雄厚的实力，但是他有太子这个合法的身份，使得一大批皇亲国戚聚集在他的周围。而且他长期留守关中，在京城长安一带有着稳固的基础，甚至宫廷的守军（玄武门的卫队），都在他的控制之下，他还把齐王李元吉拉拢过来。总的说来，李建成和李世民是**势均力敌、旗鼓相当**。

但是，形势对李世民越来越不利。唐高祖李渊昏庸无能，他见李世民威信一天比一天高，十分不满。一次，李世民把一块好地分给了淮安王李神通，得罪了高祖宠爱的妃子张婕妤(yú)，被高祖训斥了一通。唐高祖另一个宠妃尹德妃的父亲尹阿鼠，无缘无故把李世民的谋士杜如晦痛打一顿，还恶人先告状，说李世民唆使部下打他。唐高祖听了以后，不问青红皂白，就把李世民叫来，骂道："你手下的人对我宠妃的父亲都这样凶狠，对老百姓还不知道要多厉害呢！"从此，唐高祖就疏远了李世民。李建成趁机和李元吉、张婕妤、尹德妃等人勾结，想暗害李世民。

有一次，李建成、李世民、李元吉跟随唐高祖到城外打猎，唐高祖让他们骑马比箭。李建成故意让李世民骑一匹难以驯服的烈马。李世民刚上马，马就狂蹦乱跳起来。李世民急忙跳下来，等马安静了，再骑上去。谁知刚一上马，马又蹦跳起来。这样反复了三次，李世民才制服了这匹烈马。他骑在马上，对旁边的人说："有人想用这匹马害死我，岂不知，生死有命，怎么害得了呢？”李建成听了，就添枝加叶地对张、尹二妃说：“秦王太狂妄了，他说天命在他身上，是一定要坐天下的，不会轻易死掉！”张、尹二妃又把这话告诉了高祖。高祖立即召见李世民，责备他说：“皇帝是上天决定的，不是你耍点儿手段就能当上的！我还没死，你为什么那么心急呢！”李世民再三解释，高祖不听，拍着桌子发脾气。正在闹着，外面送来情报，说突厥入侵。高祖要靠李世民打仗，所以马上改变了态度，笑着说：“算了，算了，还是商量怎样对付突厥吧！”

李建成一计不成，又生一计。一天夜里，他请李世民喝酒，想用毒酒毒死李世民。李世民毫无戒心，拿起酒杯一饮而尽，突然感到胸口疼痛难忍，接着就大口吐血。幸好淮安王李神通在场，把李世民背回了西宫。

李建成还用金银财宝收买秦王府的武将，又鼓动高祖把李世民的心腹谋士一个个调到外地。眼看矛盾就要由**明争暗斗**发展到**兵戎相见**

的地步。

李建成和李元吉谋划，准备利用抵御突厥入侵这个机会，先夺了李世民的兵权，等出征的时候再把他杀掉。李建成在唐高祖面前推荐李元吉代替李世民北征。高祖答应了。李元吉又请求将秦王府的尉迟敬德、程咬金、秦叔宝等猛将归他指挥，并调李世民部下精锐士兵扩充自己的部队，高祖也都一一同意了。李建成以为自己安排得十分周密，其实，这些消息很快就传到了李世民那里。李世民急忙找来长孙无忌、尉迟敬德等人商量对策，大家都主张立即动手，先发制人。

唐高祖武德九年（公元 626 年）六月的一天，李世民向高祖控告李建成和李元吉，揭发他们在后宫胡作非为以及与张婕妤、尹德妃的暧昧关系。高祖大吃一惊，说："竟然有这样的事？"李世民说："不但如此，他们还多次要谋害我。如若他们得逞，孩儿就永远见不到父皇了！"说完就哭了起来。高祖说："你讲的事情关系重大，明天我要亲自审问！"

当天夜里，李世民调兵遣将。第二天一早，他亲自率领长孙无忌等人，埋伏在玄武门附近。张婕妤听到了风声，马上派人报告李建成。李建成找李元吉商量。李元吉说："我们应该赶快把兵马布置好，称病不去上朝，观察一下动静再说。"李建成说："怕什么？内有张、尹二妃照应，外有自家军队守卫玄武门，他们能把我们怎么样？我们一起上朝去，看看情况再说。"说完两人骑马进入玄武门。

守卫玄武门的将领叫常何，原本是李建成的心腹，但已经被李世民收买了。李建成和李元吉走到临湖殿，发现情况异常，立即掉转马头，朝东宫跑。只听有人喊道："太子、齐王，为什么不去上朝？"李元吉

回头一看，不是别人，正是对头李世民。他急忙取弓搭箭，一连向李世民射了三箭，都没射中。李世民对准李建成回射一箭，只听“嗖”的一声，李建成从马上摔下来，断了气。李元吉急忙向西逃去，迎面碰上尉迟敬德，又掉转马头往回跑。忽然一阵乱箭射来，李元吉趁势滚下马，往附近的树林里钻，正巧遇见李世民。仇人相见，分外眼红，李元吉骑到李世民的身上，夺下了弓，动手去勒李世民的脖子。就在这万分危急的时刻，尉迟敬德骑马赶到了。李元吉放开李世民拔腿就跑，尉迟敬德一箭把他射死了。

这时候，玄武门外人喊马嘶，原来是东宫的大将冯翊(yì)、冯立以及齐府的薛万彻带着两千多人，正在攻打大门。只见大力士张公谨一个人用身子顶着门，外面的人没能攻进来，守卫玄武门的敬君弘、吕世衡两位将军挺身出战，先后战死。东宫、齐府的士兵又去攻打秦王府，情况十分危急。这时候，尉迟敬德提着建成、元吉的脑袋赶来，大喊道：“奉圣旨讨伐二贼，你们看，这就是他们的头，你们还在为谁卖命？”东宫、齐府的官兵见两颗血淋淋的人头，果然是李建成、李元吉的，就一哄而散。

三弟兄火拼的时候，唐高祖正带着大臣、妃子在海池中乘船游玩。忽然看见岸上有一个全副披挂的将军匆匆赶来，就问：“来的是什么人？”只见那位将军跪在地上说：“臣是尉迟敬德。”高祖又问：“你来这里干什么？”尉迟敬德说：“太子、齐王叛乱，秦王恐怕惊动陛下，特地派臣来护驾。”高祖大吃一惊，忙问：“太子、齐王现在何处？”尉迟敬德说：“已经被秦王杀死了。”高祖听后十分难过，吩咐游船靠岸，回头对裴寂等人说：“想不到会发生今天这样的事，你们看怎么办？”左右的大臣听到李建成、李元吉已死，旁边又有一个这样凶猛的将军手拿兵器守候着，他们就顺水推舟做个人情。萧瑀、陈叔达说：“太子和齐王本来就没有立下过大功，秦王功德盖世，深得人心，理该立为太子。”高祖说：“我本来也是这样想的。”尉迟敬德忙说：“外面还没有完全平静，请陛下降旨，让各路军队都接受秦王指挥。”高祖立即派人传旨，结束了这场政变。

三天之后，唐高祖宣布立秦王李世民为太子，国家大事一律由太子处理。同年八月，唐高祖被迫让位，自称太上皇。李世民当了皇帝，即唐太宗。第二年，改年号为贞观。历史上把这次政变叫作“玄武门之变”。

历史小启迪

处在政治旋涡之中的李世民兄弟，纵有兄弟亲情，在利益的面前也变得面目全非，令人唏嘘不已。然而历史已经注定，政治斗争的胜利者，一定是有谋略、有决断、善用人才、手握强权的人。

贞观之治

“玄武门之变”发生不久，就有人向李世民告密，说太子手下有个叫魏征的人，当初曾极力劝说太子杀掉李世民。

李世民将魏征找来，板着脸问：“你为什么要挑拨我们兄弟之间的关系？”

魏征昂着头说：“可惜太子不肯听我的话，否则哪有今日？”

和魏征交好的大臣听他这么说，都替他捏了一把冷汗。可李世民不但没生气，反而很欣赏魏征的胆识，说：“事情已经过去了，就不要再提了。”

不久，李世民登基，即唐太宗，次年改元贞观。他让魏征做了太子宫詹事主簿，不久又提升他为谏议大夫，李建成和李元吉身边的一批旧臣也得到了重用。从秦王府时就跟随唐太宗的老部下不服气，经常私下抱怨。唐太宗知道后，笑着说："朝廷任用官员是为了更好地治理国家，怎么能以关系来提拔官员呢？"老部下们这才无话可说。

唐太宗吸取了隋炀帝杨广不肯采纳臣下意见的教训，鼓励大臣勇敢地向他提意见，其中最著名的谏臣就是魏征。魏征出身寒门，从小就读了很多书，后来又做过道士，参加过起义军，对社会问题有着敏锐的洞察力。他性情耿直，所以进谏时能做到知无不言，言无不尽。据《贞观政要》记载，他一生劝谏的话足足有数十万言，两百多件事。他劝谏次数之多、言辞之激烈、态度之坚定，都是其他大臣远远赶不上的。

有一次，唐太宗问魏征："历史上的君王，为什么有的人明智，有的人昏庸？"

魏征说："多听听各方面的意见，就明智；只听单方面的话，就昏庸。"他又举了历史上尧、舜和秦二世、

梁武帝、隋炀帝等人的例子，说：“治理天下的人君如果能够采纳下面的意见，那么下情就能上达，他的亲信想蒙蔽也蒙蔽不了。”

魏征的意见越提越多，大到国家施政方针，小到皇家礼制，只要觉得不合理、不适当的，他都要进谏。有时候魏征还在朝堂上当面与唐太宗争辩，弄得唐太宗下不来台。

一次，魏征又在朝堂上顶撞唐太宗。唐太宗下朝后，憋了一肚子气回到后宫，见到长孙皇后就气冲冲地说：“总有一天，我要杀死那个乡巴佬儿！”

长孙皇后是历史上著名的贤后，弄清楚怎么回事后，一声不吭地回到内室，重新换了一套隆重的朝服，出来向太宗行起了大礼。

唐太宗大吃一惊，问：“你这是干什么？”

长孙皇后从容地说：“我听说英明的天子才会拥有正直的大臣。现在魏征敢直言进谏，正说明陛下英明，我怎么能不祝贺陛下呢？”

这番话就像一盆清凉的水，把唐太宗满腔的怒火都浇灭了，他不再记恨魏征，反而夸奖起他来，说："大家都说魏征出身寒微、举止粗俗，我却觉得他有真性情，很可爱啊！"

由于唐太宗的开明，形成了唐初清明的政治风气，涌现出一大批名臣贤相。当时除了魏征，还有一对最佳搭档，即房玄龄和杜如晦。

这两人是秦王府的旧人，一手策划了"玄武门之变"。李世民登基后，两人也成了左、右宰相，共商政事。房玄龄计谋多却不擅长决断，杜如晦计谋相对较少却擅长决断，所以每次讨论国家大事，房玄龄都一定要等杜如晦来了之后才下最后的决定，因此留下了"房谋杜断"的佳话。

杜如晦和房玄龄不但是左、右宰相，还身兼数职，房玄龄兼任国史的监修，杜如晦则兼任吏部侍郎，工作繁重。唐太宗即位四年后，杜如晦就病逝了。唐太宗十分挂念他，一次还特意把外邦进贡的一个特别香甜的瓜，拿了一半去祭奠杜如晦。

公元 643 年，直言敢谏的魏征也病死了。唐太宗很难过，流着泪说："用铜做镜子，可以看

见衣帽是不是端正；用历史做镜子，可以知道国家兴亡的原因；用人做镜子，可以了解自己做得对不对。魏征一死，我就少了一面好镜子啊！”

由于唐太宗能采纳大臣的直谏，朝廷里集中了一大批优秀的人才。唐太宗还注重减轻百姓的劳役，实施了一系列**轻徭薄赋**的政策，兴修水利，开垦荒地，让百姓们安心生产，唐朝的经济随之迅速恢复和发展起来。在君臣的共同努力之下，出现了一个政治清明、经济发展、社会安定的治世。唐太宗的年号是贞观，历史上就把这段时期称作“贞观之治”。

历史小启迪

唐太宗是一代明君，最重要的原因是他能听取不同的意见并加以改正，他的大度成就了一代名臣魏征。魏征一心为国，凡是对国家有利的事，知无不言，成就了“贞观之治”和唐太宗的完美形象。两者相辅相成，缺一不可。

开元盛世

武则天晚年传帝位给唐中宗李显，恢复了唐的国号。唐中宗尊她为“则天大圣皇帝”，这就是后人称她为武则天的由来。就在这年11月，武则天病死在上阳宫。

中宗懦弱无能，皇后韦氏掌权，再次把朝政弄得混乱不堪。公元710年，中宗忽然暴毙。李隆基联合姑姑太平公主诛杀了韦后及其党羽，拥立父亲睿宗李旦登基。公元712年，李旦禅位给李隆基，李隆基即位后，改年号为开元，史称唐玄宗。

唐玄宗称帝后，先后任用姚崇、宋璟为相，整顿朝政，**励精图治**，把前一段时期混乱的局面稳定了下来，形成了政治清明、国家安定的局面。姚崇担任宰相以来，勤勤恳恳，多次向唐玄宗提出治国的建议。

公元715年，正当大唐重新出现兴盛的气象时，河南、河北、山东一带发生了蝗灾，黑压压的蝗群一飞过去，庄稼就被啃得精光。恐慌的百姓们整天烧香磕头，不断祈福，求上天开恩，满心期盼灾难赶紧过去。

灾情越来越严重，地方官不得不向朝廷告急，请求支援。

姚崇向玄宗上了一道奏章，认为蝗虫不过是种害虫，只要大家齐心协力就可以扑灭蝗灾。玄宗下旨让他全权处理此事。

姚崇让百姓晚上在田间地头点起火堆，那些飞蝗被火光吸引，就朝火光扑了过来，人们就趁机集中捕杀，又在田边掘个大坑，集中掩埋。

汴州刺史倪若水给皇帝上了一道奏章，说这是天灾，不是靠人力能消除的，

应当积德修福，杀虫有伤天和，只会越捕越多。

姚崇写了一封信反驳说：“如果多做有德行的事就能解决蝗灾，那么，你管的地方蝗灾严重，难道说你是个没有德行的人吗？你眼看禾苗被蝗虫吃掉，却不采取措施，将来闹成饥荒，又算什么天和？”

倪若水无话可说，只好按姚崇说的办法灭蝗，光汴州一个地方就捕灭了十四万担蝗虫，灾情总算缓和了下来。

倪若水虽然服气了，可长安城里有的官员却认为，前朝都没有这么做过，现在这么做太冒失了，怕以后惹出什么乱子来。

这些话听多了，唐玄宗心里也有点儿没底，又找到姚崇，姚崇**从容不迫**地说：“只要合乎道理，又何必拘泥于老规矩呢？历史上大蝗灾的年头，都因为没有得到很好的治理，随后引起更严重的灾荒。如今河南、河北存粮不多，如果因为蝗灾颗粒无收的话，百姓没粮吃，到时候就危险了。”

唐玄宗想想是这个理儿，就放手让姚崇去

灭蝗。

姚崇奏请朝廷派出使者检查各州县捕杀蝗虫的情况，通报各地，积极灭蝗。开元年间，唐朝虽然经常闹蝗灾，却没有出现大面积的饥荒，这里面就有姚崇的一份功劳。

姚崇办事干练也是出了名的。有一次，他家中有丧事，请了一段时间假，虽然有人代为处理公务，可那人业务不熟练，还是积压了一大堆问题。姚崇回来后，很快就处理完了。一个和他交好的官员夸奖了他，姚崇一时有些得意，就问："我这个宰相，比得上从前的管仲、乐毅吗？"那人想了想说："管仲和乐毅的政策一直施行到了他们去世的时候，你的政策随时可能更改，这么看，似乎比不上，但也可以称得上'救时宰相'了。"从此，"救时宰相"这个名号就流传开了。

唐玄宗在位的前二十多年里，除了姚崇以外，还任用过好几个有名的贤相，如宋璟、张说、韩休、张九龄等，再加上积极兴修水利，采取一系列有利于经济发展的措施，开元末年的户口数比唐代初年足足增加了四倍，各州县的仓库里都堆满了粮食和布帛。长安成了当时世界上最大的城市，各国往来的商人、留学生络绎不绝。国力强盛、财政充裕的大唐进入全盛时期，迎来了“开元盛世”。

历史小启迪

古代因为科技不发达，容易把很多不能理解和无力解决的事情归于老天爷的安排，认为只要多多祭拜上天，老天爷就会大发慈悲，灾难就能过去。姚崇灭蝗则打破了当时的迷信思想和惯性思维，用实际行动向人们证实了自己的观点。正是这份敢于打破常规、不拘泥于古法、能够破旧立新的胆识和勇气，才让他成为“救时宰相”。

安史之乱

唐玄宗登基之后，**选贤任能**，励精图治，开创了“开元盛世”。可他到了晚年，看到天下太平，就开始不理国事，贪图享乐。朝中李林甫、杨国忠等奸臣当政，朝政渐渐腐败起来。公元 755 年冬，三镇节度使安禄山起兵造反，率领十五万叛军，从河北平原出发，直逼长安。

当初，唐玄宗刚即位时，为了加强边境的防御，在重要的边境地区设了十个军镇，又叫“藩镇”。藩镇的最高长官就叫节度使，集军权、行政权、财权于一身，权力很大。后来，各节度使**拥兵自重**，渐渐不服朝廷管束。因此，李林甫劝唐玄宗用胡人当节度使，认为这样利于朝廷控制。唐玄宗觉得这主意不错，就照做了。

造反的安禄山就是胡人，他原本是平卢节度

使张守珪的偏将，一次犯了事，按律该判处死刑，张守珪觉得他打仗勇猛，处死了可惜，就将他送到京师请朝廷定夺。当时张九龄还是宰相，认为军令如山，安禄山当杀。唐玄宗却欣赏安禄山的勇猛，赦免了他，让他戴罪立功。

安禄山外表一副老实憨厚的样子，其实很擅长拍马屁，又经常扮成小丑逗玄宗和杨贵妃开心。他任平卢兵马使的时候，每次朝廷来人，都会贿赂对方，让对方回去时帮他说好话，加上又立了一些战功，很快就升了官。

安禄山除了向玄宗献上他在各地搜刮的**奇珍异宝**外，还摸准了唐玄宗喜欢看到边境将领立下战功的心思。太平年月无仗可打，他就把附近少数民族的首领诱骗到府中参加宴会，等他们喝醉了，就割下他们的首级，以此向唐玄宗谎报军功。

唐玄宗收到捷报十分高兴，给他在长安造了一座华丽的府第。因为喜欢他，唐玄宗还不时把他召到长安。

安禄山不怕别人，却怕李林甫。不久李林甫

病死，杨国忠接任了宰相，两人互相看不起，很快就势同水火。

杨国忠为了打倒安禄山，想出了一个愚蠢的主意——逼他造反。他暗中查到安禄山在北方秘密扩充军队、囤积粮草、私制武器，就告诉了唐玄宗，并说安禄山迟早要造反。

接着，他整理了许多证据交给玄宗，比如：安禄山私自把范阳（今河北怀安一带）的三十二名汉将换成自己人；把俘虏的八千壮士通通养了起来；在府中招纳谋臣、储备物资；私自制作不符合他品级的绯紫官袍，等等。唐玄宗起初不相信安禄山会造反，看到这些证据后，也有些怀疑起来。

接着，杨国忠派兵包围了安禄山在长安的府第，绞死了安禄山的手下，并开始大力贬逐安禄山的党羽。安禄山觉得不能再等了。公元 755 年冬月的一天，他趁长安的官员来到范阳的机会，假传圣旨，以“诛杀奸贼杨国忠”的名义，举起了反旗。

十五万步兵、骑兵从河北进发，一路烟尘滚

滚，打破了中原一百多年来的平静。中原的官员太久没有打仗，组织不起有效的反击和防御，安禄山的大军一路南下，势如破竹。

消息传到长安，大臣们都慌了，杨国忠满不在乎，说："陛下尽管放心，朝廷派出的大军，不到十天一定能把安禄山的人头斩下。"

没多久，叛军长驱直入，占领了洛阳。颜杲卿和堂弟颜真卿起兵抵抗安禄山，先是攻下了井陉关，士气振奋，接着河北一连十多个郡起兵响应。

公元756年，安禄山回到洛阳，自称大燕皇帝，过了一把皇帝瘾。

紧跟着，他派大将史思明、蔡希德各带一万人马分两路攻打颜杲卿所在的常山（今河北正定）。颜杲卿起兵匆忙，什么准备都没做好，于是派人到太原求援，太原守将又不肯出兵。颜杲卿带领

常山军民拼死抵抗了四天，常山陷落，他落在叛军手里，被杀害了。颜杲卿从起兵到失败，虽然只有短短十几天时间，却为唐朝大军争取了时间。一个月后，河东节度使李光弼出兵井陉关，收复常山；朔方节度使郭子仪也带领精兵到常山和李光弼会合。郭、李两支大军兵强马壮，河北十几个郡重新回到唐军手中。

河北大捷，正当安禄山进退两难的时候，京城长安的门户——潼关（在今陕西潼关北）的大门却自动打开了。

潼关地势险要，道路狭窄，有重兵把守，叛军打了半年也没攻破。可唐玄宗听信杨国忠的胡言，认为叛军已经**不堪一击**，下令守卫潼关的将领哥舒翰出关迎敌。哥舒翰一心想凭潼关天险坚守，等待时机，而此刻无法抗旨，只好痛哭一场带兵出关，却中了敌军的埋伏，大败而归。哥舒翰被安禄山俘虏，投降了。

潼关失守，长安危急。顿时，从大臣到百姓乱成了一团，纷纷往城外逃去。唐玄宗则在将军陈玄礼和禁卫军的护送下，当晚就带着人悄悄逃出了长安。

一行人走走停停，第二天晚上走到了马嵬驿（又名马嵬坡，在今陕西兴平西北）这个地方，将士们又累又饿，你一言我一语，都是一肚子怨气。陈玄礼怕闹出大事，认为祸事的根源就在杨国忠身上，打算杀了杨国忠以安抚士兵。

这时，正好有二十多个吐蕃使者拦住杨国忠，找他要吃的。杨国忠尚未答话，周围的士兵就大声呼喊起来："杨国忠与胡人勾结谋反！"一面嚷一面就射起箭来。杨国忠想逃跑，但死于乱刀之下。

之后，士兵们情绪更加激动，又把唐玄宗住的地方包围起来，要求赐死杨贵妃。玄宗大吃一惊，连忙叫高力士去问是怎么回事。

陈玄礼说："杨国忠谋反，贵妃也不能留下。"

玄宗低头站立了半晌，伤心地说："贵妃住在深宫，怎么会知道杨国忠谋反呢？"

陈玄礼劝道："贵妃虽然无罪，可杨国忠已

死，她再待在陛下身边便会有损陛下的威严。何况，将士们众怒难犯啊！”

六军不发，唐玄宗无可奈何，老泪纵横，只得给了杨贵妃三尺白绫。杨贵妃一言不发，被高力士带到僻静之处绞死了，时年三十八岁。

将士们听到杨氏满门被灭，这才消了气，继续护驾西行。

经过这场兵变，唐玄宗成了惊弓之鸟，急忙逃到成都去了。太子李亨留下来主持朝政，公元756年的7月，他在灵武（今宁夏灵武）即位，这就是唐肃宗。

历史小启迪

唐玄宗初期励精图治，开创了著名的“开元盛世”。但他晚年刚愎自用、沉溺享受，最终引发“安史之乱”，致使大唐王朝迅速由盛转衰。杨国忠逼反安禄山，是因为他认为唐朝军队可以轻松地消灭安禄山。他对形势的错误估计、对国事的随意处置，最终害国害己。

郭子仪单骑退回纥

经过八年的“安史之乱”，唐朝元气大伤。然而，大唐国力还没有恢复，又有人发动了叛乱。

郭子仪有一名手下，叫仆固怀恩，是铁勒族人，曾经跟着郭子仪平定叛乱，家族中足足有四十六人为国捐躯，立下了赫赫战功。但因为外族人的身份，他并没有得到相应的待遇，甚至有宦官诬陷他跟回纥（hé）勾结。

仆固怀恩又气又伤心，公元765年，他让手下联络回纥和吐蕃，谎称代宗已死，大将郭子仪也被宦官杀害，希望双方能联手反唐。

仆固怀恩的谎言顺利骗过了吐蕃和回纥，他们同意出兵进攻长安。不料仆固怀恩在半路上就得了急病去世了。可联军并没有停下前进的脚步，他们势如破竹，一路打到了长安北边的泾阳（今陕西泾阳），唐朝的都城受到了严重的威胁。消息传来，举朝震惊，慌乱中，有个宦官劝唐代宗及早逃走，可大臣们强烈反对，代宗未能成行。此时，中兴名将李光弼刚刚病逝，大臣们纷纷认为只有郭子仪能救长安了。

此时郭子仪年事已高，正驻守泾阳。泾阳兵力不足，面对敌人的进攻，郭子仪一边命令手下的将领严加防守不要轻易出战，一边派探子去侦察敌军的情况。

探子回来报告说，吐蕃和回纥两支军队在仆固怀恩死后，谁也不愿意听从对方的指挥，一直不团结。因此，郭子仪定下了分化敌人、逐个击破的策略。

回纥的将领药罗葛曾经和郭子仪一起上过战场，有点儿交情，郭子仪决定先从他开始。他派部将李光瓒(zàn)去告诉药罗葛自己还活着的消息，并责问他为何出兵。药罗葛不肯相信，提出让郭子仪亲自到回纥大营的要求。

听到李光瓒的回禀，郭子仪说："目前，他

们兵力强，我们兵力弱，不能靠武力来取胜。我朝与回纥本来感情深厚，不如让我去同他们谈一谈，也许能不战而和。”

将领们听说郭子仪要孤身深入敌人的老巢，觉得太过冒险，就让他带上五百名精锐的骑兵保护他。他的儿子郭晞情急之下挡在了郭子仪的马前，就是不放郭子仪走。郭子仪说：“我是去**以理服人**，带太多兵有害无益。”说完，用鞭子打了郭晞的手，郭晞退至一边，郭子仪便同几个骑兵出了城。

郭子仪快马加鞭奔向敌营，几个随从跟在后面，边骑边喊：“郭令公来啦！郭令公来啦！”回纥的士兵远远看见几个人骑马向大本营奔来，连忙报告给药罗葛。药罗葛大惊，忙命士兵摆开阵势。

郭子仪带着随从到了阵前，他主动卸下盔甲和武器，拉着马缰缓缓向回纥大营走过来。走到近前，药罗葛和将士们这才认出了郭子仪，兴奋地大喊：“真的是令公他老人家！大家快快行礼！”

郭子仪跳下马，紧紧握住药罗葛的手，对他说："我朝待你们回纥人不错，为何此次要帮助仆固怀恩叛乱呢？我现在手无寸铁地过来劝你们悬崖勒马，已经做好了被你们杀掉的准备，但是就算你们真的杀了我，我的士兵也一定会跟你们拼命的！"

药罗葛一脸歉意地说道："我们现在聚集在此地，是上了仆固怀恩的当，我们还以为您和皇帝都死了，中原没有主人，才领军到此。现在我们亲眼见到您还健在，怎么会与您为敌呢？"

郭子仪点点头，说："你这样说我就放心了。吐蕃和唐朝本是亲戚，现在他们却来侵犯我国领土，掠夺百姓，真是忘恩负义。我决定回击他们，如果你们愿意

和我联手打退吐蕃，对你们定有好处。”

回纥与吐蕃本来就闹了一路的别扭，互相都看不顺眼。这下，药罗葛正好有了充分的理由出兵攻打吐蕃。药罗葛对郭子仪说道：“没问题，郭令公，我们一定**将功补过**，替您好好教训教训吐蕃！”

郭子仪与药罗葛谈话时，两边的回纥将士也想听他们的策略，就慢慢地围拢过来，郭子仪的随从以为他们要对郭子仪不利，也向郭子仪慢慢靠拢，想保护他。郭子仪挥一挥手，让他们散去了。

药罗葛让左右送上了好酒，郭子仪先端起了杯子，把酒洒到了地上，高声说道：“大唐天子万岁！回纥可汗万岁！如今我们站在同一条战线上，谁要是违反盟约，就叫他死在战场上！”药罗葛也立下了同样的誓言。

郭子仪亲自去回纥军营的消息很快传到了吐蕃的军营中，吐蕃军害怕唐军真的会和回纥联手攻打他们，便连夜撤走了。

历史小启迪

郭子仪为人忠厚，对朝廷一片忠心。他能只言片语劝退药罗葛，吓退吐蕃，是因为他从前战功赫赫，树立了军威。他单骑闯入敌军军营的魄力，是通过一场又一场战争锻炼出来的。

黄巢起义

晚唐时期，尤其是唐宣宗以后的懿宗、僖(xī)宗，都沉迷享乐，过着奢华的生活。朝廷政治黑暗，百姓赋税繁重，加上水灾、旱灾等各种天灾不断，使得民不聊生，盗匪四起。

公元874年，山东人王仙芝打响了起义的第一枪，他自称“天补平均大将军”，很快攻占了濮州、曹州一带。不久，同是山东人的黄巢拉起了一支几千人的队伍，响应起义。

起初，王仙芝的军队和黄巢的军队分头与唐军对抗。渐渐地，两路人马走到了一起，会合成一支部队。几个月以后，他们的队伍已经增加到了几万人，接连拿下了山东、河南一带。

公元876年，唐僖宗的招安策略让王仙芝和黄巢的关系开始恶化，没多久，两人就分道扬镳了。

两人分开后，王仙芝去攻打黄梅（今湖北黄梅），不幸战死。他的旧部赶到亳州与黄巢会合，大家一致推举黄巢为起义军首领，称“黄王”，号“冲天大将军”。黄巢当了起义军的首领后，一路势如破竹，直逼洛阳。朝廷急忙调派大军增援。黄巢见洛阳兵力强盛，难以取胜，就引兵南下，渡长江，过淮河，转战大半个中国，一直打到了福州、广州一带。但在广州时不少将士染上疫病，不得不北归。到了扬州，城内的大将高骈听说黄巢大军压城，竟然吓得躲进城内不敢再露面。

公元880年，黄巢的起义军已经发展到几十万人，大军到了洛阳，洛阳官员立即投降了。大军休整之后，他又下令向潼关进发。

起义军前锋部队很快就到了关外，他们都打着白旗，一眼望去，漫山遍野都是白旗，就像广阔的白色海洋。主力部队则从山谷中的一条小路直接绕到了关后，前后夹攻，很快攻破了潼关。

潼关一破，长安城中顿时乱成一团。唐僖宗

早已在侍卫、宦官的保护下逃往成都，黄巢顺利地占据了长安。他进入长安城后，没有急于去抓唐朝官吏，而是向贫民发放粮食和衣物，同时让大将军尚让向百姓宣告：“黄王起兵，是为了让大家过上好日子。”

公元 881 年 1 月，黄巢在百姓的拥立下即位称帝，国号大齐。唐朝原来的官员，四品以下的酌情留用，三品以上全部罢官。长安成了起义军的天下。

黄巢虽然建立了新政权，可他能控制的地方只有长安和长安附近的几个小地方。因为起义军以前攻打下来的地方没有派兵把守，起义军走后，那些地方又回到了唐军手中。黄巢称帝后，既没有派大军追击逃亡的唐僖宗，也没有继续歼灭流落在外的唐朝禁军。长安城内缺乏耕地，无法支持新政权的粮食

生产和财政计划，事态的发展开始对大齐不利。

这时，唐僖宗得到了沙陀族人李克用的帮助，李克用亲率一万七千余骑精锐，与唐军会合，包围了长安。几十万人挤在长安，没多久粮食就吃光了。在这个危急的时刻，黄巢手下的一员大将朱温投降了唐朝。

黄巢见形势不利，撤出了长安。经过数次大大小小的战役，黄巢的军队屡屡受挫。公元884年，他在狼虎谷（在今山东莱芜西南）兵败自尽。

黄巢起义历时十年，给唐王朝造成了沉重的打击。不久，唐朝就灭亡了，历史进入五代十国时期。

历史小启迪

黄巢虽然擅长领兵，前期取得了重大胜利，可他不擅长守城，更缺乏长远的规划，这是典型的匹夫之勇。黄巢可以做一个称职的前锋，却无法做一个合格的首领。尽管如此，他带领的起义军加速了腐朽的晚唐政权的灭亡，依然在历史上留下了浓墨重彩的一笔。

五代

后梁，历二帝，共十六年　都城：开封府（今河南开封）

后唐，历四帝，共十三年　都城：洛阳（今河南洛阳）

后晋，历二帝，共十一年　都城：开封府

后汉，历二帝，共四年　都城：开封府

后周，历三帝，共九年　都城：开封府

朱温灭唐

朱温是宋州砀山（今安徽砀山）人，出身于一个农民家庭，但其祖父、父亲都是读书人。幼年时，他父亲就去世了，母亲只好带着三个孩子到一个大户人家当用人。朱温力气很大，可他从小就**游手好闲**，不肯好好帮母亲劳作。

黄巢起义时，朱温参加起义军，并且当上了大将。黄巢占领长安后，派朱温驻守长安附近的同州。朱温参加起义军本就是为了名利权势，后来唐朝调来重兵围困长安，他眼看形势不妙，就主动向唐朝投降了。

唐僖宗知道后，**喜出望外**，不但赐予他官职，还给他赐名“全忠”，希望他以后忠于唐朝。随后任命他为宣武节度使、汴州刺史，让他收复长安。他和各路唐军联合起来围攻长安，黄巢难以抵挡，只好退兵。

黄巢起义失败后，唐僖宗回到了长安。这时，唐王朝的中央政权已经衰弱，出现了藩镇割据的局面。各藩镇都在镇压起义军的过程中扩充了自己的实力。朱温做了节度使，既有地盘，手上又有兵力，也参与了藩镇之间的混战。他陆续占领了黄河两岸的大片土地，成为割据势力中较为强大的一支。随着实力的增强，他开始有了称帝的野心。

唐朝末年，宦官专权。唐僖宗病逝后，唐昭宗继位。昭宗痛恨宦官，和宰相崔胤（yìn）秘密商议除掉宦官，不想走漏了风声。公元900年，宦官囚禁了昭宗，另立太子为帝。崔胤给朱温写了一封密信，请他发兵前往京城，迎昭宗复位。

朱温正愁没机会进宫，眼下机会来了，他立即带兵前往京城。

宦官们害怕了，他们挟持着唐昭宗，投靠了凤翔（今陕西凤翔）节度使李茂贞。

公元902年，朱温带兵攻打凤翔，把凤翔围困起来，断绝了城里的一切外援。几个月后，城里的粮食吃完了，甚至出现了人吃人的惨剧。李茂贞只好交出唐昭宗。

唐昭宗感谢朱温相救，封他为梁王。不想刚送走狼，又迎来虎。朱温把唐昭宗身边亲近的宦官几乎杀光，又用专权乱国的罪名处死了不听他话的崔胤。这样一来，唐昭宗和大臣都得按照朱温的心意办事。

不久，朱温逼唐昭宗和长安的官员们一起迁往洛阳。到了洛阳后，他就派人把唐昭宗严密地控制起来，并将昭宗身边的两名亲信杀掉，换成自己的亲信。

晋王李克用知道唐昭宗的遭遇后，发了檄文声讨朱温，扬言要出兵救昭宗。朱温原本打算逼迫唐昭宗主动把帝位禅让给自己，听到这个消息后，他决定杀掉昭宗，另立一个好控制的小皇帝。

朱温派亲信朱友恭、氏叔琮两人杀了昭宗，立了唐昭宗的第九个儿子、十三岁的李柷（chù）为帝，即唐哀帝。事后，为了掩饰自己的罪行，朱温又把罪名推到了朱友恭、氏叔琮身上，并以治军不严的罪名，把他们处死了。

公元 907 年，朱温大肆诛杀唐朝宗室中人，逼迫唐哀帝禅位。随后，朱温正式称帝，国号梁，史称后梁，升汴州为开封府，建为东都。朱温灭掉唐朝，成为五代时期第一个皇帝——后梁的开国皇帝梁太祖。

朱温在位时，天下一片混乱，各地势力盘踞。他跟李克用、李存勖（xù）父子连年征战，耗费了大量的人力和财力，渐渐失去了军事上的优势。

朱温荒淫残暴，杀人如麻。公元 912 年，朱温被其次子朱友珪所杀，朱友珪自立为帝。次年，朱温第三子朱友贞不服，发动兵变，朱友珪不敌，自尽身亡。朱友贞即位，是为梁末帝。

公元 923 年，后梁被李存勖所灭。李存勖统一北方，即位称帝，改国号为唐，史称后唐，建都洛阳，他就是后唐庄宗。

历史小启迪

朱温先是背叛了起义军，后又背叛唐朝，不择手段，终于实现了自己的野心。然而，他的“成功”就像烟花一般，转瞬即逝。他残暴的性情更是深深地影响了他的孩子，导致他最终死于亲生儿子之手，儿子之间也互相残杀，后梁很快灭亡。

“儿皇帝”石敬瑭

公元926年，契丹开国皇帝耶律阿保机病逝。公元927年，其子耶律德光登上了皇位。公元947年，耶律德光攻进后晋国都开封，废黜了晋出帝。耶律德光穿上汉人的龙袍，接受百官朝贺，正式将契丹国号改为辽。而这个后晋，当年正是靠耶律德光的帮助才建立起来的。

五代十国时期，后晋开国皇帝石敬瑭被人们称为“儿皇帝”。因为他为了自保，毫无廉耻之心地认契丹国主为父，用大片领土来换取契丹国的军事支持。

石敬瑭是后唐明宗李嗣(sì)源的女婿，时任河东节度使，驻守晋阳。明宗还有个养子李从珂，两人都勇武善斗，很受明宗器重，可他们谁也不服谁，矛盾一步步加深，最终决裂。

后唐末帝李从珂继位后，石敬瑭知道他必然会对自己不利，开始暗中谋划如何保全自己。

有个叫桑维翰的谋士对石敬瑭说："您是明宗的爱婿，可是如今的皇帝却把您看作叛徒，您只能努力保全自己了。契丹向来与明宗交好，如同亲兄弟，我们如果向他们求助，还有什么事不能办成呢？"于是石敬瑭下定了造反的决心。

公元936年，他给末帝写了一封信，信中说："您只是明宗的养子，怎么也不应该由您来即位，现在请您把皇位传给许王李从益。"末帝收到信函，勃然大怒，下令削掉石敬瑭的所有官职，命大将张敬达率大军前去攻打石敬瑭所在的晋阳城。

晋阳城岌岌可危。石敬瑭让桑维翰给契丹国主耶律德光写了一封求救信，说自己愿意向契丹称臣，拜契丹国主为父，还承诺等成功打退李从珂的军队后，就把雁门关以北的燕云十六州的土地都献给契丹。

这件事遭到了部将们的强烈反对，部将刘知远（即后汉的开国皇帝）说："要向契丹求救，称臣勉强说得过去。可耶律德光比你小十一岁，认他做父亲太过分了。多给他们一些金银财宝不就行了吗？”停了一会儿，刘知远又强调说：“何况，土地乃国家之本，怎么能随意割让呢？将来定有大患啊！”

石敬瑭一意孤行，还是让桑维翰把信发给了耶律德光。

耶律德光早就想向南扩张，接到石敬瑭的来信后，喜出望外，立即派出五万精兵援助处于水深火热的晋阳，与石敬瑭的军队会合，把张敬达率领的大军打得大败而归。

耶律德光来到晋阳，石敬瑭亲自在城外迎接他。这一年，石敬瑭四十五岁，耶律德光三十四岁。石敬瑭称耶律德光为父，卑躬屈膝地对他百般奉迎、讨好，夸赞他的军队多么强大。

耶律德光考察了石

敬瑭好几天，见他的确是**死心塌地**投靠契丹，十分满意，就对他说："我既然不远千里地来了，就给你个皇帝做吧。"石敬瑭假意推让了一番，随后在桑维翰等人的劝说下，高兴地答应下来。

耶律德光脱下自己的契丹衣帽，给石敬瑭穿戴上，正式宣布封他为"大晋皇帝"。石敬瑭就这么不伦不类地做了皇帝。他即位后，履行了自己的诺言，将燕云十六州割让给了契丹。

石敬瑭依靠契丹的支持，一路打到了都城洛阳。契丹兵马骁勇，唐末帝吃了多次败仗，早就没了反抗的勇气。石敬瑭的兵马刚进洛阳城，末帝干脆在宫中点了一把大火，带着一家老小投火自尽了，后唐就此灭亡。

石敬瑭攻下洛阳以后，正式做了中原的皇帝，定都汴州，把汴州改名为开封府，改国号为晋，史称后晋，他被称为后晋高祖。

石敬瑭对耶律德光感激涕零，经常向契丹上表章，把耶律德光称作"父皇帝"，自称"儿皇帝"。除此之外，石敬瑭还命人年年向契丹进贡各种贵重的礼品，而且晋朝的使者在契丹国常常受到契丹官员的鄙视，大家议论纷纷，都觉得毫无颜面可言，只有石敬瑭毫不在乎，始终臣服于契丹国。

石敬瑭做了七年可耻的“儿皇帝”后，病死了。石敬瑭之后的继位者是他的侄儿石重贵，即晋出帝。晋出帝可不愿意受这种侮辱，向契丹报告石敬瑭死讯时，只称孙，不称臣。耶律德光认为这是对他的大不敬，于是兴兵问罪。晋出帝派兵抵抗，在全国军民的奋力抗争下，一连两次打退了契丹军。

公元946年，耶律德光第三次进攻中原。这次，由于后晋军主将叛变，耶律德光攻入了都城开封。公元947年，晋出帝被俘，后晋灭亡。

历史小启迪

中华民族是一个极其看重气节的民族，石敬瑭为了保全自己的荣华富贵，低声下气地认契丹人为父，抛弃了尊严，令人不齿。他在做出这个选择的同时，就已经埋下后晋灭亡的种子了。

周世宗亲征

辽军入主中原之后，到处抢夺百姓的钱财，称之为“打草谷”。如此一来，闹得开封府和附近几百里之地都成了没有人烟的“白地”。

中原百姓受不了辽兵的欺辱，自己组织起义军攻打辽兵，一连攻下了三个州。耶律德光见义兵四起，难以扑灭，恨恨地对身边人说：“没想到中原人这么不好对付。”没多久，他就以天热避暑，要回辽国看望太后为名，退出了中原。然而，当年被石敬瑭割让的燕云十六州仍然控制在辽军手中，成为辽军进攻中原的基地。

耶律德光进入开封时，石敬瑭任命的河东节度使刘知远断定辽兵不能在中原立足，于公元947年2月在太原称帝。耶律德光撤出中原后，他迅速收复开封，将开封作为都城，改国号为汉，史称后汉，他就是后汉高祖。

刘知远仅仅做了十个月皇帝就死了。儿子刘承祐即位，即后汉隐帝。这时，后汉内部发生了动乱。后汉隐帝觉得动乱的根源是将领权力太大，因此他下达了除去大将郭威的密令。这件事却被郭威发现了。于是，公元951年，郭威带兵入朝，一举推翻后汉，并在部下的拥立下，登基为帝，仍旧定都开封，改国号为周，史称后周，他就是后周太祖。

郭威出身贫苦，对民间疾苦感同身受，也读过书，知道人才的宝贵。他即位后，很注重任用人才，并颁布了一些政策改善民生。在他的精心治理下，国家终于有了一点儿起色。

后周的建立，让后汉高祖刘知

远的弟弟刘崇很不服气。于是，他占据太原，成立了一个割据政权，史称北汉。

刘崇为了与后周对抗，投靠了辽国，他拜辽国皇帝为“叔皇帝”，自称“侄皇帝”，妄想着能像石敬瑭一样，依附契丹再次当上中原的主人。可是，自从耶律德光病逝后，辽国实力已大不如前。刘崇得到辽兵的帮助后，多次侵犯后周，但都以失败收场。

公元954年，郭威病逝。他没有亲生儿子，他的义子，即柴皇后的侄子柴荣继承了皇位，称为后周世宗。

北汉的皇帝刘崇认为世宗刚登基，后周必定局势不稳，决定趁机出兵。他集结了三万人马，又向契丹人借了一万精兵，向潞州进攻。

消息很快传到汴京，世宗召集大臣商量对策。他提出要亲自带兵消灭北汉，说：“刘崇这个逆贼，趁我父亲去世，以为我年纪轻好欺负，就落井下石，想吞并中原。这次我一定要亲自与他较量一番！”

世宗率领的大军到了高平（今山西高平），迎面碰上了刘崇的军队。刘崇一方兵强马壮，后周一方因后续部队还没跟上，人马不多。可世宗毫无惧色，他把精锐之师放在中间，左右两翼各安排一支队伍，自己骑着马上阵督战。

刘崇看到世宗人这么少，就一脸轻蔑地向世宗喊话道："早知道你们这么弱，单用汉军就可以击败你们，我就不用向辽国借兵了。"

辽军将领杨兖认真观察了一下后周军的阵形，对刘崇说："将军，不可轻敌啊！"刘崇不以为意，说："这一次我们赢定了，将军不必多言，看我如何破敌好了。"

刘崇指挥北汉军猛攻后周军，后周军右翼受了重创，败下阵来，骑兵死的死伤的伤，很多步兵见此情形也都投了降。

十万火急之下，后周世宗亲自披挂上阵，他冒着敌军的乱箭监督自己的军队作战，要求他们不能有一点儿闪失。他的两名大将赵匡胤和张永德，也亲自率领各自的两千精兵冲进敌阵。后周本来已经丧失了士气，士兵们看到世宗如此沉着，顿时士气大振，以一敌百，争先恐后地冲向敌阵。北汉兵被突然奋起的后周兵打得溃不成军。

后面的辽军看到北汉军溃败，不敢出兵支援，加上不满刘崇前面说的话，就悄然撤回辽国去了。当天夜里，后周将军刘词带领的军队到了，和后周世宗的军队会合，追击刘崇。刘崇既有后周追兵，又无辽国援兵，节节败退，最后身边只剩一百多人，狼狈地逃回了晋阳。

经此一役，后周世宗声威大振。回到开封后，他改革内政，整顿军队，发展农业生产，为统

一全国做准备。他亲自带兵征讨南唐，收复了长江以北的十四个州，又出兵北伐，收复了落入辽国手中的三个州。正当他想乘胜攻打辽国幽州时，却因常年征战病倒了。

公元 959 年 6 月，后周世宗病逝，他七岁的儿子柴宗训即位，史称后周恭帝。

历史小启迪

后周世宗身为皇帝，不顾新君即位、政局不稳的敏感局势，亲自带兵出征，树立了国君的威严。虽然他只做了五年多的皇帝，可他澄清吏治、发展经济、南征北战，为北宋统一中原奠定了基础。

李后主亡国

北宋初年，天下还没有统一，南方十国中还有北方的北汉，南方的南唐、吴越、后蜀、南汉、南平等政权存在。

南方十国中，南唐自然条件良好，物产丰富，土地肥沃，加上没有遭受过什么战争破坏，经济繁荣，是十国里面最强大的一个割据政权。南唐的几任国君虽然文采出众，但在治国方面都是平庸之辈，没有什么作为，南唐的国力也渐渐衰弱下来。

宋太祖登基不久，就用“杯酒释兵权”的办法，稳固了宋朝内部的统治，接着就是消灭十国中剩余的国家。宋太祖在一个风雪之夜，独自来到宰相赵普家中，不久晋王赵光义也来了，君臣三人围着火炉，共谈国家大事。

宋太祖问赵普：“先攻打北汉如何？”

赵普想了一会儿说："北汉可以阻挡契丹，如果先打下北汉，到时候我们就要独自抵挡契丹大军。不如我们先平定南方诸国，到那时，再攻打小小的北汉，就轻而易举了。"宋太祖笑着说："我们想到一块儿去了。"君臣三人在这个雪夜定下了攻打各国的战略方针，被称为"雪夜定策"。

随后，宋太祖花了约十年时间，先后消灭了南平、后蜀、南汉。最后，南方只剩下南唐和吴越两国。

南唐的最后一个国主名叫李煜，史称南唐后主。他对诗词、书画、音乐都很精通，可偏偏不擅长处理国事。北宋建立后，他看到北宋对外发动了多次战争，不是想办法提升国力，而是每年向北宋进贡大量的金银财宝，以为这样就能保住南唐。

直到宋太祖毫不犹豫地灭了南唐周围的三个小国，李煜这才慌了神，急忙派使者向宋太祖求情，表示自己愿意向北宋称臣，取消南唐国号，自己改称"江南国主"。可惜，李煜太不了解宋太祖了。这点儿小利，又怎么能阻挡宋太祖统一全国的步伐和决心呢？

公元974年，宋太祖派大将曹彬和潘美挥师南下，分成水、陆两军攻打南唐。曹彬很快占领了池州。潘美带兵到了江北，一条大江挡住了他们的去路。潘美顿时犯了难，有人向他献计，用竹筏和大船搭一座浮桥过江。事不宜迟，潘美立刻行动起来。

这个消息传到南唐君臣耳中时，李后主正在和大臣们饮酒作乐，他着急地问大臣们："要是宋军真的打过来了，怎么办才好？"大臣们酒兴正酣，说："从没听说过搭浮桥也能过江的，他们简直是妄想！"李后主听了，也放下心来。

三天后，宋军搭好了浮桥，士兵们像在陆地上行军一样，走过浮桥，顺利抵达了对岸。南唐守军大惊失色，被宋军打得溃不成军。宋军很快就打到了金陵城。

宋军已兵临城下，李后主竟然毫不知情。一日，李后主去城头上散步，发现城下插满了宋军的大旗，黑压压的一片。他这才知道宋军已兵临城下，赶紧派大臣徐铉向宋太祖求和。徐铉见到宋太祖，说：“陛下，我们国主待您就像对待亲生父亲一样，为什么还要置他于死地呢？”宋太祖很不屑地瞟了他一眼，说道：“有父亲和儿子分成两家的吗？”徐铉见这件事已经没有转机，就回到金陵，向李后主说明了经过。

宋军把金陵城围得水泄不通。一个月后，金陵的守军已经快支撑不下去了，李后主只好再次派徐铉去见宋太祖。

徐铉苦苦哀求宋太祖不要用兵，并表示南唐愿意送上更多的钱财。宋太祖非常不耐烦，

一把抽出自己的利剑，怒气冲冲地说："你说什么都是多余的，李煜确实没有罪，但是天下一家，卧榻之侧岂容他人鼾睡？"徐铉只好返回金陵。

公元975年，李后主终于断绝了求和的念想，试图反抗，他调动十五万驻守上江的大军前来救援金陵。

援军到了皖口，却遭到宋军夹击。南唐军想用火攻，不料突然刮起北风，风反而烧向自己的阵营。这一战，南唐最后一支大军覆没了。

当天夜里，李后主又派数千军士呐喊着杀出城外，再次大败而回。第二天，曹彬下令攻城，仅仅一天时间，金陵城就被攻破了。曹彬的大军进入金陵城后，秩序井然，没有骚扰百姓。李后主让人在宫中堆起柴火，点燃了宫中藏书，自己也想投火自尽，却没有勇气。最后，他只得带着大臣来到曹彬军门前请罪投降。

李后主成了亡国之君，被押解到东京。宋太祖封他为违命侯，对他还算优待。可从一个堂堂的皇帝突然变成别人的阶下囚，李后主又怎么能开心呢？他在愤懑之下，只好用笔抒发自己的心情。

“春花秋月何时了，往事知多少。小楼昨夜又东风，故国不堪回首月明中。雕栏玉砌应犹在，只是朱颜改。问君能有几多愁，恰似一江春水向东流。”

这首《虞美人》写于李后主亡国之后，是他的代表作之一。全词通过今昔对比，表达了他作为亡国之君的无限哀愁。最后一句“问君能有几多愁，恰似一江春水向东流”更是千古名句。

就在李后主写完这首词不久，宋太祖去世了，宋太宗继位。七夕之夜，李后主因为心情郁悒，就让歌伎奏乐，乐声很大，宫墙外都能听到。宋太宗知道后非常恼怒，听了《虞美人》的歌词，更

是生气，当晚就给李后主送去一瓶毒药，结束了他的生命。

李煜去世的第二年，即公元979年，宋太宗亲征北汉，北汉国主刘继元被迫出降，北汉灭亡，五代十国时代正式终结。

历史小启迪

李后主掩耳盗铃地认为，有天险相阻，就能保南唐平安。做皇帝，他是失败的，而作为词人，他却名垂青史，开启了光照千秋的宋词文学，他的诗词成就，在文学史上有着很高的地位。

少年读历史

SHAONIAN DU LISHI

三国·两晋·南北朝

朝旭文化◎主编

江苏凤凰美术出版社

图书在版编目（CIP）数据

少年读历史．三国两晋南北朝 / 朝旭文化主编．-- 南京：江苏凤凰美术出版社，2020.1（2021.1 重印）

ISBN 978-7-5580-6809-6

Ⅰ．①少… Ⅱ．①朝… Ⅲ．①中国历史－三国时代－少年读物②中国历史－魏晋南北朝时代－少年读物 Ⅳ．① K209

中国版本图书馆 CIP 数据核字 (2019) 第 266655 号

责任编辑　李秋瑶
封面设计　陈玉军
责任监印　唐　虎

书　　名　少年读历史．三国两晋南北朝
主　　编　朝旭文化
出版发行　江苏凤凰美术出版社（南京市湖南路 1 号　邮编：210009）
出版社网址　http://www.jsmscbs.com.cn
印　　刷　德州市永诚印刷有限公司
开　　本　880mm × 1230mm　1/32
总 印 张　24
版　　次　2020 年 1 月第 1 版　2021 年 1 月第 3 次印刷
标准书号　ISBN 978-7-5580-6809-6
总 定 价　120.00 元（全 8 册）

营销部电话　025-68155675

少年，我们为什么要读历史？

学史明智，鉴古知今。

历史是什么？历史是一个民族和国家形成、发展及其兴盛衰亡的真实记录，是前人各种知识、经验和智慧的总汇。

历史就像一面镜子，以史为镜可以知兴替，以人为镜可以明得失。学史明智，鉴古知今。读华夏历史，不仅可以了解中华五千年的史实，而且还能够让我们铭记历史，从历史中学习前人的智慧，深刻把握人类发展的历史规律，在对历史的深入思考中汲取智慧、继往开来。

少年朋友们，读历史不只是为了应对考试，更要深刻地认识到学习历史的重要意义。有的人从历史中学到丰富的史学知识，有的人从历史中学到坚韧不拔的精神，有的人从历史中学到为人处世之道，有的人从历史中学到为官之道……历史如同一个巨大的宝库，有着无尽的财富，只要你愿意去挖掘，每个人都可以各取所需，有意想不到的收获。

少年朋友们，读历史对我们有太多太多的好处——

1 丰富知识，开拓思维

读历史，用历史知识武装头脑，取其精华，去其糟粕，让头脑敏锐地思考，做出有益于他人或者社会的行为。

2 增强民族自豪感和凝聚力

读历史，了解华夏五千年的灿烂历史，为勤劳智慧的祖先感到骄傲，增强人们的自豪感、荣誉感、归属感和整体的凝聚力。

3 培养胸怀和抱负

读历史，我们可以了解前人处世的态度、远大的抱负和无畏的精神，受到他们潜移默化的影响和熏陶，从而胸怀远大的志向。

4 借鉴别人的经验

读历史，了解历史上的人物和事件，借鉴前人的经验，吸取教训，学习某个人物的某种精神，从而武装自己的头脑及提高明辨是非的能力。

5 了解人性的弱点

读历史，你能从中发现历史环境和现实场景有相通之处，看清共同的人性弱点，从而提醒自己不能犯相同的错误。

少年朋友们，可见读历史是多么的重要啊！从今天开始，让我们多看一些有益的历史书籍吧！

目录

三国

两晋

南北朝

三国

魏国历五帝，共四十六年。都城：洛阳（今河南洛阳）

蜀国历二帝，共四十二年。都城：成都（今四川成都）

吴国历四帝，共五十一年。都城：建业（今江苏南京）

曹丕称帝

孙权占了荆州，杀了关羽，怕刘备报复，就派使者给曹操送了封信，表示愿意归顺曹操，并且劝曹操顺应天命，趁早即位称帝。

曹操接到这封信就随手递给他的心腹大臣看。他微笑着说："孙权这小子，是想把我放在炉火上烤啊！"

自从汉献帝迁都许都以来，朝廷大权和兵权全掌握在曹操手里。曹操要废掉汉献帝，自己称帝，还不容易？可是他考虑到汉室虽然衰落，但在许多人心里，它毕竟是正统。曹操称魏王时就遭受了朝廷内外的反对，他担心自己如果进一步称帝的话，不但会留下一个谋朝篡位的骂名，还会失去现在挟天子以令诸侯的优势，因此放弃了称帝。

他沉思了一下，又说："如果真有天命的话，我就做个周文王吧！"意思就是让他的儿子来做皇帝。

这件事过了不久，曹操旧病复发，请医服药都没有用，最终死在洛阳。这一年（公元220年），他六十六岁。曹操死后，其子曹丕继承他的位置做了魏王和丞相，掌握朝廷大权。在谋臣的鼓动下，曹丕立即开始了代汉称帝的计划。为了名正言顺，一场禅让帝位的"好戏"上演了。

当年，汉献帝在曹丕亲信华歆的逼迫下，发出了"禅让"的第一道诏书。诏书一发出，一大群大臣就劝曹丕登基。曹丕拒绝了，还假惺惺地说这加重了他的罪过。大臣们继续不厌其烦地劝进，汉献帝也"主动"发了好几次诏书，坚持要把皇位交给曹丕。

曹丕连续推让了三次，戏终于演够了。在他的授意下，汉献帝命人搭了一座"受禅台"，又精心挑选了一个良辰吉日，当着文武百官的面，完成了禅让仪式。

曹丕正式称帝，立国号为魏，史称魏文帝，定都洛阳。为了维护统治，曹丕又在尚书陈群的建议下，创立了“九品中正制”，成功地笼络了豪门大族。这时，曹丕却想起了自己的另一个心腹之患——弟弟曹植。

曹操有好几个儿子，他最宠爱的就是曹丕和曹植两兄弟。曹丕长大后跟着父亲南征北战，十来岁就会骑马射箭了，而且在父亲的影响下，对诸子百家也有较深的研究。曹植则从小聪明过人，才华横溢，是当时著名的诗人，却有些任性好酒。他十几岁时就读了不少书，能写出很出色的文章。

有一次，曹操看了曹植的文章，有点儿怀疑，问曹植：“这是你请人代写的吗？”

曹植跪下来说：“孩儿出口成文，下笔成章，怎么会叫人代写呢？

父王不相信，可以测试一下孩儿。”

曹操试了曹植几次，觉得他果然才华出众，因此对他特别宠爱，多次想把他封为世子，只是因为有些大臣反对，才决定不下来。

曹丕怕自己地位不稳，想方设法讨曹操欢喜。有一次，曹操外出打仗，曹丕、曹植都去送行。临别的时候，曹植当场念了一段颂扬曹操功德的文章，大家听了十分赞赏。

有人在曹丕耳边小声说：“大王要离开了，你只要表示伤心就是了。”曹丕果然抹着眼泪向曹操告别，曹操很受感动，也掉下了泪。

这件事使曹操觉得曹丕文采虽然不如曹植，但是心地老实，对自己有感情，再加上替曹丕说好话的人不少，曹操宠爱曹植的心渐渐淡了。

曹植是个不拘小节的人。有一次，他竟在王宫里坐着车马，私自打开王宫的外门出去了。这件事可违反了宫里的规矩。曹操听说了这件事大为恼火，把管宫门的官员治了死罪。

又有一次，曹操派曹植带兵出征。曹丕得到

消息，事先送酒食过去，跟曹植一起喝酒，让曹植喝得酩酊大醉。正在这时候，曹操派人找曹植，连催几次，曹植还没醒来，曹操只好把派曹植出征的事取消了。

打这以后，曹操就打消了把曹植立为世子的念头。

曹丕称帝以后，仍旧嫉恨曹植。有一次，他抓住机会把曹植抓了起来，要治曹植死罪。两人的母亲卞太后知道了，着急得不得了，连忙在曹丕面前给曹植求情，要他看在同胞兄弟的分儿上，宽恕曹植。

曹丕不能不听母亲的话，再说，为了一点儿小事杀了兄弟，自己也不体面，就只把曹植临淄侯的爵位撤了，降

为一个比较低的爵位。

据说，曹丕把曹植召来以后，为了惩罚他，要他在走完七步的时间里作出一首诗。如果作得出，就免他一死。

曹植略略思索一下，就迈开步子，走了几步之后，随口念出了一首诗：

煮豆燃豆萁，
豆在釜中泣。
本是同根生，
相煎何太急。

曹丕听了，也觉得自己对弟弟逼得太狠，心里感到惭愧，就免去曹植的死罪，但此后曹植被贬到外地，再也接触不到权力中心了。

没有了内患，曹丕把目光投向了两个外敌——刘备和孙权，开始积极筹备，要灭掉这两股势力。

公元221年，刘备称帝，史称汉昭烈帝，立国号为汉，定都成都。

公元229年，孙权称帝，立国号为吴，定都武昌，后迁都建业。

这就是历史上的魏、蜀、吴三国鼎立，这种局面维持了四十多年。

而从来没有真正当过一天皇帝的汉献帝刘协，在曹丕称帝后，被贬为山阳公。刘协去世后，魏国以汉天子的规格和礼仪安葬了他，谥号“孝献皇帝”。

历史小启迪

曹操不是没有称帝的野心，而是知道时机并不成熟，他默默积蓄力量，不断提升曹氏在朝中的影响力、掌控力。因为有曹操积累下来的深厚基础，曹丕才最终实现了曹氏称帝的愿望。

夷陵之战

刘备与孙权本是盟友，可孙权袭击荆州，诛杀关羽，导致孙刘联盟破裂。曹丕称帝、汉室不存的事实更令刘备伤痛至极。他称帝后，就想讨伐东吴，为关羽报仇，夺回荆州。

大将赵云劝阻道："主公，国贼是曹丕不是孙权。如今曹丕即位，天下不服，且曹丕计谋、统军远不及曹操，主公应先顺应民心，进军中原，灭掉魏国，东吴自然就会臣服了。如果讨伐东吴，恐怕战事一起，将旷日持久，两虎相争，只会让曹丕得利，万万不可。"可刘备说什么也听不进去。

公元221年7月，刘备称帝三个月后，让诸葛亮留在成都辅佐太子刘禅，自己亲率大军去征伐东吴，同时通知张飞到江州和他会师。

谁知还没出发，张飞就出事了。自从关羽死

后，张飞的脾气越来越暴躁，常常鞭打犯错的士兵，甚至把士兵活活打死。刘备劝了他很多次，他依然如故。临出发前，张飞命军队三日内做好白旗和白甲，好挂孝伐吴。将士范疆、张达说无法完成，遭到张飞毒打。当天夜里，他们就趁张飞喝得大醉之际，悄悄进入张飞的军帐，杀了张飞，拿着他的首级投靠了东吴。

刘备一连丧失关羽、张飞两员猛将，力量大大削弱，可他把张飞之死这笔账又算到了孙权头上。孙权求和，刘备不肯。经过几个月的行军，刘备率领蜀军攻占了东吴五六百里的土地，一直打到了秭归。

刘备急于向东进军，随行的黄权说："吴军骁勇，我军走陆路与之交战，只怕伤亡惨重。不如走水路顺江而下，到时我们水军易进难退，必定会奋勇杀敌，大破吴军。再则，东吴人打仗勇猛，还是让我在前面开路，陛下在后面接应为好。"

刘备不同意，依然以步兵为主。他让黄权守住江北，自己率主力沿着长江南岸翻山越岭，一直到了东吴边境夷陵才停下来。

此时，东吴大都督吕蒙已病逝，孙权大胆提拔年轻书生陆逊任大都督，带领五万人马，前去迎战刘备大军。刘备兵力远胜东吴，陆逊到夷陵后，看到蜀国全是步兵，顿时放心了，给孙权写信说："臣担心刘备会水陆并进，现在他只有步兵，主公可安枕无忧了。"

刘备驻军在山势险要的猇(xiāo)亭（在今湖北宜昌），他开辟山道，沿途扎下了几十个营帐，一个接一个，连绵百里，声势十分浩大。东吴军摩拳擦掌，就等着陆逊一声令下，和蜀军大战一场。陆逊说："眼下刘备大军士气正盛，再说他们在上游占领了险要的地方，跟他们硬拼肯定吃亏。我们

还是积蓄力量，等到他们疲乏了再出击。”

刘备派将军吴班带领八千人在一块平地上，每日向吴军叫骂挑战。吴军将领纷纷请战，陆逊却坚决不准士兵出战，说：“平地上扎营的士兵虽然少，但周围的山谷中一定有伏兵，现在还不能出战。”

几天后，刘备看东吴兵始终不应战，只好把原来埋伏在山谷中的蜀军陆续撤出来，又回到了山上。东吴军这才信服了陆逊。

两军相持数月，不管刘备怎样派兵挑衅，陆逊始终坚守不出。老将们都认为陆逊胆小怯战，对他十分不满。陆逊说：“刘备刚到此地时，部署周密，我军兵力远不及他，与他交战必然吃亏。如今时间已久，刘备军中将士必然疲惫不堪，我军趁其不备攻打他们，必能获胜。”

于是，陆逊派了一支先锋部队去攻击蜀军的一个军营，刚刚靠近蜀营的木栅栏，就受到蜀兵的强烈反击，没有占到任何便宜就退了回来。老将们更看不起陆逊了，陆逊手按宝剑，厉声斥责了一番，诸将才有所收敛。

此时已是盛夏，刘备军中不少将士都出现了中暑症状，刘备不愿退兵，下令拔营，把士兵们集中迁到林中阴凉之地，想等天凉后继续攻打东吴军。陆逊收到消息后，顿时大喜过望。

经过前面的试探，陆逊已经得知了对方的虚实。这天，他召集所有的将领，宣布进攻的时机到了，并进行了详细的部署。接着，陆逊兵分三路，一路从水上进兵运送茅草，一路进攻北岸，一路进攻南岸。

当天夜里，东南风起，东吴军每人手执一把茅草，内藏硫黄，又带上火种，冲入蜀营，每隔一营扔一把火，引燃了木栅栏。

盛夏之时，空气干燥，那些营寨又是通过木栅栏连在一起的，风助火势，很快就把连营烧成了巨大的火龙，火光冲天，把长江两岸照得如同白昼。

蜀军争着往外逃，几十个大营很快全被攻破了，刘备在士兵的保护下，突围到了马鞍山。陆逊率领大军将马鞍山团团围住，势必要活捉刘备。

一场血战在马鞍山展开，蜀军被吴军打得

狼狈不堪。刘备趁夜冲出重围，逃到了白帝城（位于今重庆奉节）。东吴将领想袭击白帝城，生擒刘备，但此时刘备已经集结了大量散兵，大将赵云也率军赶来支援，再加上担心曹魏趁机攻吴，吴军不再追击刘备。

经此一役，蜀国元气大伤，历史上把这场战争称作“夷陵之战”，也叫“猇亭之战”。

历史小启迪

“夷陵之战”是刘备犯的最大的战略性错误。他称帝后听不进他人的建议，急于为关羽、张飞报仇，甚至意图一举消灭东吴。在这样急躁的心态下，他的判断失去了客观与理智，失败也就成了一种必然。可见，越是遭遇重大变故，越要冷静。

诸葛亮北伐

刘备临死前曾让诸葛亮协助太子刘禅治理蜀国，又叮嘱刘禅一定要把诸葛亮当父亲一样尊重。刘禅即位后，即尊诸葛亮为相父，拜武乡侯，领益州牧，将国家大事尽数托付给他。

诸葛亮是个卓越的谋略家，取荆州、入巴蜀、据汉水，样样都干得十分漂亮。他立志完成刘备兴复汉室、一统华夏的心愿。蜀汉南方诸郡叛乱时，他没有急于攻打南方，而是先与孙权重修旧好，再大力发展生产，整顿内政。公元225年，蜀国人力、物力都发展起来后，他开始南征，七擒七纵诸郡中最大的首领孟获，让他心服口服，并在孟获的帮助下，迅速平定叛乱，稳定了南方地区。

公元227年春，诸葛亮向后主刘禅献上了一份感人肺腑的《出师表》，追述了先帝当年的知遇之恩和自己北伐的决心，决定挥师北上，攻打魏国。

魏国和蜀国交界处有一座祁山，占领了祁山，就打开了通向魏国的大门。当时魏文帝曹丕刚去世一年多，曹叡(ruì)继位，史称魏明帝。公元228年春，诸葛亮扬言将走斜谷道出关，夺取郿县（今陕西眉县），让赵云、邓芝在斜谷道一路设下疑兵，吸引曹真的兵力，自己则率主力攻打祁山。蜀军军容**整齐肃穆**，声势浩大。陇右的南安、天水和安定三郡被蜀军气势镇住，纷纷背叛曹魏，投降蜀汉。

诸葛亮部下有一名叫马谡(sù)的参军，自幼熟知兵法，善于谋略。针对南人难以驯服的特点，他提出了“攻心为上，攻城为下；心战为上，兵战为下”的策略，所以才有诸葛亮七擒七纵孟获的故事。

诸葛亮因此十分敬重他，两人常常彻夜谋划。

马谡虽然长于谋略，可他从来没上过战场。刘备临死前，曾告诫诸葛亮说：“马谡此人言过其言，不可大用。”诸葛亮没有听从刘备的劝告，依然重用他。此次，魏国大将张郃前来迎战，街亭是通往关中的咽喉，十分重要，诸葛亮需要一个先锋守住街亭。马谡主动请战，诸葛亮就派他去镇守街亭，并将行军方略一一交代给他。谁知马谡没有按诸葛亮的交代行事，被张郃打败。失去了街亭这个根据地，诸葛亮的计划被全盘打乱，只能领着蜀军回到汉中。

马谡违背诸葛亮的军令，论罪当斩。蜀国大臣为他求情，说蜀中闭塞，缺少人才，应此更应当珍惜人才，可诸葛亮说：“孙武之所以百战百胜，就是因为治军严谨，法令严明。如今三分天下，正是用兵之时，如不守军纪，何以讨灭国贼？”说完，他就流着泪，按军法处置了马谡。

随后，他上书后主刘禅，自请贬去丞相之位，以惩罚自己用人失当的罪责。后主依从他的心愿，把他降为右将军，仍令他像从前一样统领军政大事。

公元 229 年春，诸葛亮第二次北伐，蜀军先后攻占了武都、阴平二郡。诸葛亮恢复了丞相之职。

公元 230 年秋，诸葛亮第三次北伐，大破魏将雍州刺史郭淮。

公元 231 年，诸葛亮第四次北伐。这一次，为了解决粮食运输的问题，这位有着“巧思”名声的丞相，发明了木牛流马，方便了粮食运输。多年来，他还改良了阵法，比如创设了知名的八阵图，发明了诸葛行锅、诸葛铜鼓、孔明灯、诸葛神弩等。魏明帝眼见魏国半壁江山危急，起用了**老谋深算**的司马懿(yì)迎战诸葛亮。在这一次

北伐中，诸葛亮大破魏军，射杀了魏国大将张郃。可时间久了，蜀国粮草不济，只好退兵。

公元 234 年春，诸葛亮第五次北伐。这一次，他率军从斜谷道出发，占领了五丈原，与司马懿在渭南对峙起来。前几次北伐都因为粮食问题，不得不退回汉中。这次，诸葛亮就让部分士兵在军营附近种上粮食，做好了长期作战的打算。

两军对峙了一百多天，诸葛亮多次派兵挑衅司马懿。司马懿只是牢牢守住营垒，不管蜀军如何辱骂都坚守不出。魏军上下忍耐不住了，纷纷叫嚷着要找蜀军拼命，司马懿只好答应向皇帝请

战。奏章呈上去以后，魏明帝却发下不许出战的诏书。命令传达下来，魏国将士们泄了气，满心期待着魏军出战的蜀军更失望。诸葛亮叹了一口气，说："将军在外征战，哪有向皇上请战的道理，司马懿不过是做给士兵们看罢了。"

于是，诸葛亮派使者给司马懿送去了一套女装，意思是：你这个缩头乌龟，既然不敢应战，就乖乖躲在家里做闺房大小姐吧！司马懿一笑置之，接见了蜀国使者。

司马懿和使者闲谈，当他听说诸葛亮忙于公事，每天都很晚才睡，不但吃饭没有胃口，还经常咳嗽后，又高兴又惋惜地对几个心腹说："诸葛亮活不长了。"

就在这一年，诸葛亮积劳成疾，去世了，年仅五十四岁。

蜀军拔营撤退后，司马

懿前去蜀军营垒前查看，看后，他不禁感叹道：“诸葛亮真是天下奇才！”

蜀军退军时，司马懿率领魏军追了上去。谁知刚追过五丈原，蜀军就掉转方向，后队改为前队，直向魏军掩杀过来，司马懿大惊，以为诸葛亮没有死，慌忙撤退。

等魏军走远了，蜀军又掉转方向，井然有序地离开了五丈原。这一切其实是诸葛亮生前制订的撤退计划。

诸葛亮死后，蜀军按照他的遗愿，将他葬在定军山。坟墓依山而筑，唯有一口棺木，没有任何贵重的物品作为陪葬。唐朝诗人杜甫则为诸葛亮写下了流传千古的诗句：“出师未捷身先死，长使英雄泪满襟。”

历史小启迪

诸葛亮聪明一世，可他事必躬亲，不但让自己格外劳累，也不利于培养接班人，未能更好地发挥团队的作用。尽管如此，他对蜀国的一片忠诚和“鞠躬尽瘁，死而后已”的精神却永存史册，永远感召着后人。

司马家族夺权

公元239年，魏明帝逝世。魏明帝无子，侄儿曹芳即位称帝，尊明帝的皇后郭氏为太后。大将军曹爽、太尉司马懿尊明帝遗命，共同辅政。

曹爽是魏国开国皇帝曹操的侄孙，魏大司马曹真之子，魏国大将军。曹爽的几个弟弟也都封了侯。曹家兄弟为了争权夺利，开始排挤司马懿。

在曹爽的策划下，魏帝曹芳拜司马懿为太傅。虽然听上去官位很高，却没有实权。曹爽又把自己的亲信安插在重要位置，把司马懿架空了。曹爽登上高位后就放纵起来，整天和亲信何宴、丁谧等人饮酒作乐，奢华无度，吃穿用度都与魏帝相比，过着醉生梦死的生活。

然而，司马懿从跟随曹操开始，经历了曹操、曹丕、曹叡三朝，数年来南征北战，五丈原阻止了诸葛亮，后来又成功平定了公孙渊的叛乱，屡立战功。他的弟子、门生也有十多人封侯，在朝中威望很高。他又怎么会坐以待毙呢？

久而久之，曹爽等人的野心开始膨胀，他们把太后迁往永宁宫，不让她接触朝政，又大肆修改国家法令。司马懿多次劝阻，他们也不听。司马懿索性称病回家，不再上朝。

可曹爽还是不放心，他的亲信李胜刚被任命为荆州刺史，他就让李胜以辞行为名，去拜访司马懿，探探虚实。如果有必要，就把司马懿除掉。

司马懿猜到了他的意图，决定演一场好戏给李胜和他背后的曹爽看。

司马懿让两个丫鬟搀扶着自己走出来，坐在椅子上，一副病势沉重的样子。

他想把手中的衣服披上，可手使不上劲儿，衣服滑落到地上。丫鬟赶紧过来帮他穿好衣服。接着他又示意丫鬟自己口渴了，丫鬟端了一碗粥来喂他吃，他哆哆嗦嗦地把嘴巴凑上去喝，米粥流了出来，弄得他满胸脯都是。李胜以为司马懿中风很严重，十分同情他。

李胜是荆州人，称荆州为本州，他告诉司马懿：“皇上让我去本州做刺史，我今天是来向您辞行的。”

司马懿假装呻吟不止，半天才缓过气来，说：“并州啊，那里靠近胡人地区，战乱很多，你可要小心啊。”

李胜大声说：“我是去本州，不是并州，本州是个好地方。”

司马懿说：“你刚刚说你要去并州？唉，可

惜我老了，以后或许再也见不到你了。”

李胜只好说：“我要去荆州，不是并州。”

司马懿这才听清楚了，再三道歉，说：“我现在病了，年纪也大了，耳朵不好。好啊，你一定要多多努力，建立功勋。”他又伤感地说：“我已经年老昏聩，以后一旦死去，还恳请你多多照顾我的两个儿子。”说着说着，司马懿哽咽不止。李胜听了长叹不已。

李胜回去后，把这些一五一十地告诉了曹爽，感叹道：“司马太傅的病估计是好不了了，命在旦夕，想想真让人伤心。”曹爽相信了李胜，没再找司马懿的麻烦。

公元249年新春，魏帝曹芳带着大臣们去郊外祭祖，曹爽兄弟俩也去了。

曹爽前脚离开，司马懿后脚就从床上跳了起来，没有一点儿病态。他穿上铠甲，拿起武器，带着两个儿子司马师、司马昭，率领兵马占领了城门和兵库。紧接着假传皇太后诏令，宣布撤掉曹爽大将军的职务。

司马懿派亲信接管了军队，亲自出城迎接魏帝曹芳。曹爽的手下桓范劝曹爽挟持少帝退回许昌，想办法抵抗司马懿。可曹爽胆小，司马懿又答应只是要免掉曹爽官职，不会杀他。曹爽犹豫许久，还是选择护送天子车驾回到京城，交出兵权。

没过几天，就有人告发曹爽谋反，司马懿派人把曹爽一伙人全部捉拿，并下狱处死。这样一来，魏国的政权就落到了司马家族手中，皇帝的权力也就越来越弱。

司马懿病逝后，司马师再立战功，并诛杀了想除掉自己的魏国老臣李丰，掌握了大权。他逼着皇太后废掉了魏少帝，另立十四岁的曹髦(máo)当皇帝。

没过两年，司马师也死了，司马昭独掌大权，他可比父亲、哥哥还要嚣张，进进出出都有三千手执武器的护卫前呼后拥，朝政也不经过皇帝，自己就决断了。

曹髦憋屈得要命，又害怕以后会像少帝一样被司马氏废掉，就秘密召来三个他自己信得过的大臣，气冲冲地说：“司马昭之心，路人皆知！”意思是：司马昭要造反的心，路人都知道了！他从怀中取出事先写好的讨伐司马昭的诏书，怒气冲天地说：“三位爱卿，我绝不能坐以待毙，今天，我决定和你们一起讨伐他。”三位大臣赶紧劝阻曹髦，可越劝他越激动，径自入后宫，向皇太后禀报去了。

三位大臣知道曹髦不可能成功，怕祸及自身，有两位直接向司马昭告了密。

于是，曹髦刚带着一百多名童仆到达宫门口，就被司马昭的心腹贾充带领的军队给拦住了。曹髦持剑大喝：“我乃当朝天子，你们带剑冲入宫中，难道想谋反不成！”

贾充的手下被吓住了，贾充见此情景，喝令一个叫成济的手下，拿起一根长矛，把曹髦刺死了。可怜的曹髦，连司马昭的影子都没看到，就死在了长矛之下。

事后，司马昭把罪责推到了成济身上，处死了他，以此堵住悠悠众口，又立十五岁的曹奂为帝，史称“魏元帝”。然而，曹魏政权经过与司马氏这几次较量后，已经名存实亡。

历史小启迪

三国争雄，谁也没有想到，最后的赢家却是司马懿。他早在曹操起事时，就跟随了曹操，经历了许多大风大浪。他不但长于计谋，更善于忍耐，面对逆境，就把力量收缩回来，以弱示强，最终牢牢地把持了朝政。反观曹爽、曹髦，前者只会享乐缺乏魄力，后者行事冲动不计后果，又怎么能成事呢？

王濬破东吴

司马氏早在灭蜀之前就有灭吴的打算。公元262年，司马昭提出了“先定巴蜀，三年之后，因顺流之势，水陆并进，再并东吴，统一全国”的战略方针。

司马昭死后，其子司马炎建立西晋。为实现先辈统一天下的遗愿，晋武帝司马炎从公元269年起就着手筹划灭吴。他在政治上采取了一系列措施，如厚待刘禅及诸葛亮等人的子孙，以巩固西晋在巴蜀的统治，解除后顾之忧。同时，对吴国实行分化瓦解政策，以动摇其军心、民心。改善内政，屯田积谷，安定边防。

同时，优选将帅，调整部署，以尚书左仆射羊祜都督荆州诸军事，镇襄阳；征东大将军卫瓘都督青州诸军事，镇临淄；镇东大将军、东莞王司马伷都督徐州诸军事，镇下邳。

公元 272 年，晋武帝依羊祜的建议，任命王濬为益州刺史，又加封龙骧将军，都督益、梁州诸军事，命其在巴蜀建造战船，训练水军。

王濬原本是个**不务正业**的浪荡之人，后来忽然转变心性，立志做出一番事业，后官拜巴郡太守。巴郡与东吴接壤，战事频繁，兵役繁重。巴郡的百姓为了逃避兵役，常常抛弃刚生下的男婴。王濬到任后，安抚百姓，几年下来，保全了数千名男婴。

他随后调任广汉太守，继续施行仁政，深受百姓爱戴，后又调任益州刺史。这次，他奉晋武帝之命，花了七年时间，在益州督造了大批战船。

晋军所建造的大型战船，长一百二十步，可装载两千余人，上构木城，筑起楼橹，四面开门，船上可骑马驰骋。船全由木头建造而成，造船工艺十分高超。因船体宏大，又被称为“楼船”。

后晋武帝又命其加快造船进度。原本王濬在巴蜀只奉令以五六百屯田兵造船，后来又增加各

郡士兵一万人，一年就完成了造船任务，使王濬水军“舟楫之盛，自古未有”，为实现“水陆并进”以灭吴的目的，提供了重要的军事力量。

王濬造船的木屑沿江河而下，被东吴太守吾彦发现了。他急忙向吴国皇帝孙皓报告，说：“晋军在上游造船，看来是要进攻东吴，我们要早做准备。”

可孙皓是个昏庸残暴之主，他**毫不在意**地说：“怕什么！我不去打他，他们还敢来侵犯我吗？”

公元 276 年 10 月，晋灭吴的准备基本完成。征南大将军羊祜奏请伐吴，指出伐吴的条件已经成熟，应不失时机地向东吴进军，并根据“因顺流之势，水陆并进”的战略方针，提出了灭吴的部署。其要点是：针对吴军部署上东强西弱的情况，决定在徐、扬方向实行牵制，首先集中水陆主力夺取夏口以西的地区，然后顺江而下，集中全力合击吴都建业。

司马炎接受了羊祜的建议，但由于西北鲜卑

族首领起兵反晋，后方不稳，加之太尉贾充等人的反对，使伐吴的战争拖延了下来。

公元 278 年 11 月，羊祜去世。晋武帝依羊祜生前所荐，以杜预继任征南大将军，都督荆州诸军事。

公元 279 年，晋武帝派征南大将军杜预打中路，向江陵进军；安东将军王浑打东路，向横江进军；益州刺史王濬率领一路水军，沿着大江顺流向东进攻。此外，还有琅邪王司马伷、建威将军王戎、平南将军胡奋的三路兵马，六路大军总共二十万人，浩浩荡荡向东吴进军。

大军压境，孙皓才大惊失色，召集百官想办法抗击晋国。

六路大军中，王濬的楼船最难对付。孙皓的近臣岑昏想了个办法，他建议吴军打造几百丈长的连环锁，在江面险要的地方把大江拦腰截住，阻止战船通过。再打造数万铁锥，尖头朝上安置在水中，等晋国战船到来时，碰到铁锥，船就会被刺穿沉没。孙皓赶紧传令，让工匠们彻夜在江边打造这些东西。

公元280年，打中路的杜预和打东路的王浑两路人马进攻吴国，节节胜利，对王濬的水军起到了很大的支持作用。

王濬大军出征时，他当年在巴郡保全的婴儿都已经长大成人。他们纷纷加入了水军，以报答王濬当年的恩情。全军士气高昂，对取胜充满了信心。大军从成都出发，很快攻下丹阳，继续东进。到秭归时，楼船果然被东吴设下的铁链和铁锥所阻，停了下来。

王濬命人用粗木造了几十只巨大的木筏，又在木筏上装上一个个粗大的火炬，里面灌满了麻油，顺江漂流，遇到铁索就燃烧。那些放置在江中的铁锥，一碰到木筏，铁锥的尖头就扎进木筏底下，被木筏拖走了，还有的被大木筏撞得东倒西歪，横卧在江底。

王濬的水军用这些大木筏开路，扫除了水底的铁锥和江面上的铁链，顺利地打进东吴地界，很快就和打中路的杜预的大军会师了。

东吴的士兵已经多年没打过仗了，在孙皓这个昏君的治理下，士兵们还常常领不到军饷，吃不饱饭，无心恋战。晋军一路势如破竹，直逼东吴都城建业。东吴末代皇帝孙皓眼见大势已去，只得脱下上衣，反绑双手，带领着仅剩的东吴大臣向晋国投降。唐代诗人刘禹锡在《西塞山怀古》一诗中说：“王濬楼船下益州，金陵王气黯然收。千寻铁锁沉江底，一片降幡出石头。”

这一年是公元 280 年，三国中最后一个国家东吴也灭亡了，晋武帝一统全国，结束了东汉末年以来半个多世纪的分裂局面，三国时代宣告结束。

历史小启迪

晋武帝能一统全国，王濬功不可没。他本是游手好闲之徒，却一朝悔悟，决心为国效力，立下累累功勋，更成为晋国名将。可见，一时走错路不要紧，只要下决心改变，就能开创一番新天地。

两晋

西晋历四帝，共五十年。都城：洛阳（今河南洛阳）

东晋历十一帝，共一百〇三年。都城：建康（今江苏南京）

八王之乱

晋武帝刚登基时，认为曹魏灭亡的原因是曹家宗室的权力不够大，为了避免重蹈覆辙，他对司马家族进行了大肆分封，短短几年时间就封了二十七个诸侯王、五百多个公侯。而分封的诸侯王中，不少还有自己的军队，很有实力。可让晋武帝没想到的是，为了让西晋王朝长久传承下去的封王之举，却造成了一场巨大的动乱。

杨皇后的父亲杨骏当初趁晋武帝病重时，独揽了朝中大权。他平时在朝中没什么威望，担心自己地位不稳，就以庆贺晋惠帝登基为借口，大肆封官晋爵，收买人心。可还是引起了晋朝宗室，尤其是诸侯王们的不满，许多人都有了夺权的野心。

野心勃勃的贾皇后第一个动手了，她秘密联络楚王司马玮、汝南王司马亮，和他们共同谋划夺权的事。

公元291年3月，司马玮以接到晋惠帝密诏为由，领兵入京，迅速包围了杨骏的住宅，把杨骏和他的党羽都杀光了。皇太后杨芷也被贬为庶人，被迫绝食而死。

司马亮紧跟着也进京了，与卫瓘、司马玮一起把持了朝政。但司马亮和司马玮都想独揽大权，双方矛盾越来越深。于是，贾皇后假传圣旨，让司马玮把司马亮和卫瓘都杀了，接着过河拆桥，宣布司马玮伪造皇帝诏书，私自杀害大臣，派人把司马玮也处死了。

把敌人都除掉后，贾皇后独掌大权，起用了张华、裴颜等几个有才干的大臣主持朝政，也很敬重他们。有了这几个大臣的尽心辅佐，政权总算安定了下来。

然而，朝野动荡的格局已经形成，眼前的安定不过是暂时的。

贾皇后清除了司马亮、司马玮后，又想到了太子司马遹不是自己亲生的，长大后迟早会威胁到自己的地位，想除掉他。

她故意让太子亲近的侍从诱导太子享乐，于

是，小时候很聪明的司马遹在侍从的引诱下，渐渐变成了一个只知道吃喝玩乐的小霸王。

公元 299 年，贾皇后的妹妹生下一个儿子，贾皇后给婴儿取名慰祖，将其抱过来冒充自己的孩子，接着就开始了罢黜太子的计划。

12 月的一天，贾皇后以晋惠帝生病为由，召太子进宫，故意灌太子酒。等太子喝醉了，她就拿出一封事先写好的造反信，让醉醺醺的太子抄写了一份，派人把这封信送到晋惠帝手中。

晋惠帝虽然比较愚钝，但造反信还是看得懂的，顿时大怒，召集大臣们商议，要处死太子。大臣们竭力劝阻，最后贾皇后还是把太子贬为庶人，幽禁了起来。

可大臣们并不相信太子真的会造反，野心家们则彻底忍耐不住了。

赵王司马伦派心腹在皇宫中散布谣言，说禁卫军打算废掉皇后，恭迎太

子登位。贾皇后信以为真，索性抢先毒死了太子。

贾皇后杀太子的真相很快暴露了出来，朝野大哗，满朝的官员为此都十分痛恨贾皇后。司马伦趁机伪造了一份天子诏书，联合梁王司马肜（róng）、齐王司马冏（jiǒng）等人，带兵闯入皇宫抓捕贾皇后。贾皇后又惊又怒，喝道："诏书应当从我手中发出，你奉的什么诏？"随后又大声叫晋惠帝来救她。司马伦理也不理，把她绑了起来，几天后，就把贾皇后和贾氏一族都处决了。

解决了贾皇后，司马伦第二年就给晋惠帝封了个"太上皇"，迫不及待地自己做起了皇帝。

司马伦废了惠帝，自己当皇帝，引起了各地王侯的极大不满。镇军大将军司马冏首先领兵举事，要讨伐司马伦，恢复晋惠帝的皇位。他通知成都王司马颖、河间王司马颙(yóng)一同起兵，而另一边，司马伦也通知河间王司马颙就地讨伐司马冏。司马颙见司马冏和司马颖的势力强大，便决定帮助司马冏。三个王的大军打进京城，杀掉了司马伦和他的亲信孙秀，将惠帝司马衷接进都城，恢复了其皇位。

司马冏恢复了司马衷的帝位，立了大功，在朝中掌管大权，而司马颙却没得到多少好处，便联合长沙王司马乂，发兵讨伐司马冏。司马颙认为，司马乂的力量比不上司马冏，肯定会被司马冏打败，但是司马冏也会实力受挫。到时候自己打败司马冏，废掉惠帝，换一个傀儡皇帝，自己来当宰相。哪知道如意算盘打得好，却落了个空，司马乂成功杀死了司马冏，自立为太尉，总管军政大事，掌握了实权。司马颙一无所得，便再次联合成都王司马颖共同攻打司马乂。可是接连打了几仗，司马颖连连失败，司马颙便准备退军，却突然传来好消息，东海王司马越和禁军将领朱默合谋，捉住了司马乂，用火烧死了他。成都王司马颖被任命为丞相，住在邺城，遥控朝政。司马颙被任为太宰，居住在长安。

公元 304 年，东海王司马越不满司马颖独掌大权，以皇帝的名义，发兵攻打司马颖，结果连败几次，只得逃回自己的封地去了。司马颖便把惠帝劫持到邺城，由自己控制起来。

八王与晋帝关系图

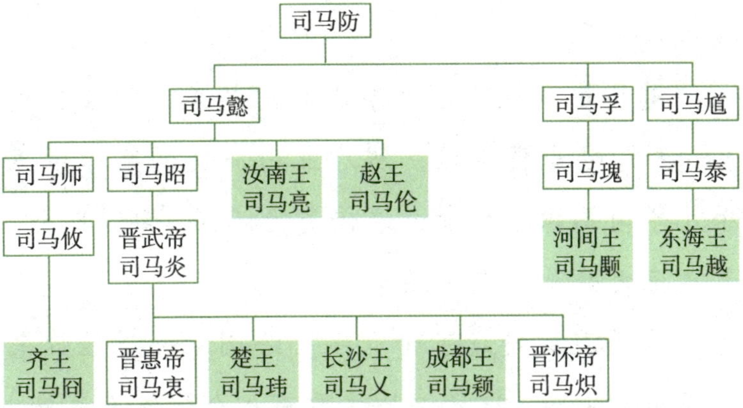

司马颙的大将张方乘机占据了洛阳。不久，安北将军王浚和司马越的弟弟司马腾联合起来进攻司马颖，司马颖大败，带着晋惠帝司马衷逃到洛阳。洛阳守将张方又逼惠帝和司马颖迁居长安，接受司马颙的管辖，司马颙撤掉了司马颖的官职，自己以太宰的身份主管全国军事。

公元305年，东海王司马越再次发兵进攻司马颙。这时候，司马颖的部下汲桑等人攻下了邺城。司马颙抵挡不住，丢下晋惠帝独自逃跑了，晋惠帝这才被司马越再一次接回洛阳，仍然当他的皇帝。惠帝任司马越为太傅，让他总管大权。司马越派人找到司马颙，请他回朝，让他当司空，司马颙信以为真，在回洛阳的途中不明不白地被人杀死了。

司马越掌权以后，不满意司马衷，便在公元307年将司马衷毒死，然后立司马炎的第二十五个儿子司马炽为皇帝，这就是晋怀帝，到这时候，“八王之乱”才宣告结束。

这场混战持续了十六年，给国家和百姓带来了深重的灾难。这场混战主要有八个诸侯王参加：汝南王司马亮、楚王司马玮、齐王司马冏、赵王司马伦、长沙王司马乂、河间王司马颙、东海王司马越、成都王司马颖。实际上，参加“八王之乱”的诸侯王不止八个，《晋书》将这八个人合为一篇传记，统称“八王”。

历史小启迪

贾皇后和“八王”不断膨胀的野心让他们失去了对形势的正确判断，也让他们为自己的野心付出了生命的代价，更连累了天下百姓。这告诉我们：无论什么时候，我们都应该清楚什么能做，什么不能做，更要学会用理智约束自己。

王与马，共天下

晋朝灭亡后，大批的汉人和晋朝王室成员、官员开始陆续南迁到长江中下游地区，以躲避战乱，史称“永嘉南渡”。这场大迁移持续了两个世纪之久，超过百万汉人南迁。

刘聪攻陷长安时，晋朝还拥有南方领土，因此晋愍（mǐn）帝被俘前曾留下遗诏，令当时镇守南方的琅邪王司马睿继承大统。公元317年，司马睿遵遗命，在建康重建了晋朝。

司马睿重建东晋的过程中，得到了琅邪王氏家族的强力支持。早在永嘉之乱前，琅邪王氏家族中就有不少人在南方做官，司马睿登基后，他们更成了东晋第一望族。王家势力最强盛时，东晋朝中有三分之一的官员都与王家有关。

当初，司马睿被派去镇守江南时没什么名望、地位，当地的士族不把他放在眼里，从不去拜见他，也不执行他的政令。

司马睿到江南时，带了不少手下，其中有个叫王导的官员，正是王氏家族中的一员。他和扬州刺史王敦是堂兄弟，为了帮助司马睿，他就去找王敦商量办法。

三月初三是江南举办禊节（即上巳节，古代是宴饮、游春的日子）的时候。这天，当地官员和百姓都要去江边向上天祭拜，祈求上天降福消灾。这天，王导让司马睿坐在华丽的大轿子里，仪仗队在前方鸣锣开道，威风十足，他自己则和王敦还有从北方带过来的官员们毕恭毕敬地跟在轿子后面，声势浩大地在街上巡视了一圈。

当地百姓从没见过这样的排场，顿时全城轰动。当地的士族闻讯赶来，看到很有威望的王敦都跟在后面，十分吃惊，纷纷猜测轿子里面一定是个大人物，司马睿的威望就这样被建立起来了，士族纷纷主动去拜见他。

西晋灭亡后，许多西晋遗臣跑到南方，王导

建议司马睿趁机招揽他们，扩充自己的实力。司马睿前后接纳了一百多位北方名士。这样一来，他既取得了江南士族的支持，又拥有了大量北方人才。他不禁对王导感叹道：“你真是我的萧何啊！”

公元318年，司马睿登基称帝，定年号为大兴，史称晋元帝。为了和已经灭亡的西晋区别开，司马睿建立的晋朝，就被称为“东晋”。

大功臣王导被封为丞相兼骠骑大将军。登基那天，文武百官都来叩头朝拜，晋元帝看到王导来了，激动地从御座上站起来，一把拉住王导，让他和自己一起坐在宝座上，以示共享荣华富贵之意。

这个惊人的举动把王导吓坏了，自古以来，臣子和皇帝平起平坐只会引来杀身之祸，他赶紧跪下，惶恐地说："微臣不敢，陛下如同太阳，臣子和百姓如同仰仗太阳生存的万物，如果万物跟太阳混在一起了，又怎么能得到太阳的照耀呢？"

这既是对晋元帝的夸奖，也是委婉的提醒，晋元帝明白过来，不再勉强王导。但晋元帝没有忘记王氏兄弟的功劳，他不但给王导兄弟封了大官，还让王家其他子弟也担任了重要的官职。这就是"王与马，共天下"的由来。

可惜后来王敦由于手握兵权，变得骄傲自满，不把晋元帝放在眼里。晋元帝因此改为重用大臣刘隗、刁协等人，疏远了王敦。

王敦打着清除奸臣的旗号，率军攻打建康。等刁协遇害、刘隗逃走，王敦又想夺取皇位。在这个危急时刻，王导坚持站在晋元帝这一边，先后平定了王敦、王含等人的叛乱。

南迁的西晋贵族们一度把西晋豪门贵族斗富的恶习带入东晋。有一年清明节时，公卿大臣们带着美食，坐着豪车，穿着华服去新亭（今江苏南京雨花台区一带）踏青。新亭彩棚林立，热闹非凡。可当大家一起向王导敬酒的时候，王导却坐在一个简陋的茅草棚里，穿着粗布衣，拿着一壶浊酒向大家斟酒回谢。

一个大臣羞愧难当，不由得感慨道："王丞相是在提醒我们，江北的父老乡亲们还处在水深火热之中啊。"王导的布衣祝酒触动了许多南渡官员的思乡之情，不少大臣因为自责而流下了眼泪，这股奢侈之风也暂时被刹住了。东晋人民上下齐心，全都发愤图强起来。

王导始终为维护晋元帝的皇权尽心尽力，因为他的尽职尽责，东晋的局势逐渐稳定下来。

历史小启迪

晋元帝能顺利当上皇帝，离不开王导的帮助。王导虽然劳苦功高，却懂得恪守本分，从不恃功自傲，逾越身为臣子的规矩，自始至终为国家着想。他的谦虚、自重，是他能一直被晋元帝重用的原因，也是值得后人学习的地方。

石勒建后赵

晋元帝即位的第二年，汉国国主刘聪病死，汉国内部也发生了分裂。刘聪的侄儿刘曜接替了国主的位子。他觉得用汉朝的名义并不能欺骗人民，在公元319年，改国号为赵。汉赵大将石勒在反晋战争中扩充了兵力，不愿再受刘曜的统治，也自称赵王。

石勒是羯族人，他家世代是羯族部落的小头目。年轻的时候，并州地方闹饥荒，他和部落失散了，曾经给人家做过奴隶、用人。有一次，石勒被乱兵捉住，关在囚车里，正好他的囚车旁边有一群鹿跑过，乱兵纷纷去追捕鹿群，石勒才趁机逃走。

石勒受尽苦难，没有出路，就召集一群流亡的农民，组成了一支强悍的队伍。公元304年，南匈奴单于之孙、左贤王之子刘渊筑坛设祭，自称汉王，石勒便投身汉国，成为刘渊部下的一员大将。

羯族人的文化程度普遍比匈奴人要低。石勒从小没有像刘渊那样受过汉族文化教育，不识字。他担任大将以后，渐渐懂得要成就大事业，光靠武力不行，就任用了一个汉族士人张宾，采取了许多政治措施。他还收留了一批北方汉族中的贫苦的读书人，组织了一个“君子营”。

张宾是石勒最重要的谋士，历史上称其“算无遗策，机无虚发”，为石勒的崛起以及称霸北方立下了汗马功劳。

张宾出身于官宦世家，从小胸怀大志，曾对人说：“我自认为智谋不逊色于张良，只是没遇到汉高祖而已。”

西晋末年，天下大乱，他发现石勒是一个可以成就大事的人，

于是投奔到石勒帐下。当时，前赵大将王弥与石勒互相忌惮，张宾献计帮石勒除掉了王弥，兼并了王弥的队伍。公元312年，石勒攻打东晋时伤亡惨重，有人劝他投降，张宾则坚定地劝石勒率军北还，一心经营北方，使其逐渐有了自己的根据地。随后，东晋的幽州刺史王浚成为石勒的大敌，张宾劝石勒隐藏实力、谄事王浚，随后突然发难攻下幽州，杀死了王浚。

由于石勒骁勇善战，加上有了张宾等一批谋士帮他出谋划策，石勒的势力更加强大。到了公元328年，他终于消灭了刘曜。过了两年，石勒在襄国（在今河北邢台）自称皇帝，国号仍是赵。历史上把刘氏的赵国称为“前赵”，把石勒建立的赵国称为“后赵”。

石勒自己没有文化，但是却十分重视读书人。他做了后赵皇帝后，命令部下，凡捉到读书人，不许杀死，一定要送到襄国来，让他自己处理。

他听从张宾的意见，设立学校，让他手下将领的子弟进学校读书。他还建立了保举和考试的制度。凡是各地保举上来的人经过评定合格，就选用他们做官。

石勒严禁部下提到“胡”“羯”等字。但是为了安抚汉族士人，有时候也并不执行禁令。

有一次，汉族官员樊坦进宫朝见的时候，穿了一身破破烂烂的衣服。石勒吃惊地问他：“你怎么穷到了这步田地？”

樊坦忘记了禁令，回答说：“刚刚碰到一批羯贼，把我的家当都抢了，家里连一件像样的衣服都没有了。”

石勒知道他吃了亏，就安慰他说：“羯贼这样乱抢东西，太不应该！我来替他们赔偿吧！”

樊坦忽然想起触犯了禁令，吓得浑身发抖，连忙向石勒请罪。

石勒笑着说：“我这个禁令，是对付一般百姓的。你们这些老书生，我不怪你们。”

说着，他真的赔给樊坦一些衣服、钱财，还赏给他一辆车和一匹马。

石勒很喜欢读书，可他自己不识字，于是找

了一些读书人把书上的内容讲给他听，一边听，一边随时发表自己的见解。

有一次，他让人给他读《汉书》，听到有人劝汉高祖封旧六国贵族的后代为诸侯的内容。他就说："唉！刘邦采取这样错误的做法，还怎么能够得天下呢？"讲书的人马上给他解释说，后来由于张良的劝阻，汉高祖并没有这样做。石勒点头说："幸亏有这个人呀。"

又有一次，石勒举行宴会招待大臣，宴席上，他问一个大臣说："你看我可以和古代的哪个帝王相比？"

大臣吹捧说："陛下英明神武，比汉高祖还强，别人都比不上您。"

石勒笑了笑说："你说得太过分了。我要是遇到汉高祖，只能做他的臣下，大概跟韩信、彭越差不多。要是我生在汉光武帝那个时候，倒可以和他并驾齐驱，还说不定谁胜谁负呢。"

由于石勒重用人才，在政治上比较开明，后赵初期出现了兴盛的气象。石勒去世后，儿子石弘继位，但很快被他的堂兄石虎杀死。石虎篡位后凶狠残暴、穷兵黩武，他死后，他的儿子互相残杀，大权落入石虎的养孙冉闵手里。公元350年，冉闵称帝，国号大魏，史称冉魏。公元352年，冉闵消灭了后赵。

历史小启迪

石勒曾经做过奴隶，堪称历史上出身最低的皇帝。但他不向命运低头，最终凭借自己的努力改变了命运，成为皇帝。他并不因此志得意满，依然不忘学习。石勒坚韧不屈的奋斗精神和坚持学习的态度都有值得我们借鉴的地方。

淝水之战

东晋时期，北方地区被少数民族占据，中国形成了南北对峙的局面。

北方政权林立，其中，由氐族人建立的前秦先后灭掉了前燕、代、前凉等国，统一了北方。

前秦国君叫苻坚，他刚即位时，听说汉人王猛很有才能，就派人把王猛请来担任宰相一职。王猛助苻坚镇压豪强，整顿朝政，一度处死、判刑、罢免了二十多个犯法的豪强，震惊朝野。苻坚赞叹说："我现在才懂得国家应该有法制啊！"只过了十几年时间，前秦就强大起来。

公元373年，前秦又占领了东晋的梁、益两地，势力扩张到长江和汉水上游地区。苻坚也有了消灭东晋、统一南北的野心。

这时王猛已死，他临死前，曾恳切地对苻坚说："东晋现在内部团结，又继承了晋朝正统，千万不要急于攻打他们。鲜卑人和羌人才是秦国最大的后患，一定要除掉他们。”

只可惜这时的苻坚已经全然忘记了王猛的叮嘱，他召集大臣们，商量攻打东晋的事。

武将石越说：“晋国有长江天险做屏障，再加上老百姓都向着他们，只怕打不赢啊！”

苻坚说：“我有百万雄兵，把大军的马鞭投入长江，就能把长江的水堵住，天险算什么？”

苻坚的弟弟苻融也不赞成，说：“连年打仗，士兵都很疲劳，还是缓缓吧。”

苻坚生气地说：“你们太让我失望了。”

苻融苦苦劝说：“现在京城里还有许多鲜卑人、羌人、羯人，陛下远征，他们要是趁机叛乱，再后悔就来不及了。陛下难道忘了王猛临终的嘱咐了吗？”

苻坚一时没话说了，可他并没有放弃这个想

法，对大臣们的劝阻一概不理。

公元 383 年 8 月，他亲自带领八十七万大军从长安出发，直向东晋扑来。

东晋王朝一片慌乱，大家都盼望宰相谢安拿出应敌之策。谢安决心奋起反抗，在他的推荐下，他的弟弟谢石被封为征讨大都督，侄子谢玄被封为先锋，他们率领八万兵马，沿淮河向西，抵抗前秦军主力。

同时，东晋大将胡彬率领五千水军增援寿阳（今安徽寿县），大臣桓冲带领十万人马镇守长江中游，防止前秦的水军顺江东下。

谢玄临走前，想找谢安讨个主意，谢安却像个没事人一样，**轻描淡写**地说：“我已经有安排了。”第二天，谢玄又请他的朋友张玄去探问，结果谢安拉着张玄下了一天棋，根本就不给张玄问的机会。一直到晚上，谢安才把谢石、谢玄等将领召集到自己家里，把每件事都交代得**清清楚楚**。看到谢安这么镇定，大家也有了信心。

一个月后，苻坚的主力到了项城，另一路水军到了彭城。苻融则攻占了寿阳，胡彬不得不退守硖石（今河南孟津），打算与谢石、谢玄的大军会合。可苻融紧追不放，胡彬大军被围困于硖石。眼看着军粮一天天少下去，情况十分危急。

胡彬只好写信向外求援，不料信件被苻融截获。苻坚看了信，认为晋军已经**不堪一击**，大喜，他把大军留在项城，亲自率领八千骑兵增援寿阳，打算彻底灭掉晋军。

为了进一步试探晋军的虚实，苻坚派前几年在襄阳抵抗过前秦军、战败被俘的朱序为使者劝降晋军。朱序见了谢石、谢玄，不但没有劝降，还把前秦军的情况一五一十地说了，让他们趁前秦军主力没到齐，赶紧发起攻击，挫伤他们的士气，并答应做晋军的内应。

朱序走后，谢石、谢玄经过商议，派出谢玄提前在广陵训练出来的北府军抢先对洛涧的前秦军发起突袭，北府军勇猛非凡，获得洛涧大捷。晋军乘胜追击，一路打到了淝水东岸，驻扎在八公山边，和寿阳的前秦军隔岸对峙。

前秦军大败，军心动摇，不少士兵都有了逃跑的念头。苻坚听到洛涧失守，也吓了一跳，就叫苻融陪他去看看对岸的形势。

二人登上高处一看，对面晋军的营帐排列得整整齐齐，士兵来往巡逻，阵容强大，尤其是八公山上，似乎漫山遍野都是晋军的身影。见此情景，苻坚不禁回头对苻融说：“谁说晋军兵力不足，他们是多么强大的敌人啊！”其实，晋军根本没那么多兵力，是苻坚自己心慌意乱，才把山上的草木都看成了晋军。这就是成语“草木皆兵”的由来。

苻坚不敢轻视晋军了，叫士兵严守阵地，加强防范。

看前秦军没有动静，谢石、谢玄怕拖延下去，前秦军主力赶来会合，对晋军不利，十分着急，就给苻坚发出战书：“你们长途奔波来到此地，现在却按兵不动，难道不敢打仗了吗？不如你们后退一步，让晋军渡过淝水，我们再一决胜负！”

苻坚想将计就计，趁晋军渡河到一半时突袭他们，于是他不顾大臣们的

反对，答应下来。

约定的时间到了，两军都在河边严阵以待。苻坚一声令下，前秦军慢慢撤退。可苻坚没想到，前秦军不但一退就收不住脚，而且越退越快。这哪是撤退，分明是士兵们吃过了北府军的苦头，厌倦了打仗，趁机逃跑了。

趁这个机会，谢玄率领八千骑兵飞快地渡过淝水，冲向前秦军阵营。朱序趁乱也在前秦军中大叫：“秦兵败了！秦兵败了！”这下，后面的士兵也都跟着拼命逃跑起来。

前秦军像潮水一般直向后退，苻融的战马被人潮冲倒。他挣扎着想站起来，却被后面的晋军追上来杀了。主将一死，前秦军更乱，苻坚控制不住局面，只好扭头就跑，一口气逃到淮北才停下来。

一路上，那些逃跑的前秦士兵听到风声和空中的鹤鸣声，都以为是晋军追过来了，吓得慌不择路，被挤倒后踩死的士兵比战死的还多。这就是成语“风声鹤唳”的由来。

淝水大捷的消息传到建康时，谢安正在家里和客人下棋，他看了看战报，放到一边，又继续下起棋来。

客人忍不住问："战事怎么样了？"

谢安缓缓说道："几个孩子把秦军打败了。"

客人一听，高兴得棋也不下了，立即向谢安告辞，要去把这个好消息告诉别人。

谢安把客人送走，终于按捺不住激动的心情，回房间跨过门槛的时候，把木屐上的齿都踢断了。

经过这场大战，前秦元气大伤。鲜卑族的慕容垂和羌族的姚苌背叛了前秦，各自建立了新的国家——后燕和后秦。苻坚也被姚苌所杀，前秦不久就灭亡了，北方再次陷入了战乱之中。而淝水之战作为历史上著名的**以少胜多**的战例，对后世的军事理念产生了深远的影响。

历史小启迪

"谋定而后动"是谢安的最佳写照，淝水之战中他指挥若定，从而以弱胜强；苻坚则恰恰相反，他盲目自大，行事冲动，轻易被晋军的疑兵迷惑。可见做事必须始终保持冷静的判断，根据实际情况采取最合适的策略。

南北朝

南朝

宋历八帝，共五十九年。都城：建康（今江苏南京）

齐历七帝，共二十三年。都城：建康

梁历四帝，共五十五年。都城：建康

陈历五帝，共三十二年。都城：建康

北朝

北魏历十四帝，共一百四十八年。都城：平城（今山西大同）、洛阳（今河南洛阳）

东魏历一帝，共十六年。都城：邺（今河北临漳）

西魏历三帝，共二十一年。都城：长安（今陕西西安）

北齐历六帝，共二十七年。都城：邺

北周历五帝，共二十四年。都城：长安

刘裕代晋

刘裕小名寄奴，小时候家里非常贫困，父亲很早就去世了，他很小就要种地、砍柴、卖草鞋、做小生意，挑起养家的重担。在这样的环境下，他从小就立志要做一番大事业。

长大后，他从了军，从一个小官做起，直到成为北府军将领。公元399年，孙恩、卢循等人发动叛乱，他奉命前去镇压。他有勇有谋，作战勇敢，立下不少战功。公元404年，桓玄篡夺皇位，刘裕起兵讨伐桓玄。一年后，桓玄兵败，刘裕迎回了晋安帝。之后，他一路升迁，直到掌握了朝中大权。

为了提升威望，刘裕决定北伐，收复晋朝失去的土地。

公元409年，刘裕从建康出发，出兵攻打南

燕国，包围了南燕的都城广固（今山东青州）。南燕皇帝慕容超无法突围，连忙向比较强大的后秦讨救兵。

后秦皇帝派了使者去见刘裕，对他说：“燕国和秦国是友国，我们已经派出十万大军驻扎在洛阳，如果你们一定要攻打燕国，我们秦国也不会坐视不理。”

刘裕冷笑一声，说：“请回去告诉你们的皇帝，我本想灭了燕国，三年后再去找秦国，现在你们自己送上门来，可怨不得我了。”

使者灰溜溜地走了，刘裕的一个部将担心后秦真的打过来，刘裕笑着说：“如果他们真的要出兵，又何必来通知我们呢？他们现在自己都顾不过来，不过是吓唬我们，想让我们自己退兵。”

果然，后秦正在跟另一个国家打仗，根本没有多余的兵力来救援南燕国。南燕国只好集中数万骑兵对抗刘裕大军。

南燕国的骑兵和马匹都穿着铁制铠甲，正面对敌时，能给敌人造成巨大的杀伤力，有“铁骑”之称。而东晋以步兵为主，马匹也有限，不利于正面与骑兵作战。刘裕想了一个办法，他在大军两侧安排了四千辆战车，士兵站在战车上，手里拿着长兵器，阻止敌军的战马冲过来。这种阵法就是最初的“却月阵”。

这样一来，南燕骑兵的优势无法发挥出来，两军交战半日，仍不分胜负。刘裕派出另一支部队从后方偷袭敌军，大败南燕军队。不久，晋军攻陷广固，慕容超被俘杀，南燕灭亡。

公元416年，刘裕派大将王镇恶、檀道济带领步兵从淮河一带向洛阳方向进攻，自己亲自率领水军沿着黄河进军，再一次北伐，攻打后秦。

后秦军节节败退，当时，北方鲜卑族建立的北魏势力已经发展到黄河北岸，后秦国主姚泓就向北魏求援。

北魏答应出兵，他们在黄河北岸驻扎了十万大军监视晋军的行动，同时派出几千骑兵在岸上跟晋军打起了游击战。每当黄河上风高浪急，有落单的晋军士兵被河水冲到岸上，就被北魏士兵一把抓住杀掉，等到晋军大队人马上岸去追击他们，又跑得没影了。这么反反复复地骚扰，弄得晋军疲惫不堪。

刘裕想起了“却月阵”，在经过周密的准备后，他开始了反攻。

他挑选了七百精兵、一百辆战车抢登北岸，在离河边百余步的地方摆了一个半圆形的阵势，两头抱河，形状像一弯新月，这也是“却月阵”之名的由来。此外，每辆战车上都设置了七名持杖的士兵，阵中竖起一根白羽毛，当作令旗。

晋军布阵的时候，北魏军看不懂他们在做什么，迟疑着没有进攻。刘裕抓住这个机会，晃动了几下白羽毛，早就准备好的两千士兵带着大弩猛然拥出，每辆战车上又增设了二十名士兵，用盾牌把战车保护起来。

北魏军这才恍然大悟，向晋军展开了攻击。晋军先用软弓小箭向北魏军射击，北魏军以为晋军没什么战斗力，向前猛冲。晋军立即换成了大弩猛射，还派神箭手把几根弓箭集中在一起发射，给北魏军造成了很大的伤亡。可北魏军人多势众，还有骑兵助战，最终离晋军越来越近了。

晋军早有准备，立即把携带的一千多支长矛截成三四尺长做成大弩，用大铁锤锤击，大弩不断向北魏军飞去，每一根都能射杀三四个北魏士兵，魏军渐渐抵挡不住，四散逃命。

这一仗晋军大胜，北魏不敢再与晋军为敌。刘裕打通了沿黄河西进的通道，势如破竹，胜利进军，4月下旬到了洛阳，和早一步到达并已经攻克了洛阳的王镇恶、檀道济会合。随后，晋军攻占长安，消灭了后秦。

当时，北方少数民族都有强大的

骑兵，与步兵作战时能造成巨大的伤亡。刘裕创造的“却月阵”适合防守，是用步兵制伏骑兵的经典阵法。

公元420年，晋安帝病逝，刘裕扶立晋恭帝，不久废黜并杀掉晋恭帝，篡夺了皇位，建立南朝宋，改元“永初”，定都建康，史称宋武帝。

自公元420年东晋灭亡到公元589年隋文帝统一中国的一百多年间，宋武帝首先统一了南方。十九年后，即公元439年，北魏太武帝拓跋焘灭了北方最后一个小国北凉，统一了北方。中国历史进入了南北对立的时期，史称“南北朝”。南方先后建立过宋、齐、梁、陈四个朝代；北方则经历了北魏、东魏、西魏、北齐、北周等朝代。

历史小启迪

南北朝时期，北朝大多比南朝更擅长骑射，两军交战，南朝往往会吃亏。面对这种不利的局面，刘裕积极开动脑筋，想出了应对之策。这种面对困难和挑战毫不退缩的精神，正是他创下大业的原因之一。

檀道济量沙退敌

公元422年，宋武帝刘裕准备出兵北魏，但还没出兵，刘裕却因病逝世。由长子刘义符继承皇位，在位仅仅一年就因为整日嬉戏玩耍、不理国事而被大臣们废黜，另立宋武帝的三儿子刘义隆即位，史称“宋文帝”。

公元430年，北魏趁刘宋政局动荡，派大军渡过黄河，进攻刘宋，很快就占领了黄河以南的大片土地。情急之下，宋文帝派檀道济率领大军前去抵抗。

檀道济是高平金乡人，他在晋安帝末年时就跟随刘裕加入了北府军，作战勇敢又机敏灵活，在平定桓玄叛乱等一系列战斗中立下了赫赫战功，是东晋后期的重要将领。

公元416年，刘裕攻打后秦，命檀道济领军沿淮河向洛阳进发。檀道济一路过关斩将，一直攻打到成皋，逼迫洛阳守将投降，晋军声威大振。

战斗中，晋军抓获了很多俘虏，将领们怕他们闹事，主张把他们杀了，但檀道济不同意，他下令把俘虏们全都放了。他们回去后，晋军宽宏大量的美名也随之宣扬开来，后秦军心动摇。檀道济率军乘胜追击，攻下长安，消灭后秦，威名远播。

北魏进攻济南，檀道济奉宋文帝之命率军抗击北魏。他跟北魏军一连打了三十多仗，战无不胜，一直把北魏军追到了历城。

就在快赢得最终胜利的关键时刻，檀道济却因为眼前的胜利自大起来，防备也有点儿松懈了。北魏军觉得这是个很好的翻盘机会，派了两支轻骑兵突袭宋军后方，烧了宋军的粮草。

檀道济的士兵虽然骁勇善战，可也要吃饭，粮草被烧，军队无法继续前进，檀道济只好退兵。可匆忙撤退，北魏军一定会大举进攻，给宋军带来致命的危险。于是，为了迷惑北魏军，檀道济想出了一个好办法。

这时，宋军一个胆小怕事的士兵逃到了北魏军营，把宋军缺粮的状况偷偷告诉了北魏军的将领。北魏军决定出兵，将宋军一举歼灭。

北魏军把宋军围困起来。有胆小的宋军看到自己成了瓮中之鳖，就偷偷逃跑了。可檀道济显得很从容，像往常一样命令士兵们安营扎寨。

当天晚上，檀道济亲自带领一批管粮的士兵核查营寨里的粮食。宋军军营中亮起了明亮的灯火，士兵们一边用斗子量米，一边拿着竹筹高唱着计数。那些打开的米袋中，装满了白花花的大米，将士们都兴高采烈地唱起了歌。

北魏军的探子看到后，回去向北魏军将领报告，说："檀道济军营里的粮食还绰绰有余，先前我们一定是被宋军骗了，要是想继续进攻宋军，就是中了他们的计啊！"北魏军将领一听，立即

把那个投降的士兵杀了。

其实，北魏军上了檀道济的当。那天夜里，米袋里装的几乎都是沙，只有表面覆盖了一层大米！

等到白天，檀道济下令启程，士兵们都大模大样地沿着大路向南转移。北魏军多次与檀道济对战吃了败仗，看到宋军这样从容不迫地撤退，一时不敢贸然追击，宋军安全地撤离了。

檀道济多次为宋朝立下汗马功劳，威望渐高，引起了掌管朝政的彭城王刘义康和将军刘湛的猜疑。后来宋文帝又生了一场大病，他们担心文帝死后控制不了檀道济，就在文帝面前说了许多他的坏话。

公元436年，檀道济奉诏回京，刘湛与刘义康鼓动宋文帝以网罗同党、准备谋反的罪名逮捕了檀道济，给他定了死罪。檀道济非常生气，他瞪圆了眼睛，凶狠的目光好像要喷射出火焰一样，愤怒地喊："你们这是在自毁长城啊！"

就这样，檀道济怀着满腔热血冤死在了自己国家的土地上。消息传到北魏后，北魏上下欢庆不已："檀道济一死，南方我们还用怕谁！"

公元450年，刘宋北伐，一连打了好几场败仗。北魏军一路南下，攻打到了江北的瓜步。宋文帝登上都城建康的石头城，扶栏**眺望**远处的敌军，长叹道："要是檀道济还在的话，怎么会让胡骑攻到这里！"这时，檀道济已去世十四年了。

历史小启迪

檀道济一时的骄傲轻敌几乎让宋军陷入险境，好在他用疑兵之计使得宋军全身而退。他的险胜来自对北魏军足够的了解和镇定从容的态度，也因此北魏军才不敢贸然追击，让他们从容离去。很多时候，心态会直接影响胜负。

孝文帝改革

南北朝时期，由鲜卑族拓跋氏建立的北魏第一个统一了北方地区。北魏自从太武帝拓跋焘去世后，政治腐败，鲜卑贵族和大商人压迫人民，不断引起北方人民的反抗。公元 471 年，拓跋宏继位，史称北魏孝文帝。

孝文帝登基时还不到五岁，无法亲政，只好由祖母冯太后代理朝政。冯太后是汉人，她十分重视对孝文帝的教育，请了很多饱学之士教他读书，也让他感受中原文化的魅力，对孝文帝日后的改革产生了积极的影响。

孝文帝亲政后，深深地感到仅靠武力是无法真正在中原站住脚的，更不能照搬从前在草原上游牧时的规矩，必须向更先进的中原文化学习。他先是规定了官员的俸禄，严厉惩办贪官污吏；

实行了“均田制”，把荒地分配给农民，成年男子每人四十亩，妇女每人二十亩，让他们种植谷物，另外还分给桑田。农民必须向官府交租、服役。农民死后，除桑田外，都要归还官府。这样一来，开垦的田地多了，农民的生产和生活也逐渐稳定下来，国家的收入也增加了。

随后，孝文帝又做出了一个重大的决定——迁都。北魏都城原本是平城，那里虽然地势险要，易守难攻，可地处偏远，气候恶劣，难以发展农业，经济文化也很落后。为了解决粮食问题，加强对南部地区的控制，更好地吸收汉族文化，孝文帝决定把都城迁到经济繁荣、文化昌盛的洛阳。

迁都关系到很多鲜卑贵族的利益，顽固派的大臣们也不愿和汉族融合，许多人极力反对此事。孝文帝想了一个妙计，那就是以南征之名，诱使大臣们同意迁都。

当时南朝是南齐，虽然比北魏实力稍弱，可真打起来也会两败俱伤。孝文帝提出南征，一统天下，顿时引起了大臣们的强烈反对。

这天上朝时，孝文帝再次提出立刻南征，大臣们纷纷俯首叩拜，请求停止南征。孝文帝大怒道："国家是我的，你们想阻挠我用兵吗？"一向主张改革、深受孝文帝信任的大臣拓跋澄毫不客气地回敬道："国家是陛下的没错，但我身为大臣，明知用兵的危险，怎么能不提醒陛下呢？"孝文帝只好宣布退朝。

回到宫里，孝文帝派人请来了拓跋澄，说道："我觉得咱们现在的都城平城是个用武的好地方，但不适合政治改革，我要移风易俗，迁都洛阳是个很好的主意。此时出兵，表面上是南征，实际上是想以此对付朝中的老顽固，好达到迁都的目的，你看如何？”拓跋澄一听，恍然大悟，当下同意了孝文帝的计划。

第二天上朝，拓跋澄的态度来了个一百八十度大转弯，大臣们看到连他都不反对南征，都泄了气，只好答应跟随孝文帝南下。

公元493年，孝文帝率领三十万大军南下。走到洛阳时，正值秋季，秋雨连绵，道路泥泞，行军变得异常艰难。孝文帝却装作南征的决心丝毫没有动摇的样子，身先士卒，走在队伍前方。

可大臣们平时哪里受过这样的罪，个个叫苦连天，他们再次出来阻拦孝文帝。孝文帝严肃地说：“这次我们如此兴师动众，闹得天下人都知道我们要南征。如果因为下大雨就半途而废，岂不是留下笑柄，又有什么颜面见天下人！不过，如果你们实在不想南征，我看就把国都迁到这里算了。对外就说，我们本来就是迁都，这样也能保住颜面，诸位看如何？”

大臣们都傻眼了，一时进退两难。其中一位机灵的大臣猜到了孝文帝的意图，抢先说道：“只要陛下想通了，不再南征，迁都洛阳我也愿意。”拓跋澄也站出来，说：“我原本就不赞成南征，只是不能说服陛下，才勉强同意。现在陛下让我们自己选，我肯定同意迁都。”

孝文帝趁热打铁，让大臣们立即表态是否同意迁都，大臣们最终都同意了。随后，孝文帝又派拓跋澄回到平城，说服其他的贵族老臣。平城的贵族中反对的人还不少，他们搬出一条条理由，都被孝文帝驳倒了。最后，那些人实在讲不出道理来，只好说：“迁都是大事，到底是凶是吉，还是卜个卦吧。”

孝文帝说：“卜卦是为了解决疑难之事。迁都的事已经没有疑问，还卜什么卦。要治理天下的，应该以四海为家，今天走南，明天闯北，哪有固定不变的道理。再说我们上代也迁过几次都，为什么我就不能迁呢？”

贵族老臣被驳得哑口无言，迁都洛阳的事终于定了下来。

迁都以后，孝文帝继续推进改革。他让鲜卑人改说汉语，三十岁以上的人改口比较困难，可以暂缓，三十岁以下、在朝廷做官的，一律要改说汉语，违反这一条规定的就降职或者撤职；学习汉族先进的生产技术，鼓励百姓穿汉服，学习汉族的“四书五经”，与汉族通婚。他还让鲜卑人放弃原来的姓氏，改姓汉族姓氏，将长孙、陆、贺等姓氏定为国姓。孝文帝自己以身作则，娶了汉族的女子做妃子，并把皇族的姓氏改为元，他的名字从此就改为元宏。

这样深入的改革再度引起了朝中守旧派大臣的不满，他们暗中煽动同样对此事不满的皇太子元恂发动叛乱。消息泄露了出去，孝文帝大怒，亲自捉拿太子，用鞭子狠狠惩罚了他。太子还想谋反，孝文帝就处死了他。经过这件事后，朝中再没有人敢对改革有怨言。

经过孝文帝一系列的改革，鲜卑族和汉族逐

渐融合，北魏在汉化改革后也迅速发展起来，黄河流域展现出一派欣欣向荣的新气象。

历史小启迪

中华民族是个多民族组成的大家庭，各民族之间的融合是历史的主流。孝文帝思想开明，能看到自己民族内部的弊端，勇于借鉴、学习汉族文化，融入华夏民族，是非常难能可贵的。

侯景之乱

公元386年，鲜卑的拓跋珪(guī)建立了北魏政权，后来又分裂为东魏和西魏两国。侯景原本是东魏大将，东魏的丞相高欢曾派他镇守黄河以南的地区。可高欢始终对他不放心，临死前，把他召回了都城。侯景与高欢之子起了冲突，一气之下，他就带兵投奔了西魏。

侯景到西魏后，西魏的丞相宇文泰也不信任他。宇文泰表面上接受了他的投诚，背地里却准备解除他的兵权。侯景察觉后，又想改投南梁。

梁武帝收到侯景的请求后，就召集大臣商议到底该不该接纳他。大臣们进言说："陛下，这些年来，我们与北朝相安无事，如果接纳了北朝的叛将，这定会引起南梁和北朝的纠纷！"

但是梁武帝却不这么认为，他年轻时就想收

复中原，现在北朝有人主动来投降，还主动送上城池，这是多么好的事啊！不久前，他还梦到北朝的大臣们都乖乖地向梁王朝投降了。他认为侯景是佛祖派来帮助他的那个人，欣然接受了侯景的投降，还封侯景为大将军、河南王。

接着，梁武帝派侄儿萧渊明率军迎接侯景，不料刚走到北边，就遇到东魏的军队。南梁军多年没有打仗，军队散漫，没有纪律，跟东魏军一交锋，几乎全军覆没，萧渊明也做了东魏的俘虏。

东魏接着攻打侯景，侯景也战败了，只带着八百人突出重围逃到了寿阳。

东魏的使者主动到了南梁与梁武帝讲和，说愿意把萧渊明送回来。

侯景担心梁武帝会用他去交换萧渊明，就找人假冒东魏的使者，给梁武帝写了一封信，信中说："陛下，为了我们两国重新和好，您是否愿意拿叛徒侯景与您的侄儿做交换？"梁武帝关心侄儿的生死，情急之中没有辨析使者真假，立即回信说，只要萧渊明能回来，南梁可以交出侯景。

侯景收到回信后，觉得自己已经没有任何退路，决定拼死一搏，在南梁起兵夺位。

这时，南梁的国力已经衰败，侯景的兵马很快打到了长江北岸，南梁岌岌可危。

梁武帝派侄儿萧正德在长江南岸抵挡侯景大军。没想到萧正德为权势所惑，竟然与侯景联手，准备推翻伯父，自己做皇帝。他偷偷帮侯景的军队渡过了长江，还亲自带领他们渡过了秦淮河。在萧正德的一路护送下，侯景顺利地攻进了南梁都城建康。

外城很快就被攻破了，梁武帝被侯景大军围困在了内城。侯景想尽了一切办法攻城，都被城里的军民顽强地抵挡住了。他用火烧城，守军就用水浇灭火。他用“木驴”攻城，守军就用大石块把它们砸回去。他在城东西两侧堆起了土山，居高临下地向城里射箭，守军也筑高台与敌军对射。

双方相持一百多天，侯景大军虎视眈眈地守在城外，准备活捉梁武帝。城内死伤无数，人口从十几万锐减到几千人，城里的守军依然在苦苦支撑着，等待援军的到来。

各地早已派出了援军，可他们驻军在建康附近，谁也不肯发兵。梁武帝快支撑不下去了，他问手下有什么办法能让侯景退兵，手下说：“陛下，您身边都是些不忠不孝的人，臣恐怕也无能为力。”

公元549年3月，连日大雨导致内城土山倒塌，侯景乘机攻进内城，梁武帝被俘。

侯景进城后，自封为丞相，杀了一心想做皇帝的同伙萧正德，又把梁武帝软禁在净居殿，逼他把援军打发走。

侯景控制住南梁后，就减少了梁武帝的衣食供给，竟把梁武帝给活活饿死了。

梁武帝死后，侯景先后扶持了两个傀儡皇帝，公元 551 年，索性自己当了皇帝。第二年，南梁湘东王萧绎在江陵称帝，他派大将陈霸先、王僧辩等人率领大军讨伐侯景，终于平定了“侯景之乱”，可南梁元气大伤，再也难以维系了。

六年后，陈霸先建立陈朝，史称陈武帝。南梁灭亡。

历史小启迪

梁武帝在所有人都与侯景为敌的情形下，接纳了侯景，最后却被侯景活活饿死。这固然是因为侯景是个反复无常的小人，但梁武帝同样有盲目轻信、识人不明的过错。

陈叔宝亡国

公元557年，陈霸先强迫梁朝的最后一个小皇帝萧方智退位，自己做了皇帝，结束了梁朝，开始了陈朝的历史。

陈霸先只做了三年皇帝就死了，他的几个儿子死得都比他早，只好把皇位让给了侄子陈蒨，称为陈文帝。陈文帝在位时政治比较清明，为老百姓做了一些好事。

陈文帝在位共七年时间，死后由儿子陈伯宗继位。陈文帝的弟弟陈顼(xū)废了陈伯宗，自己做了皇帝，称为陈宣帝。陈宣帝在位共十四年，他死后，他的儿子之间发生了一场激烈的争夺皇位的斗争。

陈宣帝的大儿子陈叔宝被立为太子。次子陈叔陵是一个狠毒、虚伪的人，他对待手下十分恶毒，稍微有点儿过失，他就重重地惩罚，逼得人们走投无路去寻死。他还很会伪装，每次入朝的时候总是坐在车上或马上，手里拿着一本书，嘴里念念有词，一副十分好学的样子。一回到家，他就把书扔到一边。他经常在晚上找来一大群朋友，一直玩闹到天亮才睡觉。他把自己管辖的地区变成了一个独立王国，一心想等宣帝死后篡位。

陈宣帝晚年的时候身体不好，经常生病。宣帝快死的时候，陈叔陵就暗地里做准备，他本来想在皇帝死的那天动手，结果没有得逞。第三天，宣帝的遗体被装入棺材，太子陈叔宝正趴在棺材上痛哭的时候，陈叔陵拿出早已磨好的刀向陈叔宝砍去，正砍在陈叔宝的脖子上，顿时，皇宫内一片混乱。陈叔陵逃回东府城，派人封锁了东府城和台城之间的通道。他把监狱里的犯人放出来，发给他们武器，随后又在东府城招兵买马，为夺取皇位做准备。可是，当人们知道他想夺皇位，就没有人愿意去了，只有他的一个堂兄弟去投奔他。最后，他们的队伍也只有一千多名士兵。陈叔陵就带着这一千多人的队伍守着东府城，等着一有机会就攻打台城。

陈叔宝逃回后宫后，因为受了伤不能管理政事，就暂时把权力交给弟弟陈叔坚。陈叔坚派右卫将军萧摩诃去攻打东府城。陈叔陵就带着一部分人马渡过秦淮河，准备投靠北朝，在半路上被萧摩诃派人给杀死了。

陈叔宝终于登上了皇位。他就是陈后主，是陈朝的最后一个皇帝。

陈叔宝是一个很无能的人，他贪酒好色，整日在后宫和宠妃们饮酒作乐，无心过问朝政。当时的皇后沈氏，性格沉静寡言，生活一向很俭朴，她喜欢读诗，平时还念佛经，也是不管什么事的。而贵妃张丽华则深得陈叔宝的喜欢，陈叔宝对她言听计从。这样一来，六宫的事就全部交给了张贵妃。时间一长，张贵妃逐渐开始过问朝政了。她让皇帝废了太子陈胤，立自己的亲生儿子陈深为太子。

一天，陈叔宝正和张贵妃还有几位大臣在花园里赏花，忽然有人来报，说："皇上，不好了，杨坚派他的二儿子晋王杨广来攻打我们了，共有五十万兵马，分八路，现在已经到长江北岸了。"

长江自古以来就像一道天然屏障一样，挡住了南北进攻的军队。长江水流又急，水面也宽。所以，要想渡过长江，是很困难的。陈叔宝不相信杨广能飞渡长江，就没把这件事放在心上，接着和张贵妃饮酒赏花。

第二天早晨，有太监慌慌张张跑进来，报告说："隋将韩擒虎从采石、贺若弼从京口渡过长江，向建康攻来了。"

这下，陈叔宝着急了，连忙召集文武百官，商量如何打退隋兵。但是，当时陈朝朝政腐败，文武大臣都很无能，竟没有人敢带兵出战。陈叔宝又气又急，这时，骠骑将军、南徐州刺史萧摩诃站了出来，表示自己愿意率军去打退隋军。陈叔宝非常高兴，说："等你出征后，我派人将你的妻子和儿子接进宫，加封他们，赏给他们金银珠宝。"

萧摩诃带兵出征后，他的妻子和儿子入宫受赏。陈叔宝一下子看中了萧摩诃年轻貌美的妻子，就把她留在了宫中。萧摩诃与隋军对战，布下了一字长蛇阵，正要开战时，家丁来报，说："夫

人被皇帝留在宫中，数日不归。”萧摩诃气得昏倒在地。结果陈军乱成一团，不战自败。

第二天，隋军包围了建康，守城的将士不战自降，打开城门，放隋军入城。文武百官也都各自逃命了。

陈叔宝这时还在后宫，听到喊杀的声音，知道**大势已去**，就拉着张贵妃和孔贵嫔逃往景阳殿。

隋将韩擒虎冲入宫中后，派人到处找陈叔宝。后来在井里找到了三个人，原来陈叔宝抱着两个爱妃躲进了井里。韩擒虎杀死了两个皇妃，把陈叔宝绑起来带走了。

到这时，陈朝灭亡了，这一年是公元589年，隋朝统一了天下，结束了南北朝的历史。十五年后，陈叔宝于洛阳病逝。

历史小启迪

陈后主倚仗长江天险，整日沉迷享乐，不思进取。与此同时，隋文帝却励精图治，为一统天下做着准备。一进一退之间，已注定了陈后主亡国的结局。

少年读历史

SHAONIAN DU LISHI

朝旭文化◎主编

元·明

江苏凤凰美术出版社

图书在版编目（CIP）数据

少年读历史．元明 / 朝旭文化主编．-- 南京 : 江苏凤凰美术出版社 , 2020.1（2021.1 重印）

ISBN 978-7-5580-6809-6

Ⅰ．①少… Ⅱ．①朝… Ⅲ．①中国历史－元代－少年读物②中国历史－明代－少年读物 Ⅳ．① K209

中国版本图书馆 CIP 数据核字 (2019) 第 265951 号

责任编辑 李秋瑶
封面设计 陈玉军
责任监印 唐 虎

书　　名 少年读历史．元明
主　　编 朝旭文化
出版发行 江苏凤凰美术出版社（南京市湖南路 1 号　邮编：210009）
出版社网址 http://www.jsmscbs.com.cn
印　　刷 德州市永诚印刷有限公司
开　　本 880mm × 1230mm　1/32
总 印 张 24
版　　次 2020 年 1 月第 1 版　2021 年 1 月第 3 次印刷
标准书号 ISBN 978-7-5580-6809-6
总 定 价 120.00 元（全 8 册）

营销部电话 025-68155675

少年，我们为什么要读历史？

学史明智，鉴古知今。

历史是什么？历史是一个民族和国家形成、发展及其兴盛衰亡的真实记录，是前人各种知识、经验和智慧的总汇。

历史就像一面镜子，以史为镜可以知兴替，以人为镜可以明得失。学史明智，鉴古知今。读华夏历史，不仅可以了解中华五千年的史实，而且还能够让我们铭记历史，从历史中学习前人的智慧，深刻把握人类发展的历史规律，在对历史的深入思考中汲取智慧、继往开来。

少年朋友们，读历史不只是为了应对考试，更要深刻地认识到学习历史的重要意义。有的人从历史中学到丰富的史学知识，有的人从历史中学到坚韧不拔的精神，有的人从历史中学到为人处世之道，有的人从历史中学到为官之道……历史如同一个巨大的宝库，有着无尽的财富，只要你愿意去挖掘，每个人都可以各取所需，有意想不到的收获。

少年朋友们，读历史对我们有太多太多的好处——

1 丰富知识，开拓思维

读历史，用历史知识武装头脑，取其精华，去其糟粕，让头脑敏锐地思考，做出有益于他人或者社会的行为。

2 增强民族自豪感和凝聚力

读历史，了解华夏五千年的灿烂历史，为勤劳智慧的祖先感到骄傲，增强人们的自豪感、荣誉感、归属感和整体的凝聚力。

3 培养胸怀和抱负

读历史，我们可以了解前人处世的态度、远大的抱负和无畏的精神，受到他们潜移默化的影响和熏陶，从而胸怀远大的志向。

4 借鉴别人的经验

读历史，了解历史上的人物和事件，借鉴前人的经验，吸取教训，学习某个人物的某种精神，从而武装自己的头脑及提高明辨是非的能力。

5 了解人性的弱点

读历史，你能从中发现历史环境和现实场景有相通之处，看清共同的人性弱点，从而提醒自己不能犯相同的错误。

少年朋友们，可见读历史是多么的重要啊！从今天开始，让我们多看一些有益的历史书籍吧！

目录

元朝

明朝

少年读历史

元朝

历十一帝，共九十七年，

都城：大都（今北京）

忽必烈建元

元太祖成吉思汗的儿子窝阔台死后，由乃马真皇后监国，后来由她的儿子贵由做了两年多大汗。贵由死了，大汗的位子就传到了拖雷的儿子蒙哥手里。

蒙哥做了大汗之后，就让他的弟弟忽必烈掌管黄河以北的地方军队和行政事务。忽必烈从小就有远大的抱负，想干出一番事业。他在早年的时候就受到了中原汉族文化的影响，后来他认识了一批有学问的汉族知识分子，如刘秉忠、张文谦、王鹗、郝经、姚枢等人，他们劝说忽必烈要用儒家思想来治理国家，特别要用“汉法”来治理中原。郝经还说：“谁要是能重用士大夫，又能用中原的统治方法来治理国家，谁就能当中原的皇帝！”这些话对忽必烈影响很大，他决定夺得天下后，一定用“汉法”来治理国家。

忽必烈让刘秉忠在滦河北岸的龙岗（今内蒙古多伦西北）为他建造了一座新的城市，叫作开平，作为他的根据地，把他的谋士都召到那儿，开始了在黄河以北的统治。忽必烈用汉法治理汉地，损害了蒙古贵族的利益，也威胁到了蒙哥的汗位。于是蒙哥夺去了忽必烈的兵权，并派阿兰答儿、刘太平前去调查。忽必烈听从姚枢等人的劝告，把妻子、女儿送到蒙哥那里去当人质，并亲自去见蒙哥，说明自己并无野心，蒙哥这才相信了他。

1258 年，蒙哥发动三路大军攻打南宋，他自己率领主力攻打四川，让忽必烈攻打鄂州（今湖北武汉），让兀良合台攻打潭州（今湖南长沙）。正当忽必烈攻打鄂州的时候，蒙哥却于军中去世了。忽必烈想攻下鄂州后，再回去夺取汗位，可是这时，传来阿里不哥要继承汗位的消息。

阿里不哥是拖雷的小儿子，按照蒙古人“幼

小守产”的习惯，在蒙哥和忽必烈他们打仗的时候，他就留在蒙古国的都城和林。阿里不哥的周围有一批蒙古贵族，他们反对用“汉法”来统治，而主张用蒙古的旧法来统治，因此他们反对忽必烈，而拥护阿里不哥。当阿里不哥听到蒙哥去世的消息后，马上任命支持他的人担任各级官职，并派脱里赤和阿兰答儿占领燕京和陕西一带，准备阻止忽必烈北上。

当时，忽必烈的妻子察必正在开平，她得知消息后，马上报告给了忽必烈。忽必烈立刻召集跟着他的诸王、大将和谋士，商量怎么办。谋士郝经说：“阿里不哥已经开始行动了，大王虽然有重兵，但是如果他宣称有大汗的遗诏，先即位了，我们还能回去吗？”然后他给忽必烈献了一条妙计：一方面派一支军队去接蒙哥的灵车，把大汗的宝玺夺过来；一方面派军队夺取并守卫燕京，同时通知各王到和林去参加葬礼。正在这时，南宋宰相贾似道又来求和，忽必烈马上同他签订了和约，然后带着人马北上。

1259年，忽必烈到达燕京，遣散了脱里赤招买的人马。1260年3月，忽必烈到达开平。他的大将廉希宪和商挺私下对他说："先下手为强，后下手遭殃。机会丢失了，就再也找不回来了。"于是，忽必烈在开平召开库里勒台（选举大汗的仪式），在塔察儿、也先哥、合丹、米哥等王的拥护下，登上了大汗的宝座。

阿里不哥没想到忽必烈的动作这样快，于是他慌忙在4月也召开库里勒台，宣布自己为大汗。

常言道："天无二日，国无二主。"蒙古国出了两个大汗，那怎么能行呢？看来只有通过打仗来决定了。当时，东部的各个王都支持忽必烈，西边的王中，有的支持阿里不哥，有的支持忽必烈，而且忽必烈还统治着中原，所以忽必烈的势力比阿里不哥大得多。因为阿里不哥的势力在西边，所以忽必烈就派廉希宪向陕西进军。阿里不哥在陕西的大将是浑都海，他手下两个战将，一个姓刘、一个姓霍，都驻扎在六盘山一带。廉希宪一到，两军就打了起来。廉希宪的老将刘黑马一马当先，一场恶战，活捉了刘、霍二人，把浑都海的大军打得丢盔弃甲。廉希宪又从霍鲁怀口中知道，驻扎在成都的密里霍者，驻扎在青州的乞台不花，都要起兵反叛忽必烈。情况万分紧急，来不及报告忽必烈，廉希宪就假传忽必烈的旨意，派刘黑马到成都杀死了密里霍者，派汪惟正到青州杀死了乞台不花。不久，八春、合丹等又来同廉希宪会合，他们打败了浑都海，并杀死了阿兰答儿和浑都海，阿里不哥在西方的势力被打垮了。

同时，忽必烈亲自带领大军，直扑阿里不哥的老巢和林。阿里不哥哪里是忽必烈的对手，慌忙逃到谦州（今俄罗斯图瓦共和国境内）。他怕忽必烈追来，还使了一个缓兵之计，派人向忽必烈认罪，说他愿意投降，等他把马儿养肥了，再同其他王一起来拜见。忽必烈认为阿里不哥所做的事全是他的谋士指使的，因此就对使者说："你回去告诉我的弟弟，说我相信他的话，原谅他了，叫他快快来见我。"后来忽必烈等不及了，就派也孙哥驻守和林，自己先回开平了。

1261年秋天，阿里不哥养肥了他的战马，又召集了一批人马，发兵南下。他派人到也孙哥那儿，假意说是来投降，也孙哥信以为真，没有做打仗的准备。阿里不哥发动突然袭击，又把和林夺了回去。忽必烈知道后，马上又带兵北上，两军在昔木土脑儿（今蒙古国乌兰巴托西南）相会，结果阿里不哥又被打败，逃回和林。可是这时，原来支持阿里不哥的阿鲁忽王也开始起兵反对他，阿里不哥被迫逃到新疆去了。

后来，阿里不哥又多次打了败仗，加上蒙古高原发生了饥荒，原来支持阿里不哥的各王，纷纷跑到忽必烈那儿去了。1264年，阿里不哥只得向忽必烈投降。忽必烈问他："咱们兄弟俩，按道理讲，到底谁该当大汗呢？"阿里不哥说："以前我是对的，现在是大汗你对！"他还挺硬气的，只承认自己的失败，不承认忽必烈有道理。后来，忽必烈下诏："阿里不哥等王，都不问罪，但是他的谋臣，要全部杀死。"就这样，忽必烈巩固了他的汗位。

忽必烈平定阿里不哥后，把政治中心由和林迁到中原，他继续推行“汉法”来改造蒙古国。1271年，忽必烈根据刘秉忠的建议，取《易经》中“大哉乾元”之意，把国号改为“大元”，这样元朝正式成立了，忽必烈就是元世祖。第二年，元世祖把燕京改为大都，作为全国的首都。

历史小启迪

从古至今，朝代更迭，政权易位，少不了争夺和杀戮，而忽必烈之所以能在残酷的政权争夺中打败竞争对手，实现自己的远大抱负，与其没有民族歧视的宽阔胸襟和知人善任的能力息息相关。

文天祥起兵抗元

忽必烈打败自己的反对者，巩固了自己的统治地位，之后又派兵进攻南宋，准备灭亡南宋。

1274年，元军经过五年围城战，最后攻下了南宋的门户襄樊。不久，宋度宗病死，由四岁的宋恭帝即位，元朝趁机派出二十万大军，由左丞相伯颜率领，兵分几路，进攻南宋的都城临安。

元军一路打了许多胜仗，一直打到临安附近。宋恭帝的祖母谢太后急忙下诏，命令各地起兵到京城勤王，解救京城的危急。可是，来勤王的只有文天祥、张世杰等人。

文天祥是状元出身，当时担任赣州（今江西赣州）知州。他接到勤王的诏书后，立即招募了一万民兵，连夜赶到临安。他看到南宋到了危亡的关头，就把家产拿出来做军费，自己过俭朴的生活。当时有人劝他说：“如今元军大军压境，你用新招募的民兵去迎战，就好像把羊投进一群狼里面，不是白白送死吗？”文天祥回答说：“我也知道事实确实是这样。但是，国家有难，每个人都有责任，我不能不管，所以我只能这么做，希望能使天下的忠臣义士都起来勤王，这样大宋就有救了。”

当文天祥、张世杰等人带兵到临安的时候，南宋的右丞相陈宜中正在向元求和。谢太后还说，只要元军退兵，南宋皇帝可以向元朝皇帝称侄或侄孙。伯颜不答应。谢太后又表示愿意向元朝称臣，伯颜这才答应进一步商谈。文天祥、张世杰坚决反对投降，要求太后、皇帝都坐船到海上去躲避，由他们同元兵决一死战，保卫大宋江山。可是陈宜中不想抵抗，一心想投降。他代替皇帝起草了降表，连同皇帝的大印一起送给了伯颜。伯颜要陈宜中亲自来谈投降的事，陈宜中非常害怕，连夜逃到温州去了。张世杰看到临安十分危险，就到定海一带去招兵买马。

谢太后见陈宜中逃走，只好任命文天祥为右丞相，派他去议和。文天祥也想趁机去探一探元军的虚实，就前往元营。在元营，文天祥大骂伯颜，要求双方平等协商，结果被伯颜扣留。1276年3月，伯颜带兵进入临安，俘虏了谢太后、恭帝和文武百官，把他们一块儿押往北方。

文天祥在元军押送途中，趁他们不备，夜里偷偷逃走，赶到福州。当时，陆秀夫、张世杰等人在福州拥立恭帝的异母哥哥、九岁的赵昰做皇帝，就是宋端宗。文天祥整顿军队，先收复了浙江，随后又从福建经广东东部，带兵进入江西，准备恢复南宋的天下。他同江西的抗元队伍联合，共同打击元军，并打了许多胜仗。之后，元军立即派大批骑兵，加强对江西的进攻，同时出兵袭击文天祥在兴国的大营。文天祥没想到元军这么快就会反攻，仓促应战，结果被打败，他的妻子被元军俘虏。文天祥带兵向福建撤退，在一个叫方石岭的地方，一个叫巩信的将军为了掩护文天祥，和他的士兵都壮烈牺牲了。第二天，元军又追了上来，将军赵时赏假装文天祥，走在队伍最后边，掩护文天祥撤走了，他自己却被元军抓住，英勇牺牲了。后来，文天祥到了南岭。

1278 年，赵昰病死，他的弟弟赵昺(bǐng)做了皇帝。文天祥又带兵到广东潮阳抗元。不久，张弘范率领元军赶到潮阳。有一天，文天祥的队伍正在五坡岭开饭，张弘范突然带兵包围了五坡

岭。文天祥的队伍来不及抵抗，被打败了，文天祥也不幸被俘。张弘范劝文天祥投降，遭到拒绝，随即又强迫他写信劝张世杰投降，也被拒绝了。张弘范把文天祥押到船上，送往大都。船经过零丁洋时，文天祥悲愤万分，写下了《过零丁洋》这首著名的诗歌，诗的最后两句是："人生自古谁无死，留取丹心照汗青！"表明他视死如归、决不投降的决心。

在大都，文天祥被关在一间很小的牢房里，忽必烈多次派人来劝他投降，他都拒绝了。一天，忽必烈亲自召见他。文天祥见了忽必烈，**昂首挺胸**，不肯下拜。忽必烈说："如果你能归顺我，我就让你做宰相。如果你不愿意做宰相，当枢密院使也行。"可是文天祥理都不理，忽必烈又问他想要什么，文天祥回答说："除了死，我什么都不要。"忽必烈一点儿办法也没有，只好又命人把他带回牢房。文天祥在牢房里，又写了一首著名的长诗《正气歌》。

文天祥在大都被关了四年，怎么也不肯屈

服。1283 年，他被元朝统治者杀害了，当时只有四十七岁。文天祥虽然牺牲了，但是他不要高官厚禄和宁死也不投降的精神，以及他充满正气的诗篇，却一直流传到今天。

历史小启迪

文天祥面对元兵的侵犯，不畏生死，不计较个人得失，不为敌人的威逼利诱所动摇，全力抗敌，是一位不折不扣的民族英雄。他的爱国精神，值得我们每个人学习和传承。

天文学家郭守敬

忽必烈登基前，就一直很重视招纳汉族的读书人。他青年时就注重与汉族名士处好关系，如博学多才的刘秉忠、精通理学的姚枢，以及著名的科学家郭守敬。

郭守敬是邢州（今河北邢台）人，他的祖父郭荣不但通晓经书，还在数学、天文、水利等方面都有研究。郭守敬小的时候，受到祖父的影响，对科学产生了浓厚的兴趣。

刘秉忠和朋友张文谦在邢州西南的紫金山讲学期间，郭荣曾把孙子郭守敬送到刘秉忠那里去学习。郭守敬在那里学到了很多知识，还认识了很多爱好科学的好朋友。

忽必烈统一北方后，致力于发展农业生产和整治水利，广招这方面的人才。张文谦就把郭守敬推荐给了忽必烈，忽必烈很快就召见了他。郭守敬对北方水利的情况非常熟悉，当下他就向忽必烈提出了六项整治水利的措施。忽必烈顿时对眼前的这个年轻人刮目相看。他感慨道："让你这样的人去办事，才不是光摆空架子吃闲饭啊！"忽必烈就让郭守敬担任治理各路河渠的职务，专门经办河道水利的事。

1264年，郭守敬被派到了西夏一带去治理水利。这里经过多年的战乱，土地荒芜，河道淤塞，当地的生产生活遭到了严重的破坏。郭守敬到了西夏以后，仔细勘察了西夏的地形，然后发动当地的民工疏浚了一些原来就被堵塞的河道，鼓励大家开挖了一些新的河道。不到一年的时间，这一地区的九百多万亩田地都得到了灌输，粮食大丰收，百姓的生活也得到了明显的改善。

忽必烈灭了南宋以后，更加注重农业生产的恢复和发展。农业生产最重要的就是要利用历法。以前，蒙古人种地一直使用的是金朝颁布的历法，这种历法有很大的误差，农业上的节气也常常算得不够准确。元世祖打下江南以后，南方用的是另一种历法，南北历法不相同，很容易造成混乱。元世祖决定制定一个新的历法，在全国统一使用，还专门下令成立了一个编订历法的机构，叫太史局。太史局的负责人是郭守敬的同学王恂，王恂知道郭守敬精通天文和历法，就上奏朝廷把郭守敬调到太史局，一同完成新历法的编订工作。

郭守敬接手这个工作以后就提出：研究历法最重要的就是要进行观测，而观测必须依靠仪表。原来开封的那架观测天象的浑天仪已经陈旧不堪了，那怎么办呢？只有自己动手设计一套新的仪器了。

郭守敬认为浑天仪的结构太过复杂，很不方便使用，于是他自己就创制了一种结构更简单、刻度更精准的仪器。有了装备，就可以正式开始工作了。

1279 年，郭守敬向元世祖报告，说要在太史局里建造一座新的司天台，还要在全国范围内进行大规模的测量，元世祖立即批准了。

郭守敬和王恂一起进行实地研究，在全国各地设立了二十七个观测点。最北边的观测点到达了铁勒，最南边到达了南海，并且派了十四个监候官员到各地去进行勘测。

郭守敬亲自到几个重要的观测点进行观测和记录。最后，各个地方把观测到的数据进行整理，全部汇总到了太史局。郭守敬和同事们根据这些复杂的数据，花费了整整两年的时间，终于编制出了一部新的历法，取名为《授时历》。1281 年，《授时历》正式实施，此后一直沿用了三百多年。

《授时历》比过去的历法精准得多，它甚至能算出一年有 365.2425 天，与地球绕太阳一周的时间仅仅相差二十六秒。郭守敬的《授时历》比欧洲人确立公历的时间早了三百多年，

但与公历的一年周期相同。

为了便利大都到江南的水路交通运输，忽必烈再次派郭守敬去勘测水路交通的情况。郭守敬向忽必烈提出了许多新建议，其中包括大都运河的新方案。为了开通运河，郭守敬前前后后做了许多努力，也失败了好几次。他第一次采用玉泉山的水，第二次引京郊浑河的水，都因水量小、泥沙淤积严重失败了。第三次，他经过勘测与设计，在大都西北三十千米处找到水量充沛、水流清澈的白浮泉，将泉水从西山引入东南，重新开凿了一条运河。

1293年，新运河贯通，就是现在北京的通惠河。

历史小启迪

无论历史如何演变，总有一批科学家呕心沥血、刻苦钻研，创造出杰出的科研成果，从而推动人类文明的进步，郭守敬就是其中的典型代表。郭守敬自小热爱科学，长大后治理水利、修订历法，给老百姓带来了很多实实在在的好处。他对科学的热爱、专注，以及默默奉献的精神，很值得我们学习。

红巾军起义

元朝从成宗以后，又传了九个皇帝，皇室内部斗争十分激烈，政治也越来越腐败，百姓生活在水深火热之中。最后一个皇帝元顺帝（又叫元惠宗）妥懽帖睦尔即位后，荒淫残暴，弄得国库空虚、物价飞涨，民不聊生，很多地方爆发了农民起义。

河北有个农民叫韩山童，他组织白莲会，聚集了不少受苦受难的农民，烧香拜佛。韩山童对他们说："现在天下大乱，佛祖将要派弥勒佛下凡，拯救百姓。"这个传说很快就传到河南和江淮一带，百姓们都盼望着有那么一天——弥勒佛真会下凡来。

正巧在这个时候，黄河决口，洪水泛滥。1351年，元王朝征发了汴梁、大名等十三路民工十五万人和兵士两万人开辟河道。民工们在烈日暴雨下，被迫日日夜夜没命地干活儿，可是朝廷拨下来的开河经费，却让治河的官吏克扣了去。修河的民工连饭也吃不饱，怨声载道。

韩山童决定抓住这个机会，发动群众起义。他先派几百个白莲会的会徒去做开河民工，在工地上传播一支民谣：

“石人一只眼，挑动黄河天下反。”

过了几天，几个民工忽然挖出一座石人来。大家好奇地聚拢来一瞧，只见石人脸上正是一只眼，不禁呆住了。这件新鲜事很快在十几万民工中传开了，大家心里都在想：民谣真的应验了，既然石人出来，天下人造反的日子自然来到了。

不用说，这个石人是韩山童事先偷偷埋在那里的。

百姓被鼓动起来了。韩山童有个伙伴刘福通，他向大家宣布：韩山童本来不姓韩，而是姓赵，按辈分排起来，还是宋徽宗的第八代子孙；刘福通也是南宋大将刘光世的后代。他们说得有鼻子有眼的，百姓们听了，也不由得不信。

韩山童、刘福通挑选了个好日子，聚集了一批人，杀了一匹白马、一头黑牛，祭告天地。大家推韩山童做领袖，号称“明王”，并约定日子，在颍州颍上（今安徽颍上）起义，用红巾裹头作为起义军的标记。正当大家歃血立誓的时候，有人走漏了消息，官府派兵把韩山童抓去，押到县衙杀了。韩山童的妻子带着儿子韩林儿，逃脱了官府的追捕，到武安躲了起来。

刘福通逃出重围，把约定起义的农民召集起来，攻占了颍州等一些据点。开河的民工得到消息，也杀了看守的官吏，纷纷投奔刘福通的队伍。因为起义的士兵头上裹着红巾，当时的百姓把他们称作“红军”，历史上把他们称作“红巾军”。不到十天，红巾军已经发展到十多万人。

过了一个月，刘福通的红巾军就连续攻下了好几座城池。江淮一带的农民早就受到白莲会的影响，听到刘福通起义，纷纷响应，像蕲（qí）水（今湖北浠水）的徐寿辉、濠州（今安徽凤阳）的郭子兴，都打起红巾军的旗号起义。其中，也有不打红巾军旗号的，像江苏北部的张士诚。

1354年，元顺帝派丞相脱脱集中了诸王和各省人马，动用了西域、西番的兵力，号称百万，围攻占领高邮的张士诚起义军。高邮城被围得水泄不通。正当起义军情势危急的时候，元王朝突然发生了内乱。元顺帝下令撤掉脱脱的官爵，百万元军失去了统帅，不战自乱，全军崩溃。

元军溃散以后，刘福通的北方起义军趁机出击，大破元军。第二年2月，刘福通把韩山童的儿子韩林儿接到亳州正式称帝，国号为宋。韩林儿被称为“小明王”。随后，刘福通亲自率领大军攻占了汴梁，把小明王韩林儿接到汴梁，并定汴梁为都城。

红巾军**声势浩大**，元王朝大为恐慌，纠集地主武装加紧镇压，汴梁又落在元军手里。元王朝又用高官厚禄招降了张士诚，刘福通保护小明王逃到安丰（今安徽寿县）后，受到张士诚的袭击。1363年，刘福通在战斗中牺牲，红巾军起义失败。

历史小启迪

元朝统治者残暴无道、鱼肉百姓，势必会失民心、积民怨、逼民反，换句话说，红巾军起义是历史的必然。所以，统治者们应该要明白“水可载舟，亦可覆舟”的道理，如果和百姓的意愿背道而驰，逼得百姓走投无路，那么等待他们的终将是灭亡。

朱元璋推翻元朝

朱元璋，原名叫朱重八，濠州钟离人。朱元璋在家里排行老四，在家族兄弟中排行第八，所以父亲给他取名为朱重八。

当时，中国正处于元王朝的残暴统治之下，统治者从不把汉人和南人当人看，不高兴时，就任意把他们抓来，眼睛眨都不眨一下地杀掉他们取乐。他们甚至剥夺了下等人取名字的权利，每个人只能依据自己的出生日期或家里的排行取名。他的父亲朱五四、祖父朱初一，以及家族中的兄弟们，都是这样取的名。

1343 年，濠州先发生了旱灾，跟着又发生蝗灾。那年，庄稼颗粒无收，朝廷却根本不打算赈灾。很快，更大的灾难——瘟疫爆发了。不到半个月时间，朱元璋就眼睁睁地看着父亲、母亲、大哥先后饿死或病死，而此时家里穷得连一副棺材都置办不起。

朱元璋痛苦无奈，只好跟二哥抱头痛哭，最后好心的邻居给了他们一块坟地，他们才找了一些破衣服，把亲人的尸体包裹起来安葬了。他也被迫和二哥、大嫂、侄儿分开，各寻生路。为了养活自己，他从十七岁开始就进了皇觉寺做和尚，每天要做很多工作，做不好还要被老和尚斥责，生活十分不易。

后来，庙里的粮食也不够吃了，方丈把他们打发出去化缘。朱元璋也去了，他在外面流浪了三年，一路上目睹了百姓凄惨的生活现状和元末各地农民起义的风起云涌，他意识到天下不久就要大乱了。

为了迎接未来的变化，朱元璋回到皇觉寺以后，每日刻苦学习，广交朋友，准备在这乱世之中干出自己的一番事业来。

1352年，二十五岁的朱元璋因友人汤和的一封信，下定了反元的决心，投奔了郭子兴领导的红巾军，他还为自己改名为朱元璋，寓意诛灭元朝。

入伍后，他骁勇善战，且颇有智谋。最重要的是，他从不与郭子兴争功，有功劳也会分给同伴，在起义军中名声极好，很快得到了郭子兴的赏识和重用，后来郭子兴还把养女马氏嫁给了他。马氏就是后来的马皇后。

红巾军中郭子兴虽然是首领，可下面的五个元帅不齐心。其中，孙德崖和另外三个元帅为一派，与郭子兴这一派矛盾重重。

后来，徐州的红巾军主将芝麻李被元军杀害，他的部将赵均用、彭大率军加入郭子兴的红巾军，彭大归入郭子兴帐下，赵均用则成了郭子兴的反对派。

赵均用为了夺权，绑架了郭子兴。朱元璋得到消息，在彭大的支持下，冒死救出了郭子兴。这下，两派的仇怨更深了。

事后，朱元璋对起义军不团结的局面十分失望。1353年，朱元璋离开了红巾军，只带着少量的人马回到自己的家乡，重新招募兵马。他儿时的伙伴徐达、周德兴等人都投奔了他。后来朱元璋南下滁州，定远名士李善长主动来投奔他。朱元璋十分高兴，说自己就像汉高祖得到了萧何，从此天下可定。没多久，朱元璋的军队就扩充到了三万人。在他的训练下，队伍军容整肃、纪律严明，和其他起义军截然不同。

朱元璋走后，郭子兴少了这一大助力，在起义军中的处境变得十分艰难，只好去滁州找朱元璋。朱元璋见到他，尊他为起义军首领，十分敬重他。

此时，另一支起义军的首领张士诚的势力不断壮大，连续攻占了泰州、兴化等地，并且最后在高邮建都，自立为王，改国号为大周。

徐寿辉是朱元璋的另一个对手，他占据了长江的上游，而朱元璋的兵力驻扎在下游。

1355 年，朱元璋攻克了和州（今安徽和县），有了自己的地盘。这一年，郭子兴病死，他的儿子郭天叙被红巾军名义上的共主小明王封为都元帅。而朱元璋虽为副元帅，却成了起义军实际的首领。

朱元璋先后攻占了太平、集庆以及镇江等地，到了1359年，他已经占领了大片土地。于是，朱元璋采取了朱升“高筑墙，广积粮，缓称王”的策略，没有再四处征伐，而是看着浙江张士诚、湖广陈友谅、四川明玉珍等对手互相攻伐或与元军对抗，抓紧时间发展自己的实力，等待时机。

1360年，朱元璋的强敌陈友谅率领水军从采石矶沿江而下，进攻应天府（今江苏南京），想夺取朱元璋的地盘。

朱元璋和谋士们讨论过后，明白自己在水上作战不占优势，就把陈友谅的军队引上了岸，陈友谅中了朱元璋的埋伏，打了败仗，只得逃回了江西。

这一仗让陈友谅元气大伤，可是他不甘失败。1363年，他又造了数百艘战船，带着六十万大军，攻打朱元璋的地盘洪都（今江西南昌）。可这一次，陈友谅依然战败了，他自己也死于朱元璋大军的乱箭之下。

朱元璋提出了响亮的口号：“驱除胡虏，恢复中华；立纲陈纪，救济斯民！”士兵们听到这鼓舞人心的话语，都充满了斗志。随后，他率领手下大将徐达和常遇春等人，消灭了张士诚、方国珍等一切阻碍他的势力，以席卷全国之势，把元军赶到了漠北。

1368 年，一个新的王朝建立了，朱元璋如愿登上了皇帝的宝座，定年号为洪武，国号为大明，定都应天府。

历史小启迪

朱元璋出身贫寒，地位低下，受尽欺侮，但他最终由一个穷困潦倒的寺庙和尚逆袭成明朝的皇帝，由此可见，出身和地位决定不了一个人的命运，命运掌握在自己手里，只要你能像朱元璋那样，有勇有谋，不惧困难，发愤图强，你也可以改写自己的人生。

明朝

历十六帝，共二百七十六年，
都城：应天府（今江苏南京）、
京师（今北京）

靖难之役

明朝初年，百废待兴，明太祖朱元璋开始努力振兴农业，最终实现了“洪武之治”。明太祖是个疑心病很重的人，国内稳定下来后，他就设立了一个叫“锦衣卫”的机构。这些锦衣卫就是明太祖的私人警察，专门负责搜集各种情报，监视大臣们的动静，一旦发现大臣有什么反叛的苗头，就立即报告给明太祖。

明太祖对官员们极为严厉，那些被锦衣卫告发的大臣，轻则被拖到外面打板子（即“廷杖”），重则被流放边疆，甚至满门抄斩。

明朝建立没几年，明太祖就开始诛杀他认为有反叛之心的功臣，其中影响最大、牵连最广的就是“胡惟庸案”。

宰相胡惟庸是明朝的开国功臣之一，很有办

事才能。他最初还小心谨慎，当上宰相后，渐渐开始独断专行，甚至隐瞒不利于自己的奏章，收受贿赂。1380 年，有人告发胡惟庸造反，朱元璋下令锦衣卫彻查。这一查，就一个接一个地牵连了许多人。1393 年，又有人告发大将军蓝玉谋反。胡惟庸案与蓝玉案合称“胡蓝之狱”，两案牵连致死者四万余人。明朝的开国功臣李善长、蓝玉等人都在这场大祸中死去了，只有少数开国功臣逃过一劫。

为了巩固皇权，明太祖废除了宰相这个职位，改由吏、礼、户、兵、刑、工六部尚书直接向他负责；把大都督府分为左军、右军、中军、前军、后军五个都督府，平时负责训练士兵，战时由皇帝直接指挥。由此，中央政府的权力达到了空前集中。

太子朱标生性仁善，看到明太祖滥杀，十分不忍，曾劝明太祖说：“父皇，诛戮太多，只怕有伤天和啊！”明太祖从地上捡起一根长满尖刺的荆棘，交给太子，让太子徒手抹去上面的尖刺。太子怕疼，不敢动手。明太祖叹息一声，说：“既然你没有去掉这些尖刺的勇气，我帮你把刺去掉，再交给你，不是很好吗？”

明太祖把那些他认为对皇权有威胁的人都一一除掉，又把他的二十四个儿子全都分封到各地当藩王，他认为这样就可以保证皇权的稳固。可是令他始料未及的是：正是因为他亲自分封了这些藩王，才酿成了一场大祸。

明太祖六十多岁的时候，太子朱标病死了，朱标的长子朱允炆被立为皇太孙。

各地的藩王大多是朱允炆的叔父，心中对这个皇太孙都很不服气。尤其是明太祖的第四个儿子——燕王朱棣(dì)。朱棣跟随明太祖南征北战，久经沙场，立下许多战功，是明太祖的儿子中最聪慧的一个。

1398年，明太祖逝世，朱允炆登基，改元建文，史称明惠帝，又叫建文帝。他登基后，民间就悄悄流传着几位藩王要造反的消息。

建文帝十分担心，立即与信得过的大臣们商议此事。大臣们认为燕王实力最大，应该先剥夺其他藩王的权力，削弱燕王的助力，将来只对付他一个就好办了。

接着，建文帝借由各种罪名，对那些实力较弱的藩王采取了激烈的行动。

建文帝的老师黄子澄向北平派出了间谍，监视燕王府的一举一动。到了1399年，燕王府传来消息——燕王疯了！这自然是燕王放的烟幕弹，实际上，他在暗中训练军队，正准备造反呢。

黄子澄和齐泰根本不相信燕王真的疯了，他们决定立即除掉燕王。于是，他们派人抓了燕王在应天府的三个儿子，又密令北平都指挥使张信发兵逮捕燕王，不料张信早就投靠了燕王。燕王接到张信的密信，还是没有立即起兵，而是大打亲情牌，请求建文帝放了自己的儿子。懦弱的建文帝顾及叔侄情分，真的放回了朱棣的三个儿子。这下，朱棣终于下定决心造反了。

建文帝毕竟是皇帝，公开反叛自然不利，所以，燕王就以清除皇帝身边奸臣的名义，起兵杀向京城，历史上把这场战争称为“靖难之役”。

燕王朱棣虽然只有十万兵马，但他们都是久经沙场的老将。而建文帝的兵力虽然是燕王的三倍以上，可那些能打仗的大将早就被明太祖杀光了。朝廷指挥不当、兵力孱弱、内部松懈，作战的时间越长，暴露的问题就越严重，建文帝又交代不要杀死燕王，官兵们打得缩手缩脚。

双方在真定（今河北正定）、东昌（今山东聊城）、泗州（今安徽东北）等地来来回回打了三年多，互有胜败。1402 年，燕王大军南下，朝廷兵力差不多耗尽，担任指挥的齐泰、黄子澄节节败退，许多将领都投降了燕王。

建文帝只好答应把长江以北划给燕王，想让燕王退兵，但燕王不肯罢休。最后，两军在齐眉山打了一场恶仗，燕王派兵袭击建文帝大军的粮道，彻底

打败了朝廷的大军，直奔京城。

燕王到了京城，皇宫已燃起熊熊大火，建文帝葬身火海。也有人说，建文帝亲自在皇宫放了一把大火，然后趁乱逃出了京城。

历时四年的“靖难之役”，以燕王朱棣的胜利而告终。朱棣即位，第二年改年号为永乐，史称明成祖，又称永乐帝。

历史小启迪

“靖难之役”本质上是一场统治阶级内部争夺政权的战争，不仅使明朝政权的归属发生了改变，而且对明朝后二百多年的政局产生了深远的影响。建文帝生性软弱，在双方拼得你死我活的时候还顾念叔侄情分，畏首畏尾，最终招致惨败，这样的悲剧值得我们引以为戒。

明成祖励精图治

明成祖朱棣是个很有作为的皇帝，他不仅有军事才能，同时也有政治远见。

明成祖对那些跟随他同舟共济的功臣，采取了完全不同于他父亲的做法。他对功臣们说："君臣之间不能善始善终，原因是互不信任。如果彼此不信任，就是父子也会闹翻的，何况君臣呢？我对待功臣宽厚、诚恳，经常看其好的一面，不夸大缺点，根据才能任用。"事实也是这样，只要是他选中的人，他就深信不疑。永乐年间，御史弹劾西宁侯宋晟专权——不经报告就处理事情。明成祖对这位御史说："任人不专能办成事情吗？况且一个大将远在边关，怎么能要求他事事都根据朝廷的谕旨来处理呢！"随即下了一道敕令，叫宋晟根据实际情况处理一切事宜。

明成祖对有功之臣也不是一味姑息，如果有人真正犯了法，他也不容情。有个武官犯罪，刑部官员说他立过功劳，请求论功定罪。明成祖很不高兴，说："执法应该公正，赏罚应该分明，不能以功劳掩盖过错，不能以私情废了公平。过去有功，已经给了奖赏，今天犯法不治罪，那是纵恶，纵恶怎么能治天下？不是论功定罪，而是要依法治罪。"

明成祖很讨厌阿谀奉承。一次，贵州布政司上奏说："皇上颁发的恩诏到了思南府的时候，太岩山间有呼喊万岁的声音在回荡，这是皇上的威德使山川显灵了。"大臣们听了这样的话都来祝贺。明成祖对他们说："呼噪于山谷之间，虚声相应，这是常识，有什么可奇怪的。当大臣的不能明辨是非，想用阿谀奉承讨我的欢心，不是贤人君子的行为！"那些大臣碰了一鼻子灰。

明成祖主张天下

事不可不周知，人生艰难不可不涉历，见闻广而涉历多，自然心胸开阔。如此一来，处理事情便会得当一些。所以他不让皇储老待在宫里，经常派他们到山东、河北一带去视察。一次，他的儿子朱高炽视察河南，看见百姓生活十分困苦，下马走进路旁一户农户家里，眼见土屋窄小，大人衣不蔽体，小孩儿光着屁股，吃的是糠菜做的窝头，一个个面黄肌瘦。这位太子竟然为此掉了几滴眼泪，叫当地官府周济了他们。朱高炽回来之后把这事儿告诉了他的父亲。明成祖叫来户部大臣，训斥说："河南民饥，有司不据实报告，竟然虚报丰收，如此欺君罔上！"随后下令处治了当地的官吏，而且还通报全国各地方衙门："自今以后，凡民间水旱灾害不上报者，一律治罪，决不宽容。"

明成祖还顾念"靖难"期间，河北、山东和河南三处遭受了战争的破坏，负担了很多军事费用，于是他命令户部根据不同情况，分别减免这些地方的赋役三年、二年、一年，还叫宝源局（铸币机构）制造农具给这些地方使用，让因战争而流离失所的人回原籍复业，由政府发给种子、耕牛、农具。他叫地方官在每年农闲的时候，关心农业耕作条件，疏浚河渠，修筑圩岸陂塘，便利灌溉；捕捉蝗虫，遇有饥荒，及时赈济。

为了治理好天下，明成祖时刻牢记“人君一衣一食，皆民所供”，所以他很注意人民的休养生息。一次，通政司的官员报告，山西有人上报介休县出五色石，做器皿极为好看。明成祖说：“这家伙想当官。这些年来打仗、灾荒，百姓已经够苦了，还要给他们增加负担吗？要知道，官府求一物，百姓就要受一害。况且这种东西，饥了不能吃，冷了不能穿，为什么要劳累人民呢？你给我把他打走！”

一天，有外国人送来一对玉碗，明成祖对礼部大臣说：“咱们中国的瓷器，洁净光亮，我非常喜爱。玉器府库里也有玉碗，我都不用。今天接受他的，大家以后都跟着学，这对国家有什么好处呢？”于是他吩咐人把玉碗退还给了来使。

他是一国之君，却过着比较节俭的生活。有一次，他在右顺门和几个臣子议事，他的衬衣袖子打着补丁，露在外面。他觉得不大雅观，几次把它塞进袖口，又掉出来。于是他叹息说："我要什么没有？就是一天换十件新衣，也是有的。但是，人在福中要知福，懂得俭省。记得过去我母亲虽为皇后，却总是亲自缝补旧衣服穿。我实在不敢忘记过去。"说罢还心酸地落了泪。

明成祖在位期间，除了早朝之外还有晚朝。晚朝常在右顺门内进行，百官奏事退朝后，他把六部尚书等近臣留下来，再商量一些事情。他觉得早朝奏报的事情较多，没时间深入交谈，晚朝事情少，君臣之间可以深入讨论，畅所欲言。

明成祖很重视人才的选拔，喜欢别人直言。他认为要把国家治理好，一定要靠有才能的人，而且要根据特长来任用。他特别告诉吏部（任免官吏的机构），选人时要辨别好坏，衡量时要公正，不能感情用事。他还提醒吏部，在用人上要强调德行。他说："君子为了国家不计个人得失，所以敢直言，不怕丢官丧命；小人为了个人不考虑国家，所以溜须拍马，只想升官发财！”

明成祖鼓励臣子要敢说话、说真话，他不止一次地对大臣们说：“每个人的才识都不同，长于此或短于彼，我也一样。因此，如果我有了什么过错，你们就明确指出来，我决不责怪。”他对敢说真话的人就奖励，对不直言的就责备。永乐初年，浙江义乌县教谕上表，陈说了几件地方上当办的事情，希望皇帝能“虚心纳言”。明成祖通令嘉奖了他，并把奏折拿给六部大臣看，他说：“远在下面的官员都能心系国事，你们在我左右，更应该如此。”有一年，他叫吏部把州县考满（明代考核官员的一种制度）到京的官吏，挑些能力强、知道爱护百姓的人留在各部办事，让他们上言如何治理州县的事。可是过了好久，没有一个人上言奏事，于是他叫来管纠察的官员，对他说：“你去告诉他们，我很想知道各地的利弊，他们都是从下面来的，怎么这么长时间没人陈言，难道各州县之中就没有一件利害之事可以说的吗？”后来他感慨地对大臣们说：“敢言之臣实在难得啊！所以魏征的作风世不多见。假若使说话的人无所畏惧，听话的人又没有什么不高兴，还愁天下的事办不好吗？”接着他又恳切地说：“我一个人的才智有限，管这么多的事情，怎能一一记忆不忘，怎能一一处理不误？拾遗补过，是你们的责任！以后我忘了的就提醒我。”

在明成祖的**励精图治**之下，永乐年间的国家治理卓有成效，除了个别地方，大部分地区经济情况良好。1403 年，明成祖集中了将近三千人纂修了一部两万两千多卷的类书——《永乐大典》，这部大型类书把经史子集、百家之书，以及天文、地理、阴阳、医卜、僧道、技艺等各类言说，按字、句、篇名、书名分韵收录。明成祖开“四夷馆”，选年少生员学习番夷文化，

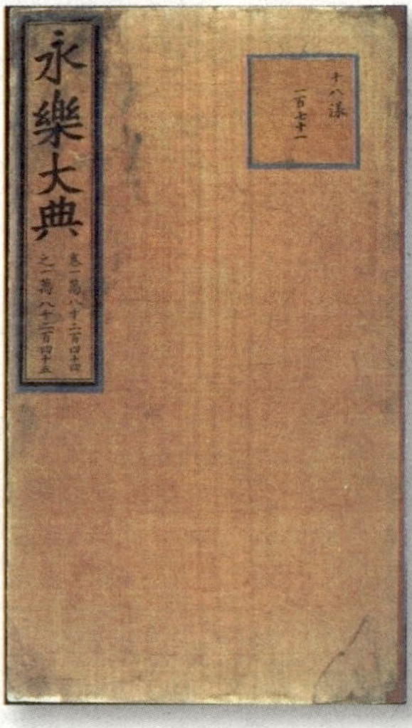

开设了贵州布政使司，又设置了奴儿干、乌斯藏等都指挥使司，建置哈密等三百多个卫所，加强对边疆的管理。当时全国幅员辽阔，政治比较清明，经济也有了很大的发展。

历史小启迪

明成祖朱棣是一个非常贤明的皇帝，他在位期间知人善任，宽严并济，心系百姓，正直严明，胸襟广阔，察纳雅言，这些都是作为一个明君所需具备的品德。由于他的励精图治，明朝经济繁荣、国力强盛，他的历史功绩也为后世久久传颂。

郑和下西洋

经过多年的发展，明朝社会安定，国家富强，沿海城市已经发展得十分繁荣，被人们称为“永乐盛世”。于是，明成祖有了派遣使团出海，到海外宣扬国威的想法。

当初明成祖攻进南京宫殿，扑灭皇宫大火时，一直没有找到建文帝的尸体，国内谣言四起，都说建文帝逃到了海外。这成了明成祖心头的阴影，因此有人说，明成祖遣使远航，也是想同时寻找建文帝的下落。不过，出海得派一个信得过的人才行，派谁去呢？想来想去，明成祖想到了跟随他多年的宦官郑和。

明太祖朱元璋的大军征讨云南的元朝势力梁王时，曾带回来一个十二岁的回族小孩，原本姓马，小名三保，明太祖见他聪明伶俐，把他送给燕王朱棣做侍童。他长大后，成了朱棣的贴身侍卫，在“靖难之役”中，跟着明成祖出生入死，立下了不少战功，明成祖赐名郑和，把他提升为内宫太监的首领。这时，忠心耿耿、文武双全的郑和成了明成祖心里最合适的人选。

经过几年的准备，1405 年 6 月，明成祖正式派郑和、王景弘带一支船队从江苏太仓刘家港起锚出海，经过福建沿海，浩浩荡荡，扬帆南下，开始了第一次前往西洋（今文莱以西的东南亚和印度洋一带海域及沿岸地区在当时被称为“西洋”）的远航。

这是一支规模庞大、实力雄厚的船队，完全按照海上航行和军事组织进行编制。船队里有各级官员、士兵、医生、翻译等近三万人，

船有六十多艘，郑和乘坐的宝船长四十四丈（1丈≈3.3米）、宽十八丈，是15世纪世界上最大、最豪华的船，体现了明代高超的造船工艺。

船队先到了占城，接着又到爪哇、旧港（今译巨港，印度尼西亚城市）、苏门答腊、满剌加（在今马来西亚马六甲一带）、锡兰、古里（今印度南部城市卡利卡特）等国家。

郑和每到一个国家，都会向当地国王或酋长送上明成祖的信件，向他们表示互通友好之意，并送上大量的礼物，许多国家都非常欢迎他们。他还积极调解海外各国之间的纷争，饱受强国欺凌的满剌加国，就是在郑和的帮助下获得独立的。

出使途中，船队虽然遇到了几次海上风暴，但船上有先进的航海仪器和经验丰富的船员，每次都能化险为夷。可船队回国途中，经过马六甲海峡时，却遇到了一伙海盗。

海盗头领叫陈祖义，广东人。洪武年间，他纠集一帮同伙，占据了一个海岛，抢劫过往的客商。当他听说郑和的船队带着大批宝物时，就在一天夜里，带着船队悄悄来到了郑和船队停泊的港口。

郑和早就得到了密报，提前做好了迎战的准备。当海盗进入伏击圈时，突然一声炮响，郑和的船队迅速把陈祖义的船队包围了起来，船上的士兵争先恐后地向海盗的小船投掷火把。陈祖义的小船无力与郑和的大船抗衡，很快就成了郑和的俘虏。

1407 年，第一次远航结束了，郑和带着西洋各国的使者回到了明朝，使者们目睹了大明的强盛，敬仰不已，此后不少国家都成了大明的属国，明成祖十分高兴。

明成祖在位时期，先后六次派郑和下西洋。郑和第六次下西洋回

航的时候，船上载有十六个国家的一千两百多名使臣及其家属。到永乐晚期，来朝贡的国家超过六十个。

郑和这次回国不久，明成祖就去世了。明宣宗认为航海太浪费人力、物力，便中止了航海活动。郑和十分怀念远航的日子，1430 年，朝廷才再次起用他第七次远航，此时他已经六十多岁了，这次出海没多久，他就因操劳过度病逝。

郑和七下西洋，曾到达过爪哇、苏门答腊、苏禄（今菲律宾苏禄群岛）、彭亨、真腊、古里、暹罗、榜葛剌（在今孟加拉国和印度孟加拉邦一带）、忽鲁谟斯（即霍尔木兹，在今伊朗一带）、木骨

都束（在今索马里摩加迪沙一带）等三十多个国家和地区，最远到达非洲东海岸和红海沿岸，总航程在七万海里以上，加深了明朝和许多亚非国家、地区的联系和交流。

郑和下西洋是中国古代规模最大、船只最多、海员最多、历时最久的海上航行，比西方的麦哲伦、哥伦布、达·伽马等人的航海提前了将近一个世纪，堪称“大航海时代”的先驱。至今，许多国家和地区还保留着郑和的遗迹，如爪哇的“三宝垄”、泰国的“三宝庙”、印度古里的纪念碑等。

历史小启迪

六百多年前，在各方面技术还不是很发达的情况下，郑和率领庞大的船队开启了远航探索之路，此后二十八年间，七下西洋，这期间遇到多少困难，我们很难想象。郑和同他的航海团队出使西洋，加强了中国当时和亚非各国之间的政治、经济、文化交流，促进了中国与世界各国的友谊，宣扬了中国文化，丰富了当时的海外地理知识，揭开了世界“大航海时代”的序幕，是我们中华民族的骄傲。

于谦保卫北京

1435年，明宣宗病逝，九岁的朱祁镇继位，史称明英宗。曾经给太子朱祁镇当伴读的王振成了宦官中权力最大的司礼监掌印太监，能代皇帝批阅大臣们的奏折，他因此常暗中给明英宗出主意，干涉朝政。一些没有骨气的大臣纷纷讨好他，甚至称他为“翁父”，朝政也渐渐混乱起来。

1443年，蒙古族瓦剌部落的首领也先继承了汗位，统一了蒙古各部。1449年，也先向大同发起了攻击，一连攻占了塞外许多城堡。

明英宗慌忙召集大臣们商量对策，王振觉得建功立业的机会到了，一个劲儿地鼓动明英宗亲征。明英宗不顾兵部尚书邝（kuàng）埜（yě）和侍郎于谦的劝阻，调集起五十万大军，让于谦留守北京，自己亲自领着大军出征了。

但明英宗根本没有带兵的经验，军队纪律涣散，一路上又总是遇到大风大雨，没几天，军粮就接应不上了。好不容易到了大同附近，士兵们看到郊外的田野里到处都横着明军士兵的尸体，更加人心惶惶，还没开始打仗，队伍的士气就低落下来。

几天后，明军前锋在大同城边遭遇瓦剌军，全军覆没，其他各路明军也纷纷溃败，王振这才害怕起来，连忙劝说英宗撤军回北京。

撤军应该快速有序，王振却突发奇想，先是带着大军到老家蔚州（今河北蔚县）显摆，走到半路，担心人马踩坏家乡的庄稼，又改道继续向北京前进。这么一折腾，浪费了大量时间，瓦剌的追兵追上了明英宗的军队，再次打败了明军。

明军一路败退到了土木堡（在今河北怀来境内），有大臣劝说英宗尽快赶到离这里二十多里的怀来城坚守，等待援军。王振却舍不得还没有赶上来的一千多辆装运粮草、物资的辎重车，坚持在土木堡扎营。

土木堡虽然带了个“堡”字，可根本没有城堡可守，也没有水源。第二天一早，也先就率军包围了土木堡，并占据了土木堡南面不远处的一条小河，切断了明军的水源。

狡猾的也先提出讲和，明英宗信以为真，立即下令移营开拔。几十万明军拥挤在山间小路上逃命，瓦剌军趁乱从四面攻击，场面顿时一片混乱，被杀死、踩死、掉下山涧摔死的士兵不计其数。

明英宗和王振在一批禁军的保护下，几次想突围都没冲出去，王振吓得直发抖。禁军将领樊忠愤怒万分，一把抓住王振，大喝：“我要为天下百姓杀死你这个奸贼！”说罢抡起手里的大铁锤，结束了王振的性命。紧接着他又冲向瓦剌军，拼杀了一阵，壮烈牺牲了。

这场大战，明英宗被瓦剌军俘虏，五十万明军损失了一大半，明朝元气大伤，国力从此渐渐衰落下去。

土木堡之战的消息很快传到北京，朝中上下一片恐慌。太后和皇后急得哭哭啼啼，从内库搜罗出大量金银珠宝、绫罗绸缎，派太监带着财宝去寻找瓦剌军，想把明英宗赎回来。但瓦剌军首领也先因俘虏了英宗，非常骄横，不仅不依，还扬言要踏破京城，京城危在旦夕。

此时，戍守京城已成重中之重。为了安定人心，皇太后宣布：立明英宗的长子朱见深为太子，由明英宗的弟弟郕（chéng）王朱祁钰监国，以绝也先的奢望。同时，太后召集众臣，商量对付瓦剌军的对策。大臣们七嘴八舌，莫衷一是。大臣徐有贞说："瓦剌兵强，怎么也抵挡不住。我观察天象，京城将遭到大难，不如逃到南方去，暂时避一下，再做打算。"此言一出，当即遭到兵部侍郎于谦的斥责："谁主张逃跑，就该砍谁的头。京城为国之根本，朝廷一旦撤出，民心即散，难道大家忘了南宋的教训吗？"

于谦的一番慷慨陈词触动了很多大臣，一些摇摆不定的大臣也纷纷附和。于是，太后决定让于谦负责指挥军民守城。

于谦临危受命，毅然担负起守城的重任。他

一面加紧调兵遣将，加强对京城和附近关口的防御；一面整顿内部，逮捕了一批瓦剌军的奸细，让朱祁钰抄了王振的家，惩办了一些王振的同党，人心渐渐安定下来。

与此同时，瓦剌首领也先多次挟持明英宗侵犯边境，为了避免也先的要挟，于谦等大臣请太后正式宣布让朱祁钰即位，郕王一再害怕地推辞，于谦大声说："我们完全是为国家考虑，不是为您个人打算。"郕王于是登基，就是明代宗，也称明景帝，尊明英宗为太上皇。明景帝登基后，也先知道手中的明英宗已一钱不值，但他不甘心就这样放弃，便以送明英宗回朝为借口，大举进犯。

1449 年 10 月，瓦剌军很快打到北京城下，在西直门外扎下营寨。于谦立刻召集将领商量对策。大将石亨认为明军兵力弱，主张把军队撤进城里，然后把各道城门关闭起来防守，日子一久，也许瓦剌军会自动退兵。于谦说："敌人这样嚣张，如果我们向他们示弱，只会助长他们的

气焰。我们一定要主动出兵，给他们一个迎头痛击。”接着，他分派将领带兵出城，在京城九门外摆开阵势。

于谦在城外把各路人马安排好后，亲自率领一支人马驻守在德胜门外，叫城里的守将把城门全部关闭起来，以显示有进无退的决心。他还下了一道军令：将领上阵，丢了队伍带头后退的，斩将领；士兵不听将领指挥，临阵脱逃的，由后队将士督斩。将士们被于谦勇敢坚定的精神感动了，士气大振，斗志昂扬，下决心跟瓦剌军拼死一战，保卫北京。

此时，各地的明军接到朝廷的命令，也陆续赶到北京支援。城外的明军增加到二十二万人，声势浩大，兵强马壮，瓦剌军发动几次进攻，都遭到明军奋勇阻击。城外的百姓也配合明军，跳上屋顶墙头，用砖瓦投掷敌人。经过五天的激战，瓦剌军死伤惨重。也先遭到严重损失，又怕退路被明军截断，不敢再战，只得带着明英宗和残兵败将撤退。于谦等明英宗去远了，乘机用火炮轰击瓦剌兵，给敌人造成了重大伤亡。至此，北京保卫战以明军的胜利而告终。

历史小启迪

明英宗识人不明，错误地听信了王振的建议，御驾亲征，最终招致了土木堡之战的惨败。这次变故使得明朝国力大为削弱，京城陷入危难，于谦在此危难之际，不顾个人安危，率兵勇敢地阻击敌人，赢得了北京保卫战的胜利。他不畏生死、一心保家卫国的高尚节操，值得我们后人敬仰和学习。

戚继光抗击倭寇

明世宗即嘉靖帝在位时期，东南沿海防卫空虚。1555 年，一股四十多人组成的倭寇自沿海窜入江苏、山东，一路烧杀抢掠。他们人数虽少，可刀法诡异，擅长突袭，各地青年自发组织起来，积极抵抗，却根本不是对手，伤亡了上千人才歼灭了这一股流寇。

倭寇侵扰的事件不断发生，闹得沿海地区不得安宁，百姓深受其苦。

朝廷不得不派出正规军队前去围剿。1555 年秋，朝廷把年轻将领戚继光调到江浙一带，任参将，让他镇守倭寇经常出没的宁波、绍兴、台州等地。戚继光与另外两位抗倭名将俞大猷（yóu）、谭纶并肩作战，局面才扭转过来。

戚继光到了浙江，先检阅了一番那里的军队。他看到部队纪律松散，甚至在有次战斗中，有士兵为了立功杀了无辜的少年，不禁大失所望。杀人冒功的士兵被处决后，戚继光也决心招募新兵，打造出一支训练有素、有战斗力的新军。

他亲自到浙江义乌主持募兵的事，征兵令发出后，吃够倭寇苦头的人们纷纷拥过来报名，他精心挑选了三千多名身体健壮、能吃苦耐劳的农民、矿工，联合部分地主武装，组成了一支新军。

他亲自训练士兵，把新军训练成了一支纪律严明、作战勇敢的队伍，被人们称为“戚家军”。

1559 年，倭寇又袭击台州一带，戚继光率领新军赶到台州，会合谭纶的军队，倭寇在哪里侵扰，他们就打到哪里，一路打了许多硬仗，一直把倭寇驱逐到了南湾。在南湾又和倭寇打了一仗，大批倭兵掉到海里淹死，或者被杀死，留在岸上的也乖乖投降了。

1562年，倭寇又侵犯福建，攻下兴化。戚继光又赶到福建沿海地区阻挡倭寇入侵。俞大猷为福建总兵，戚继光为副总兵。福建之战的第一仗就在横屿展开。横屿是宁德城东北方海上的一座四面环水的小岛，倭寇在岛上建起了大本营。那里水浅渡不了大船，退潮后又满是泥泞不便行走，倭寇依仗地利，在那里待了三年，当地官兵没能攻打下来。

戚继光到了横屿，先派人探明了小岛的地形，制定出进攻方案。一天晚上，趁潮落的时候，他让士兵们每人带上一捆干草，到了那里，就用干草铺出一条路来。戚家军顺着这条小路登上横屿岛，经过一场激烈战斗，盘踞在岛上的两千多名倭寇全部被歼灭。

之后，戚家军又先后在牛田、林墩、平海卫、仙游等地打了好多胜仗。

戚家军抗倭初期，也曾打过不少败仗。戚继光看到倭寇用刀，戚家军用的是白蜡木杆做成的长枪，很是吃亏，为了以长制短，就改用“节密枝坚”的毛竹做成的竹枪，取名“狼筅（xiǎn）”。有了狼筅，倭寇很难近身，戚家军打起仗来就更勇猛了。

戚继光还利用江南水乡泽国道路曲折的特点，创造了名为“鸳鸯阵”的新阵法。十一人组成一队，最前面的是队长，后面一人执长牌，一人执藤牌，两人执狼筅，四人执长枪，再后面紧跟短刀手。各种兵器紧密结合，队形灵活多变，根据情况和作战需求，又可分为两才阵、三才阵，灵活机动，正好抑制

住了倭寇优势的发挥。有了“鸳鸯阵”，戚家军打了许多胜仗。

有趣的是，戚继光还使用过“猴子兵”。他在福建时，发现猴子喜欢模仿人的动作，就弄来数百只猴子，还教会了它们放火器。等到与倭寇作战的时候，就放出猴兵，把军鼓“咚咚”擂响，猴兵们听到“暗号”，纷纷蹿入敌营中放火，戚家军乘机冲出，把倭寇打得**七零八落**。

1565年，俞大猷、戚继光再次配合，剿灭了占据广东与福建交界处的南澳岛的海盗团伙。扰乱东南沿海几十年的倭寇，基本肃清了。

历史小启迪

戚继光带领的队伍之所以能屡屡获胜，就是因为他懂得事先研究倭寇的作战特点，然后在知己知彼的基础上，改造兵器和作战阵法。这就告诉我们一个道理：遇事别慌张，先充分了解敌人，再仔细分析自己，这样才能制定出行之有效的对策。

万历新政

明朝有位很出名的大臣，叫张居正。在他的主导下，明朝晚期一度出现过短暂的振兴。

明穆宗期间，大学士张居正得到了重用，进入了明朝最高的权力机构——内阁。1572 年，仅做了六年皇帝的明穆宗病逝，十岁的太子朱翊钧即位，史称明神宗，年号万历。

明神宗即位没多久，在李太后的支持下，张居正就成了内阁首辅大臣。

张居正从小就有“江陵神童”之称，两岁能识字，十岁通六经，十二岁就中了秀才，才能出众。他依照明穆宗临终的嘱托，就像老师教导学生一样教导宋神宗，一心想教出个盖世明君来。他对皇帝十分严厉。有一年过元宵节的时候，小皇帝想办个元宵灯会热闹热闹，张居正说：“挂一些灯在殿上就可以尽兴了，元宵灯会耗费民力，接下来几年还有许多大事，每件事都要花很多钱，天下民力有限，还是节约一点儿好。”小皇帝只好点头说：“朕知道百姓不易，就按先生的话办吧。”

明神宗对张居正既尊敬又害怕，加上李太后的支持和信任，万历初期，朝中大事几乎都由张居正做主，他得以实现自己的政治抱负，进行了

一系列改革，改革范围包括行政、军事、边防、商业等各个方面，被称为“万历新政”。

其中影响比较大的是“一条鞭法”。

当时土地兼并现象非常严重，许多大地主借兼并土地逃避税收，弄得豪强地主越来越富，国库却常常收不到税收，农民起义也时有发生。张居正派人重新丈量、清查土地，把豪强地主们隐瞒不报的土地清理了好多出来。

土地清理完了，张居正再接再厉，下令把原来的田赋、徭役和各种杂税合并，全部折成银两，分摊到每亩田上，按田亩多少收税。这样一来，既简化了征收手续，多少减轻一些农民的负担，又开辟了国家税收的来源。这就是“一条鞭法”。

那个时候，沿海的倭寇侵扰问题虽然已经解决，可北方的鞑靼人还不时侵犯明朝边境。在张居正的主持下，明朝北方的戍边部队，一边守卫一边屯田，加固防御工事，收复了一些失地。他又把抗倭名将戚继光调到北方，让他镇守蓟州。

戚家军作战勇猛，多次打败了鞑靼人，鞑靼首领俺答汗主动提出和好，表示愿意与明朝通商往来。张居正奏明朝廷，答应了通商的要求，又封俺答汗为顺义王，封他的王妃三娘子为忠顺夫人。后来的二三十年里，明朝和鞑靼之间再没有发生过战争。

此外，张居正还推进了官员的“考成法”：如果官员到了年底，没有完成年初定下的工作计划，就会受到不同程度的惩罚；及时完成或超额完成任务的，同样有不同程度的奖励。

张居正花了十年时间，大胆革新，使明朝的国力大为提升。国家的粮仓存粮充足，足够支用十年。“万历新政”促成了明朝最后一段辉煌。张居正的功绩和地位在明朝少有人及，因此，他被视为明朝伟大的政治家、改革家。

1582 年，张居正因病去世。张居正一死，他的政敌们纷纷参奏他，说他有这样或那样的问题。明神宗被张居正管了许多年，早就积累了一肚子怨气。于是，他亲自领导了一场长达两年的清算张居正的运动，抄了张居正的家。那些初见成效的新政，也因张居正的病逝而废止了。

历史小启迪

张居正是一位出色的政治家、改革家，在他的努力下，明朝的国力有了一定的提升，但是他死后，明神宗失去约束，明朝的国力又一落千丈，逐渐走向衰亡。可见，无论做任何事，既要革故鼎新，还要坚持不懈。

萨尔浒之战

万历皇帝在位后期，越来越昏庸，沉湎酒色，横征暴敛，朝政日益腐败，边防也逐渐松懈。这一时期，东北边境的女真族开始强大起来。

女真族的首领叫努尔哈赤，出身于建州女真的一个军人世家，祖父觉昌安和父亲塔克世都是建州女真的大将，因此努尔哈赤从小就练得一身好武艺。他很早就离开家庭，和小伙伴一起在林海里打猎、挖人参，把收获的东西拿到抚顺和汉人做生意。在和汉人接触的过程中，他学会了汉语，还喜欢上了读汉文书。

女真族分为许多部落，当时镇守明朝东北一带的总兵李成梁就利用女真族各部落间的矛盾来巩固自己的统治。努尔哈赤二十五岁那年，明军由图伦城城主尼堪外兰引导，去镇压古勒城城主阿台。他的祖父正好去那里看望孙女婿阿台和孙女，父亲也随同前往，他们都在这一场混战中死了。

努尔哈赤痛哭一场，翻出父亲留下的十三副盔甲，分给十三个亲兵，向尼堪外兰发起了攻击。他骁勇善战，很快攻克图伦城，灭了尼堪外兰，统一了建州女真。1593 年，他又打败了以叶赫部为首的九部联军，没过几年就统一了所有的女真部落。

努尔哈赤把女真族人编为八个旗，每个旗为一个单位，每旗下面又有许多牛录，一个牛录三百人。这些人平时以耕田打猎来维持生活，战时就成了士兵。努尔哈赤继续向明朝朝贡称臣，心中却下定了覆灭明朝、为父亲和祖父报仇的决心。

1616 年，努尔哈赤在赫图阿拉（今辽宁新宾）建立了政权，即位称汗，年号天命，国号大金，史称后金。

经过两年的准备，1618 年，努尔哈赤宣布对明朝有“七大恨”，其中就有祖父、父亲被杀一大恨，正式向明朝宣战。他先派奸细扮作商人混入城中，作为内应，又在城外伏击明朝援兵，一举攻入抚顺，抢走了几十万人口和牲畜。

努尔哈赤来势汹汹，明神宗派兵部左侍郎杨镐任辽东经略，讨伐后金。这一年冬天，朝廷从各地调集了军队九万多人，会集到了辽东。杨镐坐镇沈阳指挥，兵分四路，一路由山海关总兵杜松带队，一路由辽东总兵李如柏带队，一路由开原总兵马林带队，一路由辽阳总兵刘铤带队，向努尔哈赤的老巢赫图阿拉进攻。

努尔哈赤的兵力不过六万多人，明军则号称四十万，下面的士兵担心起来，努尔哈赤早就把明军的情况侦察得清清楚楚，镇定地说：“管他几路来，我们只管一路打去。”

开战是在第二年的农历二月，杨镐制定了“分进合击”的战略，四路大军，分别从旅顺、清河、开原、宽甸出发，合兵于萨尔浒（今辽宁抚顺境内）。明军主力其中一路的指挥官是杜松，他想抢头功，不顾与友军的配合，孤军深入，一个劲儿往前赶。渡浑河的时候，因水流湍急，损失了不少人马。杜松带着剩下的部队还在途中打了两个小胜仗，更加得意了。

三月初一，杜松抢先到达并攻占了萨尔浒山口，再次分兵，两万人在萨尔浒扎营，一万人攻打后金边界藩城。

努尔哈赤早就等在这里了，看到杜松分散了兵力，暗自高兴。他亲自率领八旗精锐，一口气攻下萨尔浒明军大营，截断了杜松的后路，又急行军援救藩城。明军听到后路被包抄的消息，军心动摇起来。后金大军赶到，杜松想突出重围，却被飞来的一箭射中头部，摔下马死了。一场激战后，这一路明军率先覆灭。

北路军离萨尔浒还有四十里地，得到杜松兵败的消息，立即转攻为守，就地布置防御工事，准备防守，但最终还是被努尔哈赤击败了。

坐镇沈阳的杨镐接到两路人马陆续覆灭的消息，赶紧叫剩下的两路兵马撤退。辽阳总兵刘铤进入后金军阵地后，连破几个营寨，已经深入后金军阵地，其他几路的情况和撤退令，他一点儿都不知道。

努尔哈赤知道不能硬拼，就找人冒充杜松部下，送信给刘铤，说杜松军只等着和他会师，一起去攻打赫图阿拉城。

刘铤信以为真，下令火速进军，结果在一个道路险狭的地方中了埋伏，还把一队冒充杜松军队的后金军接了进来。后金军混入明军后，里应外合，明军阵势大乱。刘铤率领的兵马虽然拼死杀敌，可地势不利，远道疲劳，最终**寡不敌众**，全线溃败，刘铤战死沙场。

只有李如柏的那支人马，本来就走得慢，接到命令后赶紧撤退，总算保留了下来。短短五天时间，明军就阵亡了五万多人，损失的马匹、物资就更多了，这就是史上有名的“萨尔浒之战”。

萨尔浒之战后，明朝元气大伤，而后金军仍步步紧逼。两年后，努尔哈赤亲率八旗大军，接连攻占了辽东的重要据点沈阳和辽阳，东北地区成了努尔哈赤的天下。

1625 年 3 月，努尔哈赤迁都沈阳，将沈阳改名为盛京。从此，后金成了明朝最大的威胁。

历史小启迪

努尔哈赤之所以能在这场战役中以少胜多，除了其卓越的军事指挥能力之外，还与明军将领内部的不团结息息相关。假使在这场战役中，杜松不抢功冒进，四路兵马奋力合击，双方的胜败犹未可知。因此，这就告诉我们一个道理：单丝不成线，孤木不成林，只有团结一致才有克敌制胜的可能。

袁崇焕抵抗后金

公元1622年，努尔哈赤向广宁进攻，广宁失守。职方司主事袁崇焕经过实地考察，提出了“坚守关外、保卫关内”的战略。明熹宗批给他二十万饷银，派他到关外监军。

袁崇焕考察了宁远的整个地形，决定把宁远城建设成一个军事重镇，这一提议得到了兵部尚书、蓟辽督师孙承宗的支持。他组织军民加固城墙，修筑炮台，装备了各种武器，储备粮食，训练士兵。

眼看局势渐渐好转，孙承宗却遭到魏忠贤的迫害，被罢了职。高第接替了他的职位。高第一上任，就说关外难以防守，要各路明军往关内迁移。

袁崇焕坚决反对。高第说服不了袁崇焕，只

好留下部分明军驻守宁远，让其他地方的明军在期限内退到关内。这次退兵十分匆忙，连储存在关外的十几万担军粮都丢得精光。

努尔哈赤认为机会到了，公元1626年，他亲自率领十三万大军进攻宁远。但这次进攻中，努尔哈赤被炸成重伤，后金军只好撤军。

不久，努尔哈赤伤重而亡，他的第八个儿子皇太极接替他的位子做了后金大汗。袁崇焕升任辽东巡抚，统管山海关内外的防务。

第二年，皇太极率领大军又来攻打宁远。他兵分三路，先包围了锦州。袁崇焕料定皇太极目标是宁远，就亲自到宁远督军。皇太极无功而返。

袁崇焕又立下大功，可魏忠贤却抢了这份功劳，还反过来责怪袁崇焕没有亲自救锦州是失职，袁崇焕只好辞官了事。

1627年，明熹宗病逝，明思宗登基，即崇祯帝。他很想振作一番，每天勤于理政，惩办阉党。魏忠贤死后，袁崇焕重新被起用。崇祯帝亲自召见袁崇焕，给了他一柄尚方宝剑，提拔他为兵部尚书，让他负责指挥整个河北、辽东的军事，准许他便宜行事。

袁崇焕回到宁远后，全力整顿军务，加强士兵训练，积极储备粮草，还杀掉了不听他调遣的大将毛文龙。

谁知皇太极耍了个花招，1629 年 10 月，他率领十万大军，从龙井关、大安口绕道河北，直扑京城。

眼看就要杀到北京城下，袁崇焕急了，带着重兵**日夜兼程**，赶回来保卫京城。其他各路明军也陆续赶到投入战斗，终于打退后金大军。此时，魏忠贤的余党却在京城中造谣，说袁崇焕已经和皇太极讲和，这次就是他把皇太极

引到北京的。

崇祯帝原本就多疑，听到这些谣言，顿时对袁崇焕起了疑心。这时，又有两个被后金军抓住的小太监逃了回来，向崇祯帝报告说，他们被关在后金大军的军营里，听说袁崇焕的手下和皇太极进行了密谈，他们趁看守不严逃了回来。当然，这全是皇太极的诡计。

崇祯帝听了小太监的报告，又惊又怒，认定袁崇焕通敌叛国，将其打入大牢。第二年，崇祯帝下令把袁崇焕处死了。

历史小启迪

有句话叫“用人不疑，疑人不用”，崇祯帝虽有励精图治之心，却没有容人之量，更缺乏识人、用人的智慧。他冤杀袁崇焕，自毁长城，加上各地不断爆发农民起义，大明已快速走向崩溃。

李自成起义

1628年，陕西发生了大饥荒，老百姓没有粮食吃，甚至连树叶和草根都吃光了。可有的地方官不但不发放救济粮，反而照旧催租逼税，最终激起了民变。

李自成原本是陕西米脂一个驿站的小官吏，他因为打抱不平犯了事，被县官抓了起来。看守大牢的狱卒见他为人豪爽，私自砸开他身上的镣铐，两人一起逃走了。

当时陕西已经有了好几股造反的起义军。高迎祥在安塞起兵，是其中势力最强大的一支。几经辗转，李自成投奔了高迎祥，当了一个小队的将官，大家叫他闯将。

朝廷派出大军围剿起义军。高迎祥、李自成与张献忠一路攻占了凤阳，却在陕西碰到了明朝大军，在恶战中，高迎祥战死，李自成接过大旗，成了起义军的新首领，号称闯王。

李闯王活跃在四川、甘肃、陕西一带打击明军，他的威名越高，朝廷的围剿就越厉害。崇祯帝命令总督洪承畴、巡抚孙传庭全力围剿以李自成为首的起义军。

1638 年春天，明军探听到起义军的动向，故意让开通往潼关的大门，在潼关设下重重埋伏。李自成不慎中计，经过几天几夜的搏斗，几万名士兵在战斗中牺牲，队伍被打散了。李自成和部将刘宗敏带着十几个人从重重包围中杀了出来，逃到陕西东南的商洛山区，躲藏了起来。

明军占领了潼关之后，四处搜捕李自成，一直没有找到，后来听说李自成已经重伤身亡，这才放松了搜捕。

1640 年，经过两年的**养精蓄锐**，李自成从商洛山杀出，一路向河南进军。河南也正在遭灾，很多人都过来投奔他，其中有一个叫李岩的人。

李岩本来是河南杞县一个有钱人家的公子，

灾荒来临时也成了灾民。他加入李自成的队伍后，建议李自成整顿队伍，禁止乱烧滥杀，这样才能得到百姓的拥护，之后又提出了“均田免赋”的口号。他还编了一首儿歌“盼闯王，迎闯王，闯王来了不纳粮”，教孩子们在城里乡间传唱，闯王的名声一天比一天响亮起来。

李自成听从了李岩的意见，整顿队伍，严明纪律，打了不少胜仗，势力不断壮大。洛阳被他攻克后，福王朱常洵被处死，王府里的财物也被闯王分给了饥寒交迫的民众。

明王朝既要镇压起义军，又要对付清军，搞得疲惫不堪。李自成就在夹缝中渐渐壮大自己的势力，很快就有了百万大军。

1644年，李自成在西安称帝，建立了大顺政权，没多久，就一路向北京进军。

京城里的崇祯帝得到消息，愁得天天叹气。大学士李建泰带了一支军队去抵抗李自成的大军，可他的人马很快就溃败了。崇祯帝病急乱投医，又是下“罪己诏”承认自己的过失，又是征集各地军队到北京勤王。朝廷国库早已亏空，崇祯帝于是号召王公大臣们捐出家里的财产做军饷，连深宫里的周皇后都捐出了珠钗，每天穿着布衣，可王公大臣们谁都不愿意捐款，连每天来上朝的官员都一天比一天少了。

农历的三月十七日，李自成大军已经打到北京城下。十八日，崇祯帝和贴身太监王承恩登上煤山，遥望城外和彰义门一带的连天烽火，哀声长叹，回宫后写下诏书，命成国公朱纯臣统领诸军，并辅助太子朱慈烺，又让周皇后、袁贵妃和三个儿子入宫，简单叮嘱几句后，就让太监把儿子们送到城外避难。

崇祯帝换上便服，想要混出城去，可几次夺

门不成，求生的路彻底断了。十九日，北京内城被攻陷，崇祯帝得知消息，亲自在前殿鸣钟召集百官，可钟声再响，却无一人前来。

他哭着对周皇后说：“国破就在眼前，你身为国母，理应殉国。”

周皇后是个贤达的女子，平时很关心朝政。她似乎早料到有这么一天，并不惊慌，而是冷静地说：“我跟随陛下已经十八年了。这十八年中，陛下从未听过我一句忠言，所以才会有今天。”说完，从容地上吊自尽了。

袁贵妃哭着拜别，也自尽了。崇祯帝看着十五岁的长平公主，哭着说：“你为什么要降生到帝王家啊！”说着以袖遮面，拔出剑来向她砍去，长平公主昏倒在了血泊里，五天后才苏醒。崇祯帝又杀了幼女昭仁公主和几个嫔妃，派人去催促熹宗的皇后——张嫣自尽。

山穷水尽的崇祯帝和太监王承恩登上了煤山的寿皇亭。他脱下皇袍，散发披面，在衣襟上愤然留下了这样的话：“朕凉德藐躬，上干天咎，然皆诸臣误朕。朕死无面目见祖宗，自去冠冕，以发覆面。任贼分裂，无伤百姓一人。”随后，便与王承恩相对而缢。

两天后，李自成的军队发现了崇祯帝的尸体，把他和周皇后一起草草下葬。传承了两百七十六年的明朝，就此灭亡。

历史小启迪

明朝末年，朝纲不振，政治腐败，奸臣当道，民不聊生，再加上自然灾害频发，直接催生了农民起义。李自成领导的起义军在几经波折之后，最终壮大，一举消灭了明朝。崇祯皇帝虽然节俭勤政、年轻有为，但还是难以挽救积弊已深的明朝。崇祯皇帝的悲惨结局让我们明白：一个英明的统治者要懂得充分尊重民意、体贴百姓，这样才能实现国家的长治久安。

清兵入关

李自成占领了紫禁城，可他搜遍皇宫，却没找到什么金银珠宝，十分失望。于是，在部下的怂恿下，他开始纵容大顺军在京城四处查抄明朝大臣的家财，还名为“追赃”。

大顺军在抄家的过程中，出现了很多严刑逼供的事，有的大顺将领还强行霸占别人家的豪宅和家眷，城中一片“夹打炮烙，备极惨毒，不死不休”的恐怖氛围。不少大顺将领抢到财宝后，过起了骄奢淫逸的生活。李岩等少数将领觉得眼下这种情况不妙，劝李自成警惕当前的局面，但李自成却不以为意。

李自成进京不久，就抓了明朝大将吴三桂留在北京的家眷，以此要挟他投降。在这个过程中，吴三桂的爱妾陈圆圆被大顺将领刘宗敏夺走。吴三桂得知后勃然大怒，厉声说：“大丈夫不能保一女子，有何面目见人？”于是，他掉头返回山海关，留下了“冲冠一怒为红颜”的故事。

吴三桂是辽东人，长大后考取了武举人。明朝衰落，后金兴起。吴三桂参军后，没几年就成为镇守辽东的重要将领。他在关外驻守期间，骁勇善战，很快得到了升迁。

1641 年，皇太极（清太宗，清太祖努尔哈赤第八子，后金第二位大汗，清朝开国皇帝）攻占锦州、松山，与明军总督洪承畴展开了决战，洪承畴兵败被俘。明朝在辽东的防线，只剩下吴三桂镇守的山海关。

从此，清军便兵临山海关脚下，雄关古道之间，经常能听到清军的马蹄声。

1644 年 3 月，大同总兵姜瓖投降大顺军。大同是北京西边的门户，大同陷落，

京城立即陷入险境，崇祯帝再也顾不得驻守山海关的吴三桂部所负的北防重任，急令吴三桂入卫京师。

吴三桂接到调令，把宁远地区的几十万百姓都迁到了关内，然后往京城赶去。3月中旬，他得到了京师陷落，崇祯帝自缢，以及居庸关总兵唐通已降大顺，正奉李自成的命令要占领山海关的消息。未来该何去何从，吴三桂徘徊在永平、玉田一带，一时拿不定主意。

同时，大顺也在招降吴三桂。李自成派了使者，给已经缺饷一年多的军队送来了四个月军粮及白银四万两，还答应他以后立了功立即升官封赏。

吴三桂正打算投降大顺的时候，却接到了一封密信，说他父亲被大顺将领刘宗敏抓捕，因凑不够刘宗敏索要的二十万两白银，遭到严刑拷打，爱妾陈圆圆也被刘宗敏霸占了。吴三桂大怒，斩了李自成派来的使者，又大骂“李贼自送头来”，紧接着就起兵回师击败唐通，夺回了山海关。

这在大顺朝中引起了轩然大波，李自成率兵十万，号称二十万，出京师讨伐吴三桂。吴三桂为了自保，决定向清廷借兵，答应将来割让土地作为酬谢。多尔衮（清太祖努力哈赤第十四子，清太宗皇太极之弟）答应了，可当他带着军队到了山海关，得知吴三桂的处境后，不再满足于“裂地以酬”，他要的，可是整个中原！

吴三桂这时已经没有了别的办法，只好做了清廷的降将。不久，山海关大战展开。多尔衮让吴军先与大顺军交战，等到两边都打得疲惫不堪时，才从埋伏的地方冲出来，毫不知情的大顺军在“鞑子兵来了”的惊呼声中兵败如山倒，清军顺利占领了山海关。这场战争中，刘宗敏身负重伤，大顺军更是死伤无数，李自成元气大伤，只好撤出北京，回到了陕西老家。

多尔衮带兵乘胜追击，一路追到北京，占领了紫禁城。随后，大清国正式迁都北京城，局势稳定后，多尔衮就把顺治皇帝（爱新觉罗·福临，清世祖，清太宗皇太极第九子）和孝庄太后接到了北京。

短短七个月，京城的老百姓就在混乱中经历了三个皇帝：明朝崇祯帝朱由检、大顺朝皇帝李自成、清朝顺治皇帝爱新觉罗·福临。

1645 年，清军追击李自成的残余部队到了西安，李自成继续撤退到了湖北，战死在通山县九宫山下，他的起义彻底失败了。

当时还有一支由张献忠率领的起义军，于 1644 年 11 月进入四川，第二年攻占成都，建立了大西政权。1647年，清军攻陷大西，张献忠中箭而亡，大西政权也灭亡了。

从此，清朝正式开始了其二百多年的统治。

历史小启迪

李自成虽然在与明朝的对抗中获得了暂时的胜利，并且也如愿当上了皇帝，但是因为他和他带领的起义军目光短浅，没有大局观，更没有敬民爱民的思想，所以在大局未定之前，就显露出其贪图享受、残暴荒淫的一面，这就注定大顺朝是一个短命的王朝。

少年，我们为什么要读历史

学史明智，鉴古知今。

历史是什么？历史是一个民族和国家形成、发展及其兴盛衰亡的真实记录，是前人各种知识、经验和智慧的总汇。

历史就像一面镜子，以史为镜可以知兴替，以人为镜可以明得失。学史明智，鉴古知今。读华夏历史，不仅可以了解中华五千年的史实，而且还能够让我们铭记历史，从历史中学习前人的智慧，深刻把握人类发展的历史规律，在对历史的深入思考中汲取智慧、继往开来。

少年朋友们，读历史不只是为了应对考试，更要深刻地认识到学习历史的重要意义。有的人从历史中学到丰富的史学知识，有的人从历史中学到坚韧不拔的精神，有的人从历史中学到为人处世之道，有的人从历史中学到为官之道……历史如同一个巨大的宝库，有着无尽的财富，只要你愿意去挖掘，每个人都可以各取所需，有意想不到的收获。

少年朋友们，读历史对我们有太多太多的好处——

1 丰富知识，开拓思维

读历史，用历史知识武装头脑，取其精华，去其糟粕，让头脑敏锐地思考，做出有益于他人或者社会的行为。

2 增强民族自豪感和凝聚力

读历史，了解华夏五千年的灿烂历史，为勤劳智慧的祖先感到骄傲，增强人们的自豪感、荣誉感、归属感和整体的凝聚力。

3 培养胸怀和抱负

读历史，我们可以了解前人处世的态度、远大的抱负和无畏的精神，受到他们潜移默化的影响和熏陶，从而胸怀远大的志向。

4 借鉴别人的经验

读历史，了解历史上的人物和事件，借鉴前人的经验，吸取教训，学习某个人物的某种精神，从而武装自己的头脑及提高明辨是非的能力。

5 了解人性的弱点

读历史，你能从中发现历史环境和现实场景有相通之处，看清共同的人性弱点，从而提醒自己不能犯相同的错误。

少年朋友们，可见读历史是多么的重要啊！从今天开始，让我们多看一些有益的历史书籍吧！

少年读历史

SHAONIAN DU LISHI

宋·辽·夏·金

朝旭文化◎主编

江苏凤凰美术出版社

图书在版编目（CIP）数据

少年读历史．宋辽夏金 / 朝旭文化主编．-- 南京：江苏凤凰美术出版社，2020.1（2021.1 重印）

ISBN 978-7-5580-6809-6

Ⅰ．①少… Ⅱ．①朝… Ⅲ．①中国历史－辽宋金元时代－少年读物 Ⅳ．① K209

中国版本图书馆 CIP 数据核字 (2019) 第 266689 号

责任编辑 李秋瑶
封面设计 陈玉军
责任监印 唐　虎

书　　名 少年读历史．宋辽夏金
主　　编 朝旭文化
出版发行 江苏凤凰美术出版社（南京市湖南路 1 号　邮编：210009）
出版社网址 http://www.jsmscbs.com.cn
印　　刷 德州市永诚印刷有限公司
开　　本 880mm × 1230mm　1/32
总 印 张 24
版　　次 2020 年 1 月第 1 版　2021 年 1 月第 3 次印刷
标准书号 ISBN 978-7-5580-6809-6
总 定 价 120.00 元（全 8 册）

营销部电话 025-68155675

目录

宋朝

辽朝

西 夏

金 朝

宋朝

历十八帝，共三百一十九年

都城：开封（今河南开封）、临安（今浙江杭州）

陈桥兵变

宋太祖赵匡胤（公元 927—976 年）是宋朝的开国皇帝，涿州人，父亲赵弘殷为后唐、后晋和后汉军官。赵匡胤在后汉初年应募入伍，成为郭威的部下。后来郭威发动兵变建立后周，赵匡胤积极参与，被提拔为典掌禁军。周世宗柴荣时期，他又因屡立战功升任殿前都点检，掌握了后周的军权。

周世宗柴荣死后，七岁的独生子柴宗训即位，他就是周恭帝。因为周恭帝年纪太小，便由宰相范质、王溥辅政。当时政局不稳，人心浮动，谣言四起，一些忠于后周的官吏敏锐地意识到，动乱的根源十有八九出在赵匡胤那里，他们认为赵匡胤不应再掌禁军，甚至有人主张先发制人，尽早将赵匡胤杀死。可周恭帝仅仅改任赵匡胤为归德军节度使、检校太尉。

这时，赵匡胤及其心腹也在积极地活动。一个很明显的事实是，在周世宗去世后的半年里，禁军高级将领的安排发生了对赵匡胤绝对有利的变动。先看殿前司系统，以前始终空缺的殿前副都点检一职，由慕容延钊出任，慕容延钊是赵匡胤的少年好友，两人关系非同寻常；原来空缺的殿前都虞候一职，则由王审琦担任，此人也是赵匡胤的布衣故交，与当时已经担任殿前都指挥使的石守信一样，都是赵匡胤势力圈子中最核心的人物。如此，殿前司系统的所有高级将领的职务，均由赵匡胤的人担任了。再看侍卫司系统，在这一系统的高级将领中，赵匡胤只与韩令坤有兄弟之谊，当时韩令坤正领兵驻守在扬州，京城中实际上只剩下副都指挥使韩通。他虽然不是赵匡胤的人，但势单力薄，无法同赵匡胤抗衡。

显德（后周太祖郭威时开始使用的年号）七年正月初一，后周君臣正在朝贺新年，忽然接到辽和北汉联军入侵的战报，大臣们慌作一团。小

皇帝柴宗训征得宰相范质、王溥的同意后，下令赵匡胤率领禁军前往迎敌。

赵匡胤接到出兵的命令，马上调兵遣将，正月初二即率兵出城，跟随他的还有他的弟弟赵匡义和谋士赵普。当日下午，他们来到了离开封几十里的陈桥驿。晚间，赵匡胤命令将士们就地扎营歇息。士兵们倒头便呼呼大睡，将领们互相商量道："皇上年幼，我们拼死作战，力破劲敌，有谁能知道？倒不如先拥戴赵太尉当天子，而后北伐！"立即有人把这件事报告给了赵匡胤的弟弟赵匡义和其亲信赵普。两人正在商议，将领们已提着刀剑，闯进营帐，大声喊道："官兵们已经商量好了，决定拥戴赵太尉当天子。”赵匡义遂同他们约定说：“由外姓的人兴起大业，固然是天命，可事实上仍得看人心。你们倘若能严格管理士卒，不允许他们抢劫剽掠，使京师人心安稳，四方自然归顺，这样你们才能够保住荣华富贵。”将领们全都答应下来，共同部署。夜间，又有人将这件事飞奔报告殿前都指挥使石守信和殿前都虞候王审琦，他们二人都是赵匡胤的党羽。而赵匡胤则佯装不知，喝得大醉之后就睡去了。

次日，天色稍亮，将领们全副武装，身披铠甲，手拿武器，径直奔向

赵匡胤的营帐，在帐外报告说：“各将领群龙无首，一致拥戴大帅当天子。”赵匡胤吃了一惊，从床上跳起来，还没有说话，将士们便一拥而进，不由分说就把皇帝穿的黄袍披到他身上，并下跪叩拜，高声呼喊万岁，然后架他上马南下。赵匡胤明白无法脱身，就拉住缰绳，问他们：“你们贪图荣华富贵，拥立我当皇帝，那么我的号令你们会不会听从？”大家下马说：“当然服从。”赵匡胤说：“皇太后和皇上都是我曾侍奉过的人，朝廷官员都跟我是同僚。你们不可以惊动皇宫，也不可以凌辱官员、私闯国库。服从命令的，重赏；违反命令的，连同妻子儿女，一并诛杀。”大家异口同声地说：“是！”于是赵匡胤整顿军容，从都城开封仁和门进城，纪律严明，秋毫无犯。

到了京城，又有石守信、王审琦等人做内应，赵匡胤没费多大工夫便拿下了京城。

将领们把范质、王溥找来。赵匡胤见了他们，装出一副为难的样子说：“世宗待我恩义深重，现在我被将士逼成这个样子，你们说怎么办？”

范质等人不知该如何回答。有个将领声色俱厉地喊道："我们没有主人，今日大家一定要请大帅当天子！"

范质、王溥吓得急忙下拜。

周恭帝让了位。赵匡胤即位称帝，改国号为宋，将都城定在开封，称东京，历史上称之为北宋，赵匡胤即宋太祖。经过五十多年混战的五代时期，宣告结束。

历史小启迪

赵匡胤通过多年的南征北战，在将士们心中树立起有勇有谋、胆识过人的形象，得到了将士们的真心拥护，因此才最终成就了一番事业。这告诉我们，机遇总是偏爱有准备的人，我们必须努力学习、善于观察，才能抓住人生的每一个机遇。

庆历新政

北宋文学家、政治家范仲淹的《岳阳楼记》是一篇很美的散文，其中有一句流传千古的名言——“先天下之忧而忧，后天下之乐而乐”。意思就是说：在天下所有的人忧虑之前忧虑，在天下所有的人快乐之后才快乐。范仲淹就是这样一个高尚而正直的人。

范仲淹的祖先是邠(bīn)州(今陕西彬州)人，后来全家搬到江南，在吴县(今江苏苏州)住了下来。范仲淹从小就很有志气。在他两岁的时候，父亲去世了，母亲改嫁给了一个姓朱的人，他也就跟着姓了朱。等他懂事以后，知道了自己的身世，便告别了母亲去应天府(今河南商丘)读书。他读书非常刻苦，常常读到深夜，人困极了，上眼皮和下眼皮老打架，他就用冷水洗脸，洗完又接着读下去。

经过五年的刻苦学习，范仲淹考上了进士。后来他把自己的姓也改了回来，仍然姓范。

范仲淹一生做过大大小小的官，他很正直，经常给皇帝提意见。他读的书很多，而且特别喜欢谈论天下的大事，每次他都坚持自己的意见。当时的皇帝是宋仁宗，对于范仲淹的忠心他是知道的，所以范仲淹提出的一些建议他都虚心接受了。

1043 年 8 月，范仲淹被提拔为参知政事（相当于副宰相）。这时的北宋朝廷已经很腐败了，官员的数目非常多，但有的官非但不管理政事，还贪污钱财、压迫老百姓。这些现象，范仲淹看在眼里，气在心头。

9月的某一天，宋仁宗忽然召见范仲淹和另一个大

官富弼，要求他们俩写出富国强兵的好计策来。范仲淹奋笔写下十项治国之策，主张在官吏管理、加强战备和发展生产等方面进行改革。他的主张被宋仁宗采纳。因为仁宗此时的年号为“庆历”，所以历史学家把这次改革叫作“庆历新政”。

庆历新政的主要内容有：

1. 明黜(chù)陟(zhì)。改革官吏升降制度。注重政绩，以其为标准进行提升、罢黜，不再看重资历。

2. 抑侥幸。限制官僚子弟恩荫取职，防止官位垄断。

3. 精贡举。改革科举制度。考试内容由重诗赋改为重策论。儒家经典内容由考核死记硬背改为考核对其中意义的理解。

4. 择长官。地方长官是国家吏治的基础，北宋地方长官多不称职，因此特意提出要加强对地方官吏的考察。

5. 均公田。重新规定、分配官员的职田。

6. 厚农桑。鼓励农业生产，奖励农桑。将农业发展的好坏纳入考核官吏的标准之中。

7. 修武备。在京城及附近地区试行恢复府兵制，寓兵于农。

8. 推恩信。将朝廷的各项惠民政策切实落实到地方，取信于民。

9. 重命令。朝廷颁布诏令时，要事先详议，反复斟酌，审定成熟，一旦颁布便不可随意更改，增强朝廷政令的公信力。

10. 减徭役。尽力做到均赋税、宽徭役，减轻百姓负担。

改革的各项政策在宋仁宗的大力支持下顺利地颁布到全国各地。范仲淹和富弼等人为国家和老百姓，调整官僚机构，对不称职的官员决不手软，一律撤职；同时又规划农业生产，提倡廉洁、节约，反对浪费、贪污的歪风。

范仲淹以身作则，带动了一批官员效仿，朝廷上下出现了一派欣欣向荣的好气象。但是好景不长，一些皇亲国戚和大官僚们因为利益受到侵犯，就怀恨在心，极力攻击、诬陷范仲淹和富

弱。他们不断地向宋仁宗告状，使宋仁宗不得不把范仲淹派到外地去。范仲淹走后，那些阴谋家们就更得意了，他们凶狠地打击所有推行新政的官员。在他们的破坏下，“庆历新政”不到一年就被迫结束了。

范仲淹一生多次被贬，但他正直高尚的品格却从来没有改变过。他为人善良，在家里，孝敬自己的母亲，生活简单朴素；在外面，他的族人和他所管辖地区的百姓，很多都得到过他的帮助。不管是识字的书生，还是不识字的老百姓，都知道他的名字。

历史小启迪

“庆历新政”的改革内容损害了贵族和官僚集团的利益，因此遭到了重重反对。另外，新政虽然触及了政治制度方面，却只对其进行了表面的调整，无法也无力解决根本问题，因此难逃失败的结局。这告诉我们，当我们遇到问题的时候，一定要找准问题的根源，对症下药，并毫不动摇，这样才能取得成功。

王安石变法

宋仁宗身边虽然有范仲淹、包拯等贤明正直的大臣，但他没有足够的魄力推行改革，导致宋朝的国力越来越衰弱。仁宗没有子嗣，因此他去世后由一个皇族子弟继承了皇位，即宋英宗。英宗即位四年后就病死了，太子赵顼(xū)即位，史称宋神宗。

宋神宗即位的时候年仅二十岁，正值年少，血气方刚，一心想改变国家目前的这种状况。可是他身边都是仁宗时期的老臣，思想顽固守旧。即使是从前想改革的那批臣子，也已年华老去，想改革也有心无力，所以必须得找到有力的帮手才行。

宋神宗想起了自己即位前，有一个叫韩维的下属经常给他提出很好的建议，事后却说：“我的这些好建议，其实都是好友王安石提出的。”于是，他下了一道圣旨，把王安石调入了京城。

王安石，字介甫，号半山，临川（今江西抚州）人。小的时候，王安石跟随父亲去了很多地方，接触了很多社会现实。年少时，他就写了不少杰出的文章。

宋仁宗庆历二年（1042年），王安石中了进士，接连当了好几任地方官，广受好评。

王安石在鄞（yín）县（今浙江宁波）当县官的时候，那里天灾严重，他便带领大家兴修水利，改善交通，将当地治理得井井有条。当百姓们收成不好连饭也吃不上的时候，他就打开粮仓，把粮食借给百姓；等到秋收，百姓们再加上官定的利息还回粮食。这种做法，使百姓不用再去找地主豪强借高利贷，大大降低了当地百姓的生活压力。

王安石一连做了二十年的地方官，因治理有方，且一心为百姓谋福利，名声也越来越大了。

宋仁宗时期，王安石被调到京城掌管财政。

他一到京城，就向宋仁宗写了一份万言书，提出了改革财政的建议。

刚刚废除了“庆历新政”的宋仁宗，一看到这份万言书就头疼，便把它放在了一边。王安石看到仁宗对自己的主张兴趣不大，自己又和朝廷中的一些大臣合不来，只好辞官回乡了。

1067年，宋神宗把王安石调到了身边，任命他为翰林学士。神宗一见到王安石，就问他：“依你看，如果要改革，我们应该从哪方面着手？”

王安石从容不迫地答道：“从建立新的法制开始。”神宗见他这么自信，就让他回去写一个详细的改革方案。

王安石回家以后，当即奋笔疾书。第二天一大早，他就把这份意见书呈给了神宗，神

宗一看，正合自己的心意，更加信任王安石。

1069年，王安石被任命为参知政事（副宰相），次年被任命为宰相。当时宰相一共有四人，但是除了王安石以外，其余的三个人老的老、病的病，要不然就是思想守旧，一听到要改革就叫苦连天。

王安石心想：“跟这些人一起，怎么能成就一番事业呢？”他立刻上书给神宗，调换了一批年轻官员，并设立了一个专门制定新法的机构，这样就能放开手脚进行改革了。

王安石变法的主要内容
- 富国措施
  - 青苗法、农田水利法、募役法
  - 市易法、方田均税法、均输法
- 强兵措施
  - 保甲法（连坐法）、保马法
  - 将兵法、设军器监
- 取士措施
  - 改革科举制度
  - 整顿太学
  - 唯才用人

王安石从五个方面开始改革，主要内容如下：

1. 青苗法：青黄不接之际，由官府统一借粮给百姓；丰收时，百姓加上官府规定的利息将粮食还给官府。

2. 农田水利法：鼓励各地开垦荒地，兴修水利。

3. 募役法（又称免役法）：官府向需要服役的人家收取免役钱，另外雇人服役。即使不负担差役的官僚地主也同样要交一笔免役钱。

4. 方田均税法：由官府统一丈量土地，根据土地的好坏收取不同的税收，防止出现土地兼并的现象。

5. 保甲法：把农户组织起来，每十家为一保，十保为一大保，十大保为一都保。每家如有两个以上的成年男子，就抽一人充丁，农闲时练兵，打仗时编入军队。

这些改革措施实施后，不仅维护了农民的利益，还增加了国家的收入。可这同时也打击了大地主和贵族的利益，导致他们联合起来反对王安石和他的新政。

一天，宋神宗对王安石说："外面的人说我们变法有违伦常，不遵守祖宗法度，还指责我们既不怕天变，也不听外界舆论，这该如何是好？"

王安石从容地说："天变不足畏，祖宗不足法，人言不足恤。"他这是想告诉神宗："皇上您认真做事，唯恐伤害百姓，就是为了预防天变而做准备。征询臣下的意见，就是在照顾舆论。何况，祖宗之法是可以视情况而变化的，不能死守着过去的法度。"

面对外面的种种议论，王安石虽然不在意，但是宋神宗却慢慢动摇起来。1074年，河北闹了大旱灾，一连十个月没下过雨，庄稼都遭了殃。有个官员趁机画了一幅饥荒中的《流民图》给神宗看，说如今百姓遭受这种灾难，都是王安石变法惹的祸。不仅如此，就连神宗的祖母曹太后和母亲高太后也在神宗面前哭哭啼啼，痛斥王安石把天下搞得一团糟。王安石的助手为推行新法雷厉风行，得罪了不少人，还被视为小人，更是成为反对派攻击王安石的借口。

面对重重困难，王安石感到新法肯定执行不下去了，他气愤地向宋神宗提出辞去宰相一职。宋神宗无奈，只好让他回江宁府（今江苏南京）休养。

第二年，灾荒缓和了许多，神宗又把王安石召回京城，让他继续当宰相。没几个月，彗星拖着尾巴扫过了宋朝的天空，本来这只是自然界的正常现象，但是在封建社会却被认为是不吉祥的象征。保守派的大臣们借机又开始抨击王安石的新法。虽然王安石竭力劝解，说明变法的利益，但神宗仍犹豫不决，两头犯难。

1085年，神宗病逝，年仅十岁的宋哲宗登基，高太后听政。可高太后不喜欢王安石的新法，任用了反对他的司马光为相。王安石的新法也一条条地被废除了。

历史小启迪

王安石变法是为拯救北宋命运的一次努力，在一定程度上改变了宋朝积贫积弱的局面。王安石一心为国为民，却因触动了封建地主官僚的利益，宋神宗没有支持他到底的勇气，变法过程中也出现了操作不当的问题，最终导致变法的失败。

靖康之耻

北宋末年，为夺回被辽国侵占的燕云十六州，宋朝和金国定下“海上之盟”，决定共同灭辽，并最终合力灭了辽国。但在金、宋联合夹击辽国的过程中，金国看穿了宋军的不堪一击。因而在辽国灭亡后，金国开始攻打北宋。

1125 年，金太宗完颜晟以北宋收留了一个金国叛将为由，让金军分东、西两路南下，向北宋发起了第一次进攻。西路军由完颜宗翰带领，攻打太原，遭到了顽强的抵抗；东路军由完颜宗望带领，很快攻破燕京，渡过黄河，一路势如破竹。北宋将军郭药师不战而降，还充当了金兵的先锋，领着他们长驱直入，直奔北宋都城东京。

接二连三的急报吓坏了宋徽宗，他害怕承担让大宋灭亡的骂名，就手写了一份诏书，提前禅位于太子。于是在这年12月，太子赵桓即位，他就是宋钦宗。

第二年1月，完颜宗望大军已至黄河北岸，太上皇宋徽宗借口要去亳州烧香，带着亲信蔡京等人，慌慌张张地逃到南方去了。宋钦宗召集大臣们商议对策，他任命李纲为兵部侍郎，留守东京，自己则在宰相白时中和李邦彦的建议下，打算南逃。

李纲知道后，立即求见宋钦宗，想要阻止这件事。白时中抢先说道："敌人声势浩大，京城肯定守不住，皇上不走能行吗？"

李纲气愤地说："天下城池中，最坚固的就是京城。这里是国家的中心，文武百官都在这里，皇上如能督战，怎么会守不住呢？"

接着，李纲又提出了一些守城的建议。宋钦宗仍然很犹豫，问道："那谁能担当守城的重任呢？"

李纲看看大家，说："国家供养官员，就是为了在国家危急之际能用得上。白时中和李邦彦身为宰相，理应承担守城的责任。"

白时中脱口而出："说得好听，你为什么不上战场？"

李纲毫不退缩，说："如果陛下愿意让我守城，我义不容辞。"宋钦宗看到他态度如此坚决，就批准了他守城的请求。

可是，白时中等一批主降派官员依然不死心，等李纲走后，又去劝宋钦宗逃跑。于是，第二天一早李纲上朝时，便看到禁军在皇宫两边列队，车马仪仗准备整齐，就等宋钦宗上车出发了。

李纲愤怒地厉声喝问禁军将士们："你们愿意当个守城的勇士，还是当个逃跑的懦夫？"将士们被激起了血性，齐声回答："愿意誓死保卫京城！"于是，李纲带着禁军将领，进宫面见宋钦宗，说："将领们的家属都还留在城中，他们并不愿意离开，如果强行让他们离开，他们中途因担心家人的安全而逃回来，谁来保护陛下呢？如果金军知道了来追赶陛下，那又怎么办？"听李纲这么一说，宋钦宗觉得逃跑也未必安全，思虑半天，最终决定不走了。

李纲出来后向大家宣布："圣上已经下旨，谁要是还敢议论逃跑，就直接斩首。"将士们激动地高呼起"万岁"来。随后，李纲立即组织军民备战，布置各种防守武器，加固城楼，加紧训练士兵，还分出一支小队看管粮仓，不给金军可乘之机。

三天后，金军兵临城下。李纲招募了两千名士兵组成敢死队，列队城下，然后使用长钩钩住敌船，不让敌船靠近城墙，又从城头往船上砸石头，金军还没接近城墙就损失了一百多人。

完颜宗望一时想不出攻城的办法，便派出使臣向北宋议和，并提出了求和条件：北宋割让太原、河间、中山三镇给金国，支付金银、绢缎、牛马等大量赔款物品。

李纲竭力反对，主张拖延时间等待援军。宋钦宗却一心求和，不耐烦地说："你只管守城，别多管其他事。"

十天后，北宋援军果然到了，大将姚平仲力排众议，夜晚偷袭金营，想活捉完颜宗望，却白白损失了一千多人马。主降派大臣幸灾乐祸，又借此大肆攻击李纲。宋钦宗信以为真，不但派使者去金营道歉，还把李纲撤了职。

消息传开后，群情激愤，愤怒的太学生和京城里的军民们聚集起来，数万人一起赶到宫里请愿。正巧主降派的李邦彦从宫里出来，人群冲上去就把他痛骂了一番，有的甚至捡起地上的石头砸向他，吓得他狼狈逃窜。

愤怒的人群又冲向朝堂，拼命地敲打登闻鼓。为了请宋钦宗出来，把鼓面都给击破了。宋钦宗没办法，只好恢复了李纲的职务，人群这才散去。

李纲复职后，马上重整队伍。军士们就像找到了主心骨一样，士气大振。完颜宗望见宋军气势如虹，只好撤军，京城暂时保住了。

宋钦宗和主降派天真地以为金兵不会再来了，就把宋徽宗接回了京城。只有李纲没有放松警惕，多次提醒皇帝要加强军事训练，防备金军再次进攻。主降派却处处排斥和打击李纲，宋钦宗听得心烦，便把李纲调到了河北、河东抗金。

李纲到任后，那里的将领不听他的调度，结果打了一个大败仗。主降派趁机攻击他“一力主战，却不会打仗”，宋钦宗就撤了他的职，由老将种师道接任。

这次的进攻只是金太宗的一次试探，这次之后，金太宗更加坚定了灭宋的信心。1126 年，他命完颜宗翰、完颜宗望兵分两路，再次进攻北宋，太原是他们的第一个目标。

太原军民奋力抵抗了八个月，最终还是失守了。消息传开后，各路将领自动赶来保护京城。可宋钦宗和主降派认为割地赔款就能保住平安，竟让他们待在原地待命。

完颜宗翰的大军到达黄河北岸时，南岸还有十几万宋朝守军。金军假意敲了一夜战鼓，宋朝守军竟然吓得望风而逃。金军不费一兵一卒就渡过了黄河，与另一路金军共同逼近东京。

宋钦宗慌了神，只好听主降派的，将李纲赶出京师，派使臣出城，找完颜宗望求和。主战的老将种师道得知消息后，在悲愤交加中去世了。

使臣出城后，愤怒的河北、河东百姓拦住了去路，最终求和不成。

宋钦宗正束手无策时，有一个叫郭京的人吹嘘自己会“六甲法”，只要用七千七百七十七人，就能打退金兵，活捉金将。宋钦宗竟然把他当成了救命稻草，赶紧召郭京入朝，让他招募“六甲神兵”。郭京奉命募兵，年龄不限，是否有武艺不限，只看生辰八字，最后招来的全是市井无赖。

宋钦宗催郭京赶紧出战消灭金兵，他却一拖再拖。直到两路金兵都兵临城下，郭京才装模作样地带着“六甲神兵”与金兵交战。谁知一上场，“六甲神兵”就被金兵打得落花流水，郭京也趁乱逃跑了。

宋钦宗后悔也来不及了，只好派宰相何栗去金营求和。

何栗到金营后，完颜宗翰、完颜宗望二人还没有接到金太宗的旨意，只好假意说：“我们并不想灭掉宋朝，只要答应割地就可以议和，叫你们的皇上亲自来议和吧。”

何栗回报后，宋钦宗只得亲自前往金营。钦宗在金营待了两天，完颜宗翰、完颜宗望二人要北宋朝廷把河北、河东的土地割让给金国，之后还得给金国进贡大量的财物。宋钦宗一一答应下来。

回城后，宋钦宗想到这份屈辱，忍不住掩面大哭："国家到这个地步，我们父子颜面无存，都是宰相误我啊！"

接着，京城的官吏开始拼命搜刮百姓的财物，好筹集物资送给金国。

金军天天催索金银财物，声称不及时送交，就要纵兵入城掠夺。宋钦宗只好再次前往金营与完颜宗翰、完颜宗望商议此事。临走之前，他和大臣们商定五天内回城。谁知一到金营，他就被扣留下来，说要等到交足财物才放他回去。

为了早点儿回城，宋钦宗派官吏帮助金兵查抄皇亲国戚、官员大臣的家。于是，金兵不但掳走了大量金银财宝，还抢走和破坏了大量珍贵的文玩古物、全国州府地图档案等。

1127 年 3 月，金太宗下令废掉宋徽宗和宋钦宗。随后，金军闯入城中，掳走宋徽宗、宋钦宗，及宋朝其他皇族成员、官吏共计三千多人，满载着搜刮来的财物回到北方，北宋至此灭亡。

宋朝皇族中，当时只有康王赵构领兵在外，逃脱了这场大难。这年 5 月，他在南京应天府（今河南商丘）登上了皇位，改年号为建炎。这个偏安一隅的宋朝，历史上称为南宋，赵构就是南宋的第一个皇帝宋高宗。

历史小启迪

金军来袭，北宋君臣有的临阵脱逃，有的力主投降，李纲一力主战，取得了东京之战的胜利，却遭到主降派的抵制，不得不离开朝廷，北宋也失去了最后一道防线。北宋之亡，不仅亡于皇帝，更是亡于整个朝廷。

韩世忠、岳飞抗金

1129年，金兵的将领完颜兀术（zhú）带领十万大军大举向江南进犯，宋高宗从明州乘船下海，只顾逃命，金军得以相继攻克明州、杭州。因战线太长，怕被宋军断了后路，金军大肆劫掠一番后，第二年便向北方撤军。

金兵的暴行激起了南宋爱国军民的愤怒，许多仁人志士和杰出将领自发组织起来抵抗、打击金军。其中，最出名的就是韩世忠和岳飞。

韩世忠是驻守镇江的将领，他得知金兵北退的消息后，挑选了镇江作为主战场，并先后占据了青龙镇、江湾、海口。金军见无法渡江，索性派人向宋军下了战书，约定了两军决战的日期和地点。

金兵有十万人马，韩世忠只有八千人。韩世

忠的妻子梁红玉便为丈夫出谋划策，她建议在决战之前应当先挫挫金军的锐气。韩世忠深以为然。于是，他在附近地势最高的金山龙王庙埋下了伏兵。几天后，完颜兀术带人去那里侦察，正中埋伏，差点儿被活捉。

完颜兀术遭遇埋伏后，一直**心有余悸**。江边决战的时候，韩世忠亲自披挂上阵，梁红玉则在江心的战船上为众将士擂鼓助威。将士们看到将军夫人都上阵了，无不勇气倍增，如猛虎下山，大败金军。

完颜兀术眼见不敌，派人求和，表示愿意把在江南抢来的财宝交给韩世忠。韩世忠严词拒绝了，并多番阻挠他们过江。最后，完颜兀术挑了一个无风的日子，偷偷乘小船渡江。宋军是大木船，追不上。金军再放火箭烧宋军的船，宋军的船只被烧得七零八落，只好退回了镇江。

金军成功渡过了长江，但没想到到达建康时又遭遇了岳飞军队的袭击，被杀得尸横遍野，费尽力气才逃回了北方，建康也被岳飞收复了。

岳飞，字鹏举，相州汤阴（今河南汤阴）人，是南宋时最著名的抗金将领。他率领的岳家军，更是一支令金兵闻风丧胆的铁骑。

金兵南下的时候，他还只是东京的一个小军官。岳飞从小好学，熟读兵书，二十岁时应征入伍。一次，他与一百多名骑兵在河边练兵，忽然看到一股金兵。他不慌不忙，带着士兵们埋伏在路边，趁金军不备，冲出去把金军打得七零八落。他因此被宗泽看中，做了宗泽手下的偏将，智勇双全、屡立战功的他三十二岁就成了一方将领，与韩世忠、张俊等老将并驾齐驱。他一手训练出来的岳家军更是治军严谨、所向披靡。因此在金军中流传着这样一句话："撼山易，撼岳家军难。"

到宋高宗绍兴年间，岳飞、韩世忠、刘光世、张俊等将领都已经集结了强大的军队，最为强大的岳家军甚至通过缴获伪齐政权的万匹战马，成立了南宋年间最为强悍的骑兵部队。

绍兴十年，即公元 1140 年，金国再度大举南侵。岳飞率军长驱北上，直逼中原。其他将领也收复了不少失地。岳飞以轻骑进入郾 (yǎn) 城（今河南漯河），把金军打得节节败退。

完颜兀术派出了一支铁骑“拐子马”，即金兵身披重甲，三匹马为一组，用索相连，过去曾多次打败宋军。岳飞派出步兵，手持大刀滚入马阵之中，专砍马腿，只要一匹马被砍倒，三匹马就会一起倒下。岳家军趁机冲杀，“拐子马”全军覆灭。

岳飞连连获胜，他担心金军会转攻颍昌，就派儿子岳云赶去支援。岳云赶到那里时，果然遇到了金军，他与驻守颍昌的王贵互相配合，一场大战下来，把金军打得尸横遍野。岳飞乘胜进军朱仙镇，这里距离原北宋都城开封只有四十五里路，退守开封东部和北部的金军已经陷入绝境。北方的百姓听说宋军打回来了，高兴得热泪盈眶，各路义军也纷纷举起岳家军的旗号，打击金军。岳飞心里也十分兴奋，他说："将士们，努力杀敌吧！等把金人赶出我们的家园，再与诸位痛饮！"

抗金形势一片大好，然而宋高宗一直以向金国妥协为国策，他更不愿意迎回宋钦宗（宋徽宗已经死于绍兴七年）。只求太平的宋高宗，便和大臣秦桧商议，命各路大军回朝，好向金国求和。宋高宗求和心切，竟连发十二道金牌，勒令岳飞回朝。岳飞悲愤莫名，长叹道："十年努力，毁于一旦！"

君命难违，岳飞只能下令撤军，已经收复的

土地再次拱手让给了金国。宋军撤军那天，全城的百姓哭声震天，可谁也无力挽回。

岳飞回到临安后，宋高宗为了向金国表达议和的诚意，解除了岳飞、韩世忠、张俊三大将领的兵权，并撤销了负责对金作战的机构，随后派出使者向金国求和。金国则将杀掉岳飞作为议和的前提。

于是，秦桧唆使与岳飞不和的将领张俊，诬告岳家军将领张宪阴谋发动兵变——要归还岳飞的兵权。宋高宗闻言大怒，立即将岳飞和岳飞之子岳云抓入大狱。

然而岳飞一心为国，秦桧指使的审讯官员虽然给岳飞父子**捏造**了许多罪名，却没有一项罪名有真凭实据。秦桧拿不出一个说得出口的理由，又让同党审理岳飞，依然找不到任何证据。

两个月后，老将韩世忠看不下去了，当面责问秦桧："岳飞到底犯了何罪？"秦桧无言以对，只好耍赖，说："岳飞给张宪写信，让他谋反，虽然没找到证据，但这件事'莫须有'（即也许、可能有的意思）。”

韩世忠愤怒地说：“既是莫须有，如何能让天下人心服？！”

主降派秦桧一心想除掉岳飞这个眼中钉，却怕引起公愤。一天，他正坐在桌前发呆，他的妻子王氏知道他是在为岳飞之事心烦，便冷笑着说：“缚虎容易，放虎难。”

这句话让秦桧下定了决心，当天夜里，他派人给看管岳飞的狱卒送了一张小纸条，秘密处决了岳飞。就这样，1142年的除夕之夜，年仅三十九岁的岳飞在风波亭遇害。

岳飞死后，宋高宗立即向金朝称臣，每年向金国送纳岁币，南宋与金国东以淮河为界，西以大散关为界，以北为金国统治区域，以南为南宋统治区域，这就是“绍兴和议”。

和议达成后，金国放还宋徽宗灵柩归宋。临行时，宋钦宗挽住装有徽宗灵柩的车的车轮，请宋朝使者转告高宗，若能回去，他只要当个太乙宫主就满足了，但钦宗直到死也没能回到宋境。

绍兴和议使宋朝永久失去了关中养马的马场，从此岳家军的万马骑军成为南宋绝唱，再无和金国作战的实力。金国为了加强对黄河流域的统治，就把都城迁到了燕京，改名为中都。

历史小启迪

宋高宗为使自己的皇位不受威胁，不惜以十二道金牌召回即将收复全部失地的岳飞，他的眼中只有自己的皇位，却看不到国家面临的危机，枉为一国之君。而岳飞、韩世忠等将领精忠报国的精神，令人赞叹。

崖山海战，南宋灭亡

1276年，蒙古铁骑一路南下，南宋都城临安沦陷，五岁的宋恭帝也被蒙古人俘虏了。礼部侍郎陆秀夫带着年幼的益王赵昰(shì)和广王赵昺(bǐng)，逃出临安，躲到了温州。右丞相陈宜中和在定海的宋将张世杰赶去会合。

5月，赵昰在福州登基即位，史称宋端宗，组建起南宋小朝廷。陈宜中任左丞相兼枢密使，陆秀夫任端明殿学士、签发枢密院事，张世杰任枢密副使。张世杰带着所剩不多的宋军，继续与元军作战。

几个月后，元军渐渐逼近了福州，宋军屡战屡败，南宋小朝廷的人员辗转于泉州、潮州等地，最后只能乘坐海船，逃往广东。海船停泊在惠州附近，从此南宋小朝廷过起了流亡海上的生活。

景炎三年（1278年），宋端宗来到了雷州附近，宰相陈宜中知道小朝廷维持不了多久了，就借口说自己去联络占城（今越南），便一去不复返了。同年4月，年仅十一岁的宋端宗因为落水，染上了疾病，死在了逃亡的途中。

宋端宗死了以后，不少大臣借机提出解散南宋小朝廷，这时陆秀夫站了出来，慷慨激昂地说道："你们为什么要走？尚有一个皇子活着，你们走了他怎么办？古人有靠十里之地、一旅（即五百人）之众复兴的，何况我们宋朝如今还有上万名将士，只要老天不绝赵氏，难道就不能靠我们这些人再建立一个国家吗？"于是大家拥立了年仅七岁的赵昺为新帝，改元祥兴。

元军步步进逼，没过多久雷州就失守了，形势极其危急。宋将张世杰多次率领士兵反攻雷州，但是都没有成功。于是，宋朝的流亡政府又迁到了崖山。崖山背山面海，形势险要。宋军到达崖山的时候，大多住在船上。张世杰认为这里有天险可守，就在这里建造起行宫和房屋，制造船只、兵器，休养生息，以图进取。

此时，元世祖忽必烈任命汉人张弘范为蒙古军中的汉军元帅，党项人李恒为副将，统领水、陆两军两万余人，分道南下。不久，李恒就在清远打败了广东守军，进驻广州。

另一边，张弘范乘船入海，从一个被俘的南宋将领那里知道了宋朝的流亡政府在崖山，便立即合全军之力攻打崖山。

有个幕僚对张世杰说："如果元兵堵住海口，我们无法进退就糟糕了。不如我们抢先占领海口，有幸获胜当然好，如果不敌，还能向西逃跑。"

可张世杰却担心军队长期在海上漂流，时间长了，会动摇军心，说："一直在海上航行，什么时候才能结束呢？我们必须跟元军一决胜负了。"于是，他把千余艘战船排成一字阵，用长索连接起来，四面围起了楼栅，就像一座海上船城，让将士们都抱着必死的决心来抵抗元军。

张弘范率领的水军到达崖山后，与张世杰的军队相遇。元军用小船载满茅草，浇上厚厚的油脂，趁顺风时点燃小船，让小船向宋军的船漂去。张世杰早有准备，在战船外面涂上了厚厚的一层湿泥，船因此无法燃烧，元军的火攻失效了。

张弘范只好派使者前去劝降。张世杰不肯答应，说："我知道投降可以保住荣华富贵，可我为大宋殉国之心是不会动摇的。"张弘范又派人前去喊话，说："到了现在你们还能做什么？还是早点儿投降吧！"南宋将士却没有一个人出来回应。

此后，张弘范率领的元军控制了崖山南边的入海口，又从北面和南面切断了宋军的所有退路。宋军就像处于孤岛上一样，无路可退。此后的十多天里，宋军只能靠干粮充饥、喝海水止渴，很多士兵喝了海水以后呕吐不止，宋军的战斗力也被严重削弱了。

祥兴二年（1279 年）正月底，元军副帅李恒也率领一批战船到达崖山，张弘范兵力大

增，决定发起总攻。

二月初六这天，天色昏暗，李恒率领水军，利用退潮横渡浅水，从北面突袭了宋军。中午，宋军已经被打得节节败退。在张弘范的指挥下，元军又从南面围攻宋军，宋军顿时**腹背受敌**。

双方激战了整整一天，元兵一连夺下宋军七艘战船。傍晚时，下起了细雨，宋军支撑不住了，即将溃败。张世杰见无法再战，便把精兵调到中军，派使者去另一艘船上接小皇帝，准备撤退。

陆秀夫知道突围已经很困难，怕小皇帝落入元兵手中受辱，毅然对小皇帝赵昺说："国家落到如此地步，陛下应当以身殉国，决不能再遭受侮辱。"说完，他背着小皇帝，跳入了大海之中。

张世杰等不到他们，只好率领少数战船突出重围。他顺海南下，四天后遭遇飓风，将士们劝张世杰登岸，张世杰说："不必了，到了现在这个地步，大宋江山已经无法再挽救了。”不久，他便溺死于海中。

1279年，南宋彻底灭亡了。

历史小启迪

崖山之战，是南宋最后的悲歌。张世杰、陆秀夫等人放弃了占据海口以图后路的计划，宁可战死也不投降。这份悲壮，今天读来仍令人心潮澎湃。中华民族能经历多次战乱而不倒，正是因为有一代又一代像张世杰、陆秀夫这样愿意捐躯赴国难的仁人义士。

少年读历史

辽朝

历九帝，共二百一十八年

都城：临潢（今内蒙古巴林左旗）、大定府（今内蒙古宁城）

耶律父子建辽

就在朱温建立后梁时，东北辽河上游，以游牧为主的契丹族正在慢慢崛起。

耶律阿保机出身于契丹族中的迭剌部落。迭剌部落是契丹贵族，拥有世选本部首领的特权。从七世祖开始，阿保机的家族就掌握着部落联盟的军权。阿保机出生时，正值契丹贵族阶层混战，他的祖父匀德实在政治斗争中被人杀害，父亲和叔叔、伯伯也出逃了。祖母将阿保机养在别人那里，才让他躲过了杀身之祸。

阿保机长大后身材魁梧，双目炯炯有神。他武功高强，三十岁时就被人们推举为军事首领。

之后，阿保机凭借他的英勇机智，接连吞并了周围多个弱小的部落，还在西辽河建造了城池。

他一边接受了朱温送来的马匹、衣物、钱币等礼物，表示友好；一边又与唐将李克用交换衣袍战马，结为兄弟，哪边都不得罪。

公元907年，阿保机在经过部落选举后，成为契丹大首领。按照传统，可汗的位子三年要改选一次，并由家族世选，由耶律氏这个家族的成年人轮流担任。可是阿保机当上首领后，废除了这个传统。这样一来，如果他不让位，其他人就没有机会当上可汗了。同时，他还任用汉人韩延徽等人改革契丹习俗，创制契丹文字，大力发展农商。

耶律阿保机为了巩固自己的统治地位，采取了两个新措施：第一，在部落联盟内设立“惕隐”官职。其职能是负责管理迭剌部贵族的“政教”，调节贵族集团内部的事务，以保证迭剌部贵族对耶律阿保机的绝对服从。首任惕隐官是阿保机的本族兄弟剌葛。第二，阿保机为他自己设立了侍卫亲军——宿卫军。这支侍卫亲军是由每个部落精选出来的士兵组成的，其职能是保卫阿保机的安全，并加强阿保机政权的统治力量。宿卫军的首领是阿保机的支持者曷鲁、故鲁和阿古只。

这引起了其他贵族的不满，为了争夺汗位，一些皇叔、皇弟联合起来反对他，双方反反复复斗争了十多年，被称为“诸弟之乱”。

公元916年，阿保机终于清除了所有反对势力。他废除了旧的部落制度，按照世袭制和终身制的政治模式，正式称帝，建元神册，自称“天皇帝”。

耶律阿保机建立政权后，亲自征伐吐谷浑、突厥、党项、沙陀等部落，连连获胜。不久，他开始讨伐乌古都部落，俘虏了一万四千多人，缴获了大量的牛马、车辆、帐篷。在征讨期间，他听说母亲身体抱恙，竟骑着马狂奔了六百多里，赶回来看望和照顾母亲，尽了孝心后，又骑马飞奔回军队中。

公元921年，后晋镇州、定州发生兵变，阿保机觉得这正是契丹大军南下的好机会，就十分留意那边的动向。

同年，原唐朝将领李克用之子李存勖攻打镇州，定州节度使王直知道定州与镇州是唇亡齿寒的关系，于是派儿子王郁联系阿保机，共同攻打李存勖。

王郁到了契丹，以镇州的繁华说服了阿保机。于是，阿保机亲率十万大军南下，围攻定州，同时分兵援救镇州。派到镇州的契丹人马与赶回来救援的李存勖大军相遇，双方展开了一场激战。

阿保机得到消息，带兵撤往望都。李存勖带着一批精锐追赶，却被契丹军队包围了。

李存勖虽然深陷重围，依然面不改色，可双方人数悬殊，始终无法突围。危急时刻，李克用的养子李嗣昭带了三百铁骑从侧面攻来，李存勖才得以逃脱。

阿保机看到敌方援军已到，只好让大军快速往北撤退。当时正值隆冬，阿保机看看天上的大雪，叹口气说："老天就没叫我到这里来。"

这次出征，阿保机带出去的十万人马仅剩下两万人了，可他并没有停止扩张的步伐。至公元926年，阿保机征服了吐浑、党项、阻卜等部落，攻灭渤海国，并给渤海国起了一个新名字——东丹国。

公元926年，阿保机病逝。公元927年，耶律德光登上了皇位。公元947年，耶律德光攻进后晋国都开封，废除了晋出帝。耶律德光穿上汉人的龙袍，接受百官朝贺，正式将契丹国号改为辽。

历史小启迪

耶律阿保机敢于打破部落传承多年的习俗，引入汉族文化，开疆扩土，这需要何等的胆识和魄力！他在政治、经济、文化等方面进行了一系列的改革，稳定了契丹内部的社会局势，发展了经济，使得契丹的国力一天天强盛起来。但他在带领契丹向文明社会过渡及建立统一国家的过程中，发动了一系列的对外战争，给周边民族和地区带去了深重的灾难。

东侵高丽

五代时期，朝鲜半岛上的杰出将领王建称王，建立了著名的高丽王朝。王建称王和耶律阿保机称帝几乎是同时发生的，两国都积极扩张领土，不可避免地发生了冲突。由于实力不如辽朝，王建意图联合中原对抗辽朝，收留了被辽朝消灭的渤海国的世子大光显，因此与辽朝绝交，互相敌视。高丽消灭新罗和百济两个政权后，大致统一了朝鲜半岛，开始积极北侵，与辽朝多次发生冲突。但是当时辽太宗正在努力经略中原，不愿意腹背受敌，所以没有对高丽用兵。

公元982年，辽圣宗继位，因圣宗年幼，朝政掌握在辽朝杰出的女政治家萧太后手里。北宋想与高丽联合进攻辽朝，但高丽没有轻举妄动。萧太后清楚，要想解除后顾之忧，必须消除高丽这个麻烦。于是，公元992年12月，辽派东京留守萧恒德率兵攻打高丽。高丽成宗请罪求和，辽遂退兵。

1004年，辽与北宋缔结了著名的澶渊之盟，两国约定再也不用兵。这下，高丽的噩梦开始了。1009年，高丽穆宗被贵族康兆谋杀，显宗即位，不肯向辽朝称臣。辽圣宗以此为借口于1010年亲率四十万大军征伐高丽，康兆领兵三十万反击。辽兵连续攻陷郭州、肃州，直抵高丽都城开京（今朝鲜开城），高丽显宗南逃。辽圣宗进入开京，大肆焚烧劫掠一番而去。

1013年，辽圣宗派遣耶律资忠出使高丽，强行索要高丽的兴化、通州等六城，

高丽拒绝，扣留资忠。辽国开始不断派兵进攻高丽，双方各有胜负，高丽虽然屡次**挫败**辽军，但却元气大伤。1019 年，辽朝集结大军，准备再次攻打高丽，高丽经过连年征战，再也不敢抵抗，急忙释放耶律资忠，派遣使臣议和。从此，高丽开始向辽朝称臣纳贡，两国之间开始了长期的和平状态。

历史小启迪

高丽实力弱小，一直被辽打压，损失重大。人与人的相处跟国与国的相处在一定程度上是相通的，如果自身实力不强，别人就会看不起你。所以，我们要努力学习，增强实力，让自己变得越来越强大。

夏辽之战

天授礼法延祚(zuò)五年（1042年）三月，元昊请辽出兵攻宋，辽兵到了幽州却不前进，元昊甚为不满。翌年八月，西夏出兵帮助辽朝镇压了夹山部呆儿族的起义，而辽将所有战利品据为己有，更激起了元昊对辽的怨恨。十一月，元昊煽动辽统治下的山南党项各部及呆儿族叛辽附夏。天授七年四月，辽朝山西五部节度使屈烈等人率部投夏，辽责令西夏归还辽国叛军，西夏不答应。五月，辽派兵讨伐叛辽的党项族，元昊出兵救援，杀了辽招讨使萧普达等人。

辽兴宗大怒，从各地抽调十万大军，准备讨伐西夏。十月，辽分兵三路，对西夏发起大规模的进攻，在贺兰山北打败了西夏兵。元昊以缓兵之计，派人向辽谢罪，请辽退兵。北院枢密使萧惠说："夏人忘恩背盟，今天子亲临，大军并集，如若不将夏一举征服，将来后悔莫及。"兴宗采纳了萧惠的意见，下令辽军向河曲（今内蒙古鄂尔多斯）进军。元昊退兵百里，每退三十里，都将方圆几十里的田园烧尽。

辽军所到之处，人马无所食，元昊发起反攻，大败辽军于河曲，并俘虏萧胡睹等大臣数十人。这时，元昊又派人向辽请和，辽兴宗无力再战，遂与西夏讲和。

历史小启迪

辽不遵守约定出兵，还贪得无厌地霸占了所有战利品，元昊对辽产生不满，想要挑起辽的内部争端也是可以理解的。我们为人处世应该信守承诺，有感恩之心，这样才能减少矛盾，与其他人友好地相处。

西夏

历十帝，共一百八十九年

都城：兴庆府(今宁夏银川)

李继迁割据地盘

李继迁（公元963—1004年），党项族人，后周银州防御使李光俨的儿子。公元975年，十二岁的他即出任定难军管内都知蕃落使。公元982年，李继迁与亲信数十人奔赴距夏州东北三百里的地斤泽（又名铁斤泽，在今内蒙古伊克昭盟），抗宋自立。从此以后，他联络各方豪杰，转迁无常，逐渐强大。公元985年，他诱杀了宋朝将领曹光实，袭据银州，自称定难军留后。之后，李继迁向辽朝称臣，辽朝还将宗室女义成公主许嫁给李继迁，册封他为夏国王。其后，他又依附宋朝，任银州观察使，受宋朝皇帝赐姓名——赵保吉，但旋即

又依附辽朝。

公元996年，李继迁伏击宋军于浦洛河，围攻灵州。1002年，李继迁攻陷灵州，改其名为西平府。

1003年，李继迁攻西凉府，遭到吐蕃大首领潘罗支的袭击，中流矢，于次年伤重不治身亡。他临死前嘱咐其亲信张浦等人说："你们和我一起征战多年，情同手足，我自幼备尝艰辛，才能有如今的基业。而今以灵、夏之众，虽不能和宋、辽抗衡，但只要你们尽心辅政，**见机行事**，也许可以保持旧业，为我们的祖先争得光荣。如能这样，我就没有什么遗憾的了。"李继迁死后，其子李德明嗣位。

历史小启迪

李继迁能够从都知蕃落使最终成为一方首领，与他坚定的信念以及不断的努力是分不开的。在创建大业的过程中，他屡次受挫，却越挫越勇，毫不气馁，才能最终做出一番成就。我们也应该给自己树立一个长远的目标，并为此不断地努力，即使遇到困难也要毫不退缩，这样才能让自己变得更好。

西夏建国

党项族发源于今青海东南部黄河一带，属于羌族的一个分支，是一个以游牧为生的古老民族。唐初时，他们发展壮大，占据了宁夏、甘肃和陕西西北一带。

宋太祖赵匡胤削除藩镇兵权，引起了党项族首领李氏的不满，他们开始屡屡侵犯宋朝边境，宋朝始终无法消灭这股割据势力。其后，党项族慢慢发展壮大起来。

1004 年，李德明成为党项族的首领，他把党项治理得井井有条。然后，他一边向辽国请求封号，一边向宋朝称臣。宋、辽两国都封他为西平王。

李德明的儿子李元昊，从小喜欢看各种兵书，还精通汉语。长大后，他英勇善战，屡次带兵打败了吐蕃、回纥等部落。1032年，李德明去世，李元昊继承了西平王的爵位，他决定一展宏图，实现自己的抱负。

第二年，他就以避父讳为由，改用了新的年号。之后，他开始建宫殿，设置文武大臣，定法制和兵制，创制了西夏民族自己的文字——西夏文，还设立了许多学校，培养了许多能文能武的青年才俊，慢慢构筑出了一幅宏伟的蓝图。

1036年，李元昊开始实行征兵制度。规定男子凡年满十五岁者均为丁，列入兵籍。当遇战事，根据部落大小出丁助战。征兵的具体办法为：家中有二丁的，取一人为“正军”，配随军杂役一人，合称一“抄”；凡家有四丁的，抽两抄，剩余的壮丁称为空丁，可以不服役。

李元昊为了加强对西夏境内广大党项人民的统治，增强了军事力量，完善了军事系统。分“国内诸州计之总兵五十余万”为左、右厢，设立十二监军司：左厢神勇军司，驻今陕西榆林市东南；石州祥祐军司，驻今陕西榆林市东北；宥州嘉宁军司，驻今陕西榆林市西南；韦州静塞军司，驻今宁夏同心县；西寿保泰军司，驻今甘肃靖远县北；卓啰和南军司，驻今宁夏银川市西北和贺兰山东；右厢朝顺军司，驻今宁夏银川；甘州甘肃军司，驻今甘肃张掖；瓜州西平军司，驻今甘肃瓜州县；黑水镇燕军司，驻今甘肃金塔县东北；白马强镇军司，驻今内蒙古阿拉善左旗吉兰泰；黑山威福军司，驻今内蒙古额济纳旗南。每个监军司设都统军、副统军、监军司各一职，由党项贵戚豪右担任。另外还设指挥使、教练使、左右侍禁等数十职，由党项人和汉人共同担任。这种军事机构和指挥系统，调动灵活，作战机动。

1038年，李元昊正式称帝建国，国号为大夏，定都兴庆府。又因为大夏地处宋朝西北边，故称“西夏”。

西夏建国一事顿时引起了宋仁宗的重视，他命边将时刻留意西夏国的动静。

1041年，李元昊果然亲率十万大军南侵。

当时，宋军在西北的边防兵分散在几百个堡垒中，由不同州的人马指挥，互相之间缺乏配合，而且这些宋军长年驻扎在堡垒中，很久没有打仗了，缺乏实战训练。

西夏的骑兵统一受一个人的指挥，指令迅速准确，军队行动灵活，所以只要西夏军与宋军打起来，宋军常常吃败仗。

西夏军进攻延州，宋军不敌。宋仁宗大怒，下令撤了延州知州范雍的职位，派大臣范仲淹亲赴延州督战。范仲淹到任以后，对边境上的军事制度做了一系列的调整，日夜操练士兵。西夏军看到宋军防守严密，犹豫起来，不敢轻易进攻延州。他们都说："范仲淹可不像范雍那么好欺负，

他的胸中就像藏有几百万兵马呢！”

李元昊转而进犯渭州，陕西经略安抚副使韩琦听说西夏大军已逼近渭州怀远城，忙令大将任福率领一万八千名精兵前去迎敌。

李元昊为了充分发挥骑兵的优势，把主力埋伏在好水川一带。逼近怀远城的只是一部分兵力，他们与任福大军交战时，假装战败，一路后退。任福紧追不舍，一直追到好水川。宋军长途奔袭，士兵都劳累极了，忽然看到道旁有许

多会动的纸盒，有不少士兵好奇地打开一看，顿时，一只只白鸽从纸盒中飞出，扶摇直上——这正是给伏兵留下的进攻信号。

不等宋军列阵，西夏伏兵便猛然冲出，两军展开了一场恶战。眼看着局面越来越混乱了，忽然，西夏军阵中立起一面两丈余高的大旗，大旗挥向左，则左边伏兵出击；大旗挥向右，则右边伏兵出击。有了大旗的指挥，西夏军作战效率大大提高，宋军顿时陷入一片混乱之中。

任福身受重伤，可他不愿投降或逃走，大喊一声："既已兵败，唯有以死报国。"说完，用尽最后的力气自杀了。这一战，宋军死伤无数。这就是"好水川之战"。

1042 年，西夏军与宋朝大将葛怀敏又在定川寨交战，宋军再一次战败。宋仁宗希望招抚李元昊，可李元昊拒绝了。在李元昊的带领下，西夏一度十分强盛。

然而，宋军善于防守，在长达七年的战争中，西夏军虽然多次在野战中大败宋军，却一直没有攻下一个州，两国可以说是**两败俱伤**。西夏国内部也不平静，李元昊常年四处征战，导致国库亏空，百姓生活困苦，**怨声载道**，还因此编出了“十不如”等歌谣来反对战争。

后来，西夏国与辽国产生了矛盾，为了避免两面受敌，西夏不得不与宋朝议和。1044 年，双方约定：西夏向宋朝称臣，以臣子礼仪对待宋朝；宋朝则封李元昊为夏国主，承认其现有领土，每年赐给西夏若干银两、绢帛等物资。

至此，宋朝和西夏之间恢复了平静，天下形成了北宋、西夏、辽三足鼎立的局势。

历史小启迪

党项族起初依附于中原，并无野心，随着党项族逐渐壮大，党项族首领李元昊却大胆地提出建立西夏国，并稳扎稳打，一步步地开始了行动。他在作战前，对北宋军队进行了深入的了解，知己知彼，制订出最适合党项人的作战计划。野心加周全的准备，最终让李元昊取得了成功。

西夏灭亡

夏、蒙议和后，西夏因“不堪奔命，礼意渐疏”惹怒了蒙古，蒙古遂发兵攻打西夏。蒙古军渡过黄河进攻西夏，逼近中兴府。夏神宗李遵顼惊恐万状，将太子德任留在都城防守，自己匆忙逃到西凉。直到蒙古退兵后，神宗才返回。后来，

因太子德任主张联金，反对神宗附蒙侵金的政策，神宗一怒之下便废掉了德任的太子之位，并把他囚禁于灵州。

1223年，遵顼让位给次子德旺。德旺想联合漠北未被蒙古征服的部落，共同抗击蒙古，不料被蒙古知悉，成吉思汗决定调集大军消灭西夏。1224年9月，蒙古军攻陷银州，西夏数万人战死，夏将塔海被俘后遇害。

直到德旺表示愿意投降并答应派遣人质，蒙古才退兵。1226年2月，成吉思汗借口西夏迟迟不派遣人质，又亲自率十万大军，攻入西夏，先后攻破黑水、沙州等地，其后，蒙古军南下，接连攻陷肃州、甘州、西凉府。西夏的河西地区几乎全部丧失。7月，献宗德旺死了，献宗的侄儿李晛（xiàn）被拥立即位。8月，蒙古西路军抢占了黄河九渡，攻破应里。10月，蒙古东路军攻陷夏州。接着，蒙古军分东、西两路夹击西夏的政治和经济中心灵州、中兴地区。11月，成吉思汗亲率大军围攻灵州，灵州城守将德任率领固守灵州的西夏兵同蒙古军进行了殊死战斗，其激烈程度为蒙古军作战以来所少见。最终，西夏兵因伤亡惨重而战败。灵州失陷，德任坚贞不屈，被杀。之后，蒙古军兵临城下，加上西夏国内又发生强烈地震，房倒屋塌，瘟疫流行，末主睍**走投无路**，派遣使节请求成吉思汗宽限一个月便献城投降。1227 年 7 月，末主睍降，被蒙古军杀了。至此，西夏灭亡，历时一百八十九年。

历史小启迪

西夏早期军事实力强大，但后期国力逐渐衰退，国内自然灾害频发，再加上蒙古的虎视眈眈，内忧外患之下，西夏灭亡了。西夏的灭亡不是单方面因素造成的，而是多方面因素共同作用的结果。

金朝

历十帝，共一百一十九年

都城：会宁（今黑龙江哈尔滨）、燕京（今北京）、开封（今河南开封）

金立辽灭

女真族是生活在我国东北地区的一个古代民族，过着以打鱼和捕猎为生的部落生活。北宋年间，女真族渐渐强盛起来。11世纪末，女真族中的完颜部落统一了黑龙江和乌苏里江流域。

此时的辽国先后经历了几次内乱，又因为常常压迫其他民族，遭到各民族起义力量的沉重打击，从前的强大早已不复存在。

女真和辽国相邻，过去长期受到辽国的奴役和压迫，每年都要向辽国上交大量的珍珠、人参、貂皮、马匹、海东青等贡品，辽国使臣还经常敲诈、勒索女真人。女真族内早已产生了强烈的反辽情绪。

1112年，辽国的天祚帝去春州（今吉林前郭）巡游。混同江的江水刚刚消融，他就在混同江边兴致勃勃地捕鱼，还命令女真族各个部落的酋长前来朝见自己。

春州当地有个习俗，每年春季最早捕捉到的鱼，女真人要先作为祭品给祖先上供，还要摆酒席庆祝。这一年，辽天祚帝在春州举办了头鱼宴，把各大酋长都请来喝酒。

辽天祚帝喝了几杯酒，就醉眼迷离起来，让酋长们跳舞给他看。酋长们虽然都很不情愿，但是不敢违抗命令，就挨个儿跳起了民族舞。

轮到一个年轻人跳舞时，他却神情冷漠地看着辽天祚帝，说自己不擅长跳舞，坐在位置上一动也不动。他就是女真族完颜部落的酋长乌雅束的弟弟——完颜阿骨打。

辽天祚帝很不高兴，再次催他赶快上去跳舞。其他部落的酋长见到这种尴尬的情景，都上前劝说，可是不管别人怎么说，阿骨打就是不跳，弄得辽天祚帝一时下不了台。

聚会不欢而散。辽天祚帝虽然没有当着大家的面发怒，但却对此事耿耿于怀，他对大臣萧奉

先说:“阿骨打真是**嚣张跋扈**,我越看他越不顺眼。不如尽早除掉他,以免后患。”

萧奉先劝阻说:“您不要介意阿骨打这个粗人,他从来都不懂礼节,不值得我们跟他计较。杀了他,恐怕别的酋长会不满。再说,完颜部只是一个小小的部落,也翻不起什么浪花来。”辽天祚帝听萧奉先这么一说,也就没再把这件事放在心上。

其实阿骨打不是不会跳舞,只是不愿意跳罢了。

阿骨打年少时,就擅长骑马射猎。有一次,辽国使臣看到他手中拿着弓箭,就叫他射天上的飞鸟。阿骨打抬臂射去,连射三箭,三箭皆中,这让辽国使臣十分惊叹。他长大后,看不惯辽国贵族欺压女真族的现象,对辽国非常痛恨。从春州回来后,他下定了推翻辽国统治的决心。

1113年,阿骨打的哥哥去世,他当上了女真族部落联盟的酋长。他带领族人修建城堡,打磨武器,训练士兵。很快,部落就强大了起来。

辽天祚帝知道后,大吃一惊,他一边派手下

到女真族打听情况，一边调集人马意图震慑阿骨打的部落。

阿骨打对部下说："如果现在我们再不动手，天祚帝就要动手了，我们得先发制人。"于是，阿骨打集中了两千五百人突袭辽国大军，辽军全无准备，被打了个措手不及，大败而归。

辽天祚帝立刻派兵反击阿骨打，两军相遇，女真士兵奋勇杀敌，俘虏了大量辽兵，兵力也迅速增长到了一万余人。

1115 年，阿骨打在会宁（今黑龙江哈尔滨）称帝，史称金太祖，国号为大金。

金太祖即位以后，继续攻打辽国，直扑辽国东北重镇黄龙府（今吉林农安）。辽天祚帝不敢轻视，亲自率领七十万大军前去迎敌。可这一战，辽国依然大败。

在这紧要关头，辽国内部却发生了动乱，辽天祚帝只好撤兵。金太祖在后面乘胜追击，这一仗，辽国七十万大军惨败，再也没有力量与金国对抗了。辽天祚帝开始流亡，宗室耶律大石则自立为王，率二百名铁骑向中亚地区逃遁。

辽国连连战败的消息传到北宋，宋徽宗觉得这是个收复北方燕云失地的好机会，立即派人从山东前往金朝拜见金太祖，说宋朝愿意与金朝一起夹攻辽国。

双方一拍即合，约定如下：金军攻占辽国中京（今内蒙古宁城），宋军攻取辽国燕京（今北京）；消灭辽国后，北宋可以收回燕云十六州；同时，北宋承诺将每年送给辽朝的金银丝帛转送给金朝。这个约定就是著名的“海上之盟”。

1122年，金国依照盟约出兵，他们势如破竹，一路向南，连连取胜，攻下辽国的中京和西京，最后留下燕京让宋军攻打。

宋徽宗派刚刚镇压了方腊起义的童贯做统帅、蔡京的儿子蔡攸做副统帅出兵进攻燕京。不想一连吃了两个大败仗，损兵折将，还把多年来积存的粮草和武器都一并丢光了。童贯为了逃避失败的责任，转头求金军攻打燕京。金军从大同进居庸关，一举攻下了燕京。

金军不肯归还燕京，童贯无法回去复命，只好用一百万贯钱一年的租税把燕京从金朝手里赎了回来。

1123 年，完颜阿骨打病逝，他的弟弟完颜晟继位，史称金太宗。

1125 年，金太宗派兵继续攻打辽国的残余势力，最终，金军俘虏了辽天祚帝，辽国灭亡。

历史小启迪

完颜阿骨打从小就胸怀大志，在大多数部落首领都屈从辽天祚帝的时候，只有阿骨打毫不畏惧，坚决不屈从。他的起事不是一时冲动，而是做了长时间的准备，最后才一举成功。胸怀大志是成大事的前提，而周密的筹备，是成功的保障。

乾道之盟

南宋初年，金军几次大举南下。金朝贵族完颜亮杀死金熙宗，自立为帝后，准备再次南侵。宋高宗对此却不闻不问，在临安修筑起了豪宅和宫殿，过着纸醉金迷的生活。

1161 年，完颜亮发动了全国六十万兵力，号称“百万”，共组成三十二支军队，进攻南宋。出兵之前，完颜亮趾高气扬地对士兵们说：“以前，梁王兀术进攻宋朝，花了那么多时间都没取得胜利。这次我亲自出征，多则一百天，少则一个月，保证能拿下宋朝！”

完颜亮亲率大军，浩浩荡荡地逼近了淮河北岸，宋朝大将刘锜防守淮东，王权在淮西寿春防守。金军逼近，王权贪生怕死，闻风而逃。刘锜有病在身，无力应战，只得退守扬州。金军长驱直入，到采石矶（在今安徽马鞍山）才停下来。此时，完颜亮得知他的堂弟完颜雍（就是后来的金世宗）已经趁他南征称帝了，但他不想就此退兵，而是打算攻下南宋，至少也要渡过长江，再回去与完颜雍抗衡。

宋高宗听到形势危急，害怕得想逃往海上，在大臣的劝阻下，才派李显忠接替了王权的位置，并且派叶义问亲自去督察江淮的守军。叶义问也是个胆小鬼，他把这件事情转交给了中书舍人虞允文。

虞允文到了采石矶，王权已经逃跑，李显忠还没到任。此时，对岸的金兵已大军压境，准备渡江了。而宋军却人心惶惶，无心作战。

虞允文看到队伍人心涣散，情急之下决定亲自上阵。他召集了所有宋军将士，说："我是朝廷派来慰劳大家的，如果你们为国家立功，我一定上报朝廷，论功行赏。如今虽是国家危难之际，却也是大家立功之时啊！"大家见虞允文出来做主，也打起了精神，说："我们被金人折磨够了，谁不想抵抗呢？现在有您做主，我们愿意作战！”

虞允文是个地道的书生，从没打过仗，随从官员也劝他不要替别人收拾烂摊子，可虞允文说：“国家已到生死存亡之际，我怎么能视而不见，一推了之呢？”

他察看过地形后，把战船分为五队：两队沿江巡逻；一队满载精兵泊于江中，随时准备作战；两队隐藏在港汊中作为援兵。一切刚安排妥当，金兵就开始渡江。金兵陆续上岸后朝着宋军扑了过来，把宋军逼得直往后退。

虞允文赶到阵中，对将领时俊说：“将军胆略闻名四方，却在阵后不出，不是像小孩子一样吗？”时俊被他一激，顿时挥舞着刀向前冲杀过去，宋军也奋勇向前。江中宋军战船趁势把金军战船撞毁，金军不识水性，不少人落入水中淹死了。

日落西山，两军还在激战中。这个时候，正好有一批从光州（今河南潢川）逃出来的宋兵，虞允文把战鼓和军旗交给他们，让他们从山后转

出，击鼓摇旗，以此迷惑金军。当这批宋军出来的时候，金军以为是大批宋军赶到救援，纷纷败退。

夜里，虞允文估计金军还会卷土重来，连夜在上游和渡口各设下一支伏兵。五天后，金军果然来了，宋军**以逸待劳**，两面夹攻，金军大败。

完颜亮大怒，领军开往瓜洲渡（在今江苏扬州境内），打算第二天从此处渡江。同时，他定下了严苛的军令："若三天内无法渡江，就把随行的大臣全都杀掉。"大将们忍受不了完颜亮的残暴统治，第二天拂晓便发动兵变，把完颜亮杀了。

完颜亮一死，金军就退兵了。采石矶大战过后，金世宗派人到南宋讲和，宋、金之间的战争就暂时停止了。

不久，宋高宗将皇位禅让给养子赵昚（shèn），即宋孝宗。隆兴年间，孝宗想要收回金人手中的北宋故地，于是起用老将张浚等人发动隆兴北伐，却在符离（今安徽宿州）被金军击溃，只得撤掉关防，重新与金国议和，达成了“隆兴和议”。

双方约定：金、宋两国皇帝以叔侄相称；“岁贡”改称“岁币”，银、绢各减五万，分别为银二十万两、绢二十万匹；宋除割唐（今河南唐河）、邓（今河南邓州）、海（今江苏连云港）、泗（今江苏盱眙北）四州外，再割商（今陕西商洛）、秦（今甘肃天水）二州与金。因和议至乾道元年正式生效，又称“乾道之盟”。这份和约为宋、金两国带来了四十多年的和平。

历史小启迪

虞允文尽管是个文官，从没上过战场，可国难当头，他并没有萎靡不振，也没有畏缩不前，而是义不容辞地扛起了一份不属于他的责任，竟然在采石矶大胜金兵。他的爱国精神是其力量的源泉，从中可见，人的潜力是无限的，关键时刻逼自己一把，会爆发出意想不到的潜能。

蒙古灭金

在南宋和金国对峙的一百多年中，金国渐渐衰落下去，北方大草原上的蒙古族逐渐强大起来。

1206 年，蒙古各个部落的首领在斡难河旁举行了一场盛大的集会，大家都推举铁木真当大汗（大汗在蒙古就是“大帝”的意思），尊称他为“成吉思汗”，建立了大蒙古国。

铁木真是蒙古乞颜部首领也速该的儿子。在他小的时候，蒙古处于金国残暴的统治之下，蒙古族内部也四分五裂，互相争斗不休。铁木真的祖先俺巴孩就是金朝残暴统治的牺牲品。九岁时，他的父亲也速该被部落世仇塔塔儿部暗中设计害死。

乞颜部没有了首领，只好解散。铁木真为了躲避仇人的追杀，逃进了森林里。九天九夜后，他为了找吃的，走出了森林，却被仇人抓住了。铁木真被戴上木枷游行，受了许多屈辱和折磨，但他都默默地忍耐下来。后来，他趁看守睡觉时，举起铐手的木枷把看守砸晕，自己逃了出来。他找到母亲、弟弟和妹妹，一家人躲进了深山，靠打猎为生，勉强活了下来。

铁木真长大以后，一心想恢复父亲的势力，就想尽办法把以前部落里失散的亲属和百姓聚集起来，带领他们攻打其他部落。打了几次胜仗以后，铁木真的力量渐渐壮大起来。

铁木真和另一个部落的首领札木合本来是很要好的朋友，但是铁木真的力量越来越强大，札木合的很多部下都投奔了铁木真，他因此很不高兴。有一次，札木合的弟弟抢夺铁木真的马匹，被铁木真的部下杀了。札木合怒火攻心，集结了三万人马攻打铁木真。

铁木真把部下召集起来，抵抗札木合的进攻。双方在斡难河边打得不可开交，铁木真的人马节节败退。札木合为了发泄心中的愤恨，把抓到的战俘都杀了。这件事让札木合的部下心中不满，后来纷纷投奔了铁木真。战败的铁木真势力反而更加壮大了。

铁木真从没有忘记他的杀父仇人——塔塔儿部。

不久，塔塔儿部的首领蔑古真得罪了金国，金国丞相完颜襄率兵进攻塔塔儿部。铁木真知道时机到了，趁机配合金国出兵，把塔塔儿部打得全军覆没，还夺走了他们大量的牲畜和辎重。

金国为了奖赏铁木真，封他做了前锋司令官。

铁木真在以后的日子里又陆续消灭了蒙古好几个部落，义兄札木合的部落也被他吞并了，最后他统一了全蒙古，当了大汗，尊号成吉思汗。

成吉思汗统一蒙古后，积极建立完备的军事和政治制度，还命人创制了蒙古文字，让蒙古的实力与日俱增，成为一个强大的国家。

但是，让成吉思汗很不满意的是，蒙古还是作为金朝的一个附属国而存在，每年都要向金朝进贡大量的贡品，成吉思汗决心和金国决裂。

1211年，成吉思汗仰头对着上天祈祷说：“金朝皇帝杀害了我的祖先俺巴孩，请赐给我力量让我报仇吧！”接着，他只留下了三千骑兵守护家园，率领其余士兵一路南下。金朝将领胡沙虎尽管带领了三十万金兵进行抵抗，还是在野狐岭被打得落花流水。

两年以后，蒙古兵又围攻中京（今北京大兴一带）。成吉思汗和他的四个儿子兵分几路，在金国境内纵横驰骋，所向披靡，如入无人之境。这个时候，金朝皇帝完颜永济被杀了，刚即位的金宣宗被迫求和，送给成吉思汗大批的金帛，甚至把公主都嫁给了他，成吉思汗才勉强同意撤兵。

1219 年，成吉思汗派往西方的蒙古商队经过花剌子模时，被当地守将杀害，成吉思汗大怒。同年 6 月，他亲率二十万大军西征，灭掉了花剌子模。

随后，他又率军向西挺进，占领了中亚大片土地。他把这些土地分封给了长子术赤、次子察合台和三子窝阔台。此时，蒙古国的国力达到了鼎盛。

西征回来之后，成吉思汗以西夏收留蒙古国敌人为借口，出兵攻打西夏，不久就兵临西夏都城兴庆府（今宁夏银川）。就在此时，成吉思汗一病不起。西夏国主投降一个月后，成吉思汗去世了。他去世之时，给儿子留下了“利用宋、金两国世仇，向宋借道，联宋灭金”的战略。

成吉思汗去世后，儿子窝阔台即位做了大汗。他果然向南宋借路，包围了金朝的都城开封。金哀宗在向宋朝求救无果以后，自杀了。1234 年，金朝灭亡。

历史小启迪

成吉思汗是少有的军事奇才。据史料记载，他和他的子孙所率的蒙古骑兵横扫敌国，在当时几乎没有对手。他一生灭国无数，使人民饱经战争的痛苦，但也在客观上推动了整个欧亚大陆的民族融合和文化交流。

少年读历史

SHAONIAN DU LISHI

清·民国

朝旭文化◎主编

江苏凤凰美术出版社

图书在版编目（CIP）数据

少年读历史 . 清民国 / 朝旭文化主编 . -- 南京 : 江苏凤凰美术出版社 , 2020.1（2021.1 重印）

ISBN 978-7-5580-6809-6

Ⅰ . ①少… Ⅱ . ①朝… Ⅲ . ①中国历史－清代－少年读物②中国历史－民国－少年读物 Ⅳ . ① K209

中国版本图书馆 CIP 数据核字 (2019) 第 265955 号

责任编辑　李秋瑶
封面设计　陈玉军
责任监印　唐　虎

书　　名　少年读历史 . 清民国
主　　编　朝旭文化
出版发行　江苏凤凰美术出版社（南京市湖南路 1 号　邮编：210009）
出版社网址　http://www.jsmscbs.com.cn
印　　刷　德州市永诚印刷有限公司
开　　本　880mm × 1230mm　1/32
总 印 张　24
版　　次　2020 年 1 月第 1 版　2021 年 1 月第 3 次印刷
标准书号　ISBN 978-7-5580-6809-6
总 定 价　120.00 元（全 8 册）

营销部电话　025-68155675

少年，我们为什么要读历史？

学史明智，鉴古知今。

历史是什么？历史是一个民族和国家形成、发展及其兴盛衰亡的真实记录，是前人各种知识、经验和智慧的总汇。

历史就像一面镜子，以史为镜可以知兴替，以人为镜可以明得失。学史明智，鉴古知今。读华夏历史，不仅可以了解中华五千年的史实，而且还能够让我们铭记历史，从历史中学习前人的智慧，深刻把握人类发展的历史规律，在对历史的深入思考中汲取智慧、继往开来。

少年朋友们，读历史不只是为了应对考试，更要深刻地认识到学习历史的重要意义。有的人从历史中学到丰富的史学知识，有的人从历史中学到坚韧不拔的精神，有的人从历史中学到为人处世之道，有的人从历史中学到为官之道……历史如同一个巨大的宝库，有着无尽的财富，只要你愿意去挖掘，每个人都可以各取所需，有意想不到的收获。

少年朋友们，读历史对我们有太多太多的好处——

1 丰富知识，开拓思维

读历史，用历史知识武装头脑，取其精华，去其糟粕，让头脑敏锐地思考，做出有益于他人或者社会的行为。

2 增强民族自豪感和凝聚力

读历史，了解华夏五千年的灿烂历史，为勤劳智慧的祖先感到骄傲，增强人们的自豪感、荣誉感、归属感和整体的凝聚力，从而树立少年为振兴中华而刻苦学习的伟大抱负。

3 培养胸怀和抱负

读历史，我们可以了解前人处世的态度、远大的抱负和无畏的精神，受到他们潜移默化的影响和熏陶，从而胸怀远大的志向。

4 借鉴别人的经验

读历史，了解历史上的人物和事件，借鉴前人的经验，吸取教训，学习某个人物的某种精神，从而武装自己的头脑及提高明辨是非的能力。

5 了解人性的弱点

读历史，你能从中发现历史环境和现实场景有相通之处，看清共同的人性弱点，从而提醒自己不能犯相同的错误。

少年朋友们，可见读历史是多么的重要啊！从今天开始，让我们多看一些有益的历史书籍吧！

目录

清朝

民 国

少年读历史

清朝

历十二帝，共二百九十六年

都城：北京（今北京）

郑成功收复台湾

明朝灭亡后，1644年，福王朱由崧(sōng)在南京建立了弘光政权，史称南明。次年，朱由崧被清军俘杀，郑芝龙、黄道周等人拥立明太祖朱元璋的九世孙，即唐王朱聿键在福州称帝，称为隆武帝。大臣黄道周一心抗清，积极帮助隆武帝出师北伐。可掌握兵权的郑芝龙却只想保存自己的实力，不愿出兵。

郑芝龙原本是来往于福建沿海与南洋一带的大商人兼大海盗，被明朝招安，成了福建总兵。然而，郑芝龙感到大明气数已尽，便想降清。他的儿子叫郑成功，是一位年轻的将领。郑成功苦苦劝阻父亲，可郑芝龙还是在顺治三年（1646年）带着几个亲兵，主动投降了清政府，没想到却被带到北京软禁了起来。

清政府让郑芝龙招降郑成功，郑成功始终不肯降清，打出了“背父救国”的旗号。1646年，清军进军福建，隆武帝被俘，绝食自尽。郑成功老家也被清军毁了，母亲受辱自杀。他悲愤地跑到南澳岛，招募了几千人马，又到厦门想办法合并了厦门军阀郑联的队伍，壮大了力量。

他在厦门成立起一支水师，和抗清将领张煌言一起率领十多万水军进入长江，可惜在舟山附近的海面遇到飓风，损失了不少人马和船只，只得上岸休整。一年后，郑成功再次北伐。这一次，他接连打下了瓜洲、镇江，直逼南京，却中了南京守将的诈降之计，被清军偷袭，损失惨重，只好退回厦门。

清军趁势扫荡福建，占领了不少地方，他们让福建、广东沿海的百姓后撤

四十里，以此断绝郑军的后勤供应。郑成功处境十分不妙，此时，他想到了台湾。

台湾在福建对面，自古就是中国的领土。明朝天启四年（1624 年），荷兰人入侵台湾，还建起了赤崁（kàn）城和台湾城，在台湾收税，台湾成了荷兰的殖民地。在台湾义士何斌的劝说下，郑成功下决心收复台湾。

1661 年农历三月，他让儿子郑经带领一部分人马留守厦门，自己率领二万五千名将士，从金门出发，克服了狂风恶浪的袭击，成功抵达鹿耳门港外。休整过后，他就带着大军从荷兰人没有设防的北航道进港，登上陆地。

台湾百姓得知消息后，兴高采烈地带着各种慰劳品来看望他们。荷军派出一支百人组成的队伍来攻打郑军，却被打得**落荒而逃**。荷军不甘心失败，又派出最大的战船“赫克托”号，从海上向郑军发起了攻击。郑军战船小，行动灵活，六十多只战船一起向“赫克托”号开炮，“赫克托”号燃起了**熊熊大火**，最终沉入了海底。另外的几只荷兰战船见势不妙，吓得立即逃走了。

荷军接连失败，只好退回赤崁城。郑成功率军包围了赤崁城，切断了赤崁城与台湾城的联系。赤崁城的守军看到坚守无望，只好向郑成功投降。剩余的荷军固守台湾城，那里防卫坚固，郑成功一时半会儿无法攻克，便采取了一边围困，一边把兵力分驻各地屯垦的措施。

荷兰殖民当局知道荷军在台湾战败的消息后，匆忙拼凑了一支军队，经过三十多天的航行，分水、陆两军向郑军发起了攻击，却又一次大败而归，从此再也不敢轻易与郑军交战。

荷军士气低落，不少将领陆续投降。郑成功决定把对荷军的封锁战术转为进攻。经过一场激战，郑军攻破了台湾城的城防，荷军困守孤城，死伤一千六百余人，能战斗的士兵不过六百余人，且已**弹尽粮绝**。荷军没了援军，又缺水源，没多久就投降了。

1662 年，受降仪式在郑成功的军营中举行，揆一脱下军帽，解下佩剑，在降书上签字，带着他的残兵败将，彻底离开**盘踞**了三十八年的中国宝岛。

郑成功在攻下台湾的同一年逝世，儿子郑经自称延平王。1663年，清荷联军攻打停留在金门、厦门一带的郑军，郑军落败，随之全军转往台湾。

郑经和郑克塽(shuǎng)持续统治了台湾二十多年，他们引入了明朝的宫室、庙宇和各种典章制度，奠定了台湾以汉民族文化为主体的基础。他们还从大陆带去许多种子、农具，组织军民屯田垦荒，积极发展农业，为开发台湾做出了巨大的贡献。

历史小启迪

郑成功一生致力于反清大业，曾挥师北伐直抵南京城下。反清事业遭遇挫折后，郑成功又果断跨越海峡，打败荷兰人，为明朝开辟了最后一块根据地。他有勇有谋，又懂得审时度势，不逞匹夫之勇，值得后人敬仰。

康熙平定三藩之乱

皇太极重病暴卒后，其六岁的儿子福临在亲王多尔衮的支持下登基，即为顺治帝。

顺治帝二十四岁时病逝，八岁的康熙帝玄烨登基。皇帝年幼，索尼、苏克萨哈、遏(è)必隆、鳌拜成了辅政大臣。

四个辅政大臣中，鳌拜立过战功，又手握兵权，是最强势的一个。康熙十四岁亲政以后，他仍旧把持朝政，不把小皇帝放在眼里。苏克萨哈和他发生了矛盾，他就勾结同党**诬陷**苏克萨哈犯了大罪，逼迫康熙帝处死苏克萨哈。从此，康熙把鳌拜当成了**心腹大患**。

康熙表面上对鳌拜一切如旧，暗中却召心腹侍卫索额图进宫密谋，商量出了对付鳌拜的办法。他以找人陪他玩耍为名，挑选了一批身体强壮的十来岁的少年进宫，整天看他们玩布库（“布库”是满语，意为摔跤），高兴了还和他们一起玩。鳌拜只当他年少贪玩，暗自高兴。

康熙八年（1669 年）五月的一天，康熙调离了鳌拜的亲信，宣鳌拜进宫。鳌拜进门的时候，索额图让他交出武器，鳌拜看到殿内只有几个毛孩子，**不以为意**地交出了随身佩剑。他刚进殿，事先埋伏在武英殿内的布库少年们一拥而上，把鳌拜捆绑了起来。康熙帝宣读了鳌拜的三十大罪状，给他判了个终身监禁。一代骁将就这样戏剧性地败在了一群少年手下。

解决了鳌拜，就该解决“三藩”的问题了。

顺治帝十四岁亲政后，采取了停止圈地、放宽逃人法等一系列缓和民族矛盾的措施。同时，为了安抚手握重兵的前明大将吴三桂，他把皇太极的第十四女嫁给吴三桂的儿子吴应熊，以示优宠。另外，他封吴三桂为平西王，让他镇守云南、贵州两地，给了他开矿山、铸造钱币、煮井盐等特权。和吴三桂待遇相似的还有广东的平南王尚可喜、福建的靖南王耿仲明，他们被朝廷称为“三藩”。

多年以来，三藩早已成了一方土皇帝。康熙想要统一政令，三藩就成了绊脚石。

三藩知道朝廷不会真的信任他们，拿不准朝廷会怎么对待他们。正好尚可喜年龄大了，就上了一道奏章，请求**告老还乡**，但要求让儿子尚之信继承爵位，继续镇守广东。

康熙一看，正好试探他们对“撤藩”的态度，一口答应了尚可喜告老还乡的请求，但要撤销平南王府，理由是广东已经安定下来，不需要镇守了。

这一来触动了三藩中势力最大的吴三桂的利益，他一边加紧扩充兵力，一边联合耿精忠（耿仲明的孙子）试探朝廷，给康熙上了奏章，主动提出三藩一起撤掉。康熙把这事交给大臣们商议，有主张撤的，也有主张不撤的，最后他一拍板，索性一次解决，三藩全撤。

吴三桂请求撤藩，只是做个样子，没想到康熙这么有决断，顿时又惊又恨。他表面上准备撤藩，暗中却给朝廷设置了种种障碍拖延时间，为自己起兵做准备。1673 年，吴三桂撕下伪装，脱下藩王的官服，重新穿上了明朝的盔甲，宣布要替明朝报仇雪恨，发动了叛乱。

长期生活在清朝高压政策下的人们终于找到了抒发胸中闷气的机会，一时间，许多地方都跟着沸腾起来。吴三桂的兵马一路打到了湖南、江西一带，他还约尚之信、耿精忠一起造反，占领了南方，史称“三藩之乱”。

康熙长于深宫，这时还只是一个二十来岁、从来没打过仗的年轻人。他在孝庄太后和大臣们的帮助下，对三藩阵营采取了分化瓦解的策略。他先派兵攻击实力相对较弱的耿精忠和尚之信，打得两人先后撤兵请降，最终两人都被朝廷赐死。接着，康熙帝便集中兵力对付吴三桂。

吴三桂起初打了一些胜仗，可随着清兵越来越多，他缺乏援军，力量也渐渐被削弱了。双方在西北、西南、中南、华南打了多年。1678 年，六十六岁的吴三桂匆匆忙忙地在衡州（今湖南衡阳）登上皇帝宝座，国号大周。可他只做了五个月皇帝就病死了。他的孙子吴世璠(fán)继位，又与清朝对抗了三年之久。1681 年，吴世璠兵败自杀，“三藩之乱”终于平定了。

平定“三藩之乱”后，康熙又着手收复被郑家人统治的台湾。他下令迁界禁海，切断了台湾和大陆的联系。1683 年，施琅率大清水师攻入台湾，延平王郑克塽战败，自尽身亡，康熙完成了收复台湾的大业。

历史小启迪

康熙幼年登基，朝政被权臣鳌拜把持，可他心怀远大的目标，能够隐忍，步步为营，除鳌拜，平三藩，收台湾，一步步达成目标。有目标、有计划、有毅力，是康熙帝取得成功的重要原因。

雅克萨大捷

康熙平定三藩的时候，中国东北边境屡屡传来遭受俄国侵犯的消息。

16世纪前期，俄国仍是欧洲一个不大的封建农奴制国家，和中国相隔万里。16世纪后，俄国开始不断向外扩张。明崇祯五年（1632年），俄国已扩张至西伯利亚东部的勒拿河流域，建立了雅库茨克城。

明崇祯十六年（1643年）夏，俄国侵略者沿勒拿河越过外兴安岭，入侵中国领土。十一月，这些侵略者到达精奇里江中游。次年初夏，精奇里江中游解冻后，这伙匪徒闯入中国东北的黑龙江流域。中国各族人民奋起反抗，一度把俄国侵略者赶了出去。

康熙忙着平三藩的时候，放松了北部边防，

俄国逃犯哈巴罗夫带着几十个土匪再次闯入黑龙江一带，在尼布楚和雅克萨等地筑起城堡，把达斡(wò)尔族人赶到嫩江流域，并到处抢夺财物，献给他们的沙皇。沙皇十分高兴，不但赦免了哈巴罗夫的罪过，还封他为“雅克萨长官”，意图永远霸占雅克萨。

黑龙江自古就是中国的领土，从秦汉时期起，就有专门的官员驻守，达斡尔族人世世代代居住在那里。听到俄国进犯黑龙江的消息，康熙顿时**勃然大怒**，决心收复失地。

平定三藩的第二年，康熙就开始为攻打沙俄做准备。他派出将军朗坦、彭春，以打猎为名深入雅克萨地区就近侦察；命蒙古的车臣断绝与沙俄军的贸易；令将军萨布素率部在瑷(ài)珲(huī)筑城永戍；在瑷珲至吉林途中设置驿站；令当地官员加紧造船，保证军粮能通过松花江、黑龙江及时送达前线。

康熙二十二年（1683年）九月，康熙帝勒令雅克萨的俄军头目趁早退出雅克萨，沙俄军队不但不肯退出，反倒派人到瑷珲抢掠，跟清朝对抗。康熙看到不能和平解决问题，便正式下达了进攻的命令。

康熙二十五年（1686 年）三月，康熙帝任命萨布素、彭春为统帅，派出了由满、汉、蒙古等族组成的军队三千人，从瑷珲出发，前往雅克萨。

沙俄军队经过几年的准备，已经把雅克萨的城堡修得十分坚固。彭春仔细考察过地形之后，在城南筑起土山，从土山往城里放箭，俄军见此，连忙把兵力拉到城南抵抗。其实这只是清军的**声东击西**之计，清军早在城北隐蔽的地方安置了大炮，趁城北防守空虚，猛烈地攻击起来，炮弹呼啸着飞向城楼，燃起了熊熊大火。侵略军头目托尔布津见俄军死伤惨重，只好在城里举起了白旗投降。

为了维持友好邻邦的关系，清军按照康熙帝事前的嘱咐，接受了托尔布津的投降请求，让他带着残兵返回俄国。俄军撤走后，清军把黑龙江下游沙俄侵略军建立的据点全部焚毁，奏起凯歌起程回朝。

谁知托尔布津贼心不死，清军主力一离开，他又带着大队人马返回雅克萨，重建城堡，还增高城墙，拓宽护城河，存储粮食，一副死守到底的样子。

康熙大怒，第二年夏天，派黑龙江将军萨布素再一次出征雅克萨。这次，清军采取了长期围困的战术，在城的东、南、北三面挖掘战壕，构筑营垒，断绝雅克萨的水源，还用更加猛烈的炮火猛攻城墙。俄兵几次出城反扑，都被清军打了回去。托尔布津被大炮击中，伤重而亡。沙俄军队被围困了五个多月，弹尽粮绝，死的死、伤的伤、病的病，最后只剩下几十人，再也守不下去了。沙俄政府不得不出面，要求用谈判解决争端，康熙这才下令停止攻城。

1689 年，清廷派出谈判代表索额图，沙俄政府派出御前大臣戈洛文做代表，在黑龙江尼布楚举行和谈，划分

了两国的边界，确认黑龙江和乌苏里江流域的广大地区都是中国的领土，这就是《尼布楚条约》。

《尼布楚条约》是清政府与外国签订的第一份边界条约，但在清政府的让步下，作为战胜国的中国，反而失去了外兴安岭以北的小部分领土，以及以尼布楚为中心的蒙古东北部地区。

此后，康熙命令在黑龙江的战略要地建筑城堡，设置驿站，制定巡边制度，从而保障了东北边境的和平与安宁。

历史小启迪

黑龙江自古就是中国的领土，雅克萨之战挫败了沙俄侵占中国黑龙江流域的阴谋，划定了中俄东段的边界。中国军民在这场抗击侵略者的战争中做出的努力，值得后人敬仰。

三征噶尔丹

侵占雅克萨失败的沙俄政府不甘心，又唆使准噶尔部的首领噶尔丹进攻漠北蒙古。

当时，蒙古族分为漠南蒙古、漠北蒙古和漠西蒙古三个部分，准噶尔是漠西蒙古的一支，居住在伊犁一带。噶尔丹**野心勃勃**，先兼并了漠西蒙古的其他部落，又向东进攻漠北蒙古。漠北蒙古抵抗了一阵子失败了，逃到漠南，向清政府求救。康熙一边派人安抚和救济逃难的灾民，一边向噶尔丹施压，令他立即退兵，把侵占的土地、牛羊归还给原主人。

噶尔丹认为自己有沙俄的支持，哪里肯听命于千里之外的康熙，磨刀霍霍，打算攻打漠南。

漠南蒙古早已归顺大清，漠北蒙古和漠西蒙古也是大清的臣民，康熙当然不能坐视国土分裂。

他决定亲征噶尔丹，彻底平定叛乱。1690年7月，康熙帝亲自带兵，兵分两路，左路由抚远大将军福全统领，右路由安北大将军常宁率领，向噶尔丹进军。

右路军先与噶尔丹交手，打了败仗，只得撤退。噶尔丹一路长驱直入，一直打到了离北京只有七百里的乌兰布通。

康熙帝下令两军会合，全力反击。噶尔丹把几万骑兵集中在大红山下，这里后有树林掩护，前有河流阻挡，是个用兵的好地方。他找来上万头骆驼，把它们绑住四脚放倒在地，再用湿毡毯裹住，并在

它们的背上摆上箱子，形成一个个“驼城”。士兵就躲在箱垛中间射箭放枪，阻止清军进攻。

清军用火炮、火枪一顿猛攻，把“驼城”轰出了一个缺口，随后发起猛攻，另一支清军又绕道从“驼城”背后发起了攻击。噶尔丹两面受敌，被打得**丢盔弃甲**，赶紧带着士兵退走了。

噶尔丹表面投了降，其实一直不死心。1695年，他养足了精神，带领三万骑兵，在漠北发动叛乱，他还扬言已经向沙俄借到了六万枪兵，即将攻打北京，争夺皇位。

1696年，康熙帝第二次亲征，大军分三路，东路由黑龙江将军萨布素率领，西路由大将军费扬古率领，他亲自率领中路军。

三路大军，一路从东边阻击噶尔丹的前锋，一路从宁夏穿插切断噶尔丹的退路，三路大军在大漠以北的科图会合，共同夹击噶尔丹。

计划很完美，谁知东路军行动迟缓，迟迟没按约定时间赶到，西路军一路上总是遇到不利于出行的恶劣天气，也不能准时参与会战。将领担心康熙遇到危险，建议康熙撤兵回朝。康熙大怒，说：“朕挂帅亲征，还没见到敌人就后退，以何脸面面对天下？”

康熙指挥大军继续向克鲁伦河进发，还派使者去告诉噶尔丹康熙帝亲征的消息。噶尔丹上次被打怕了，跑到山头远远一看，见清军黄旗飘扬，军容整肃，吓得连忙逃跑。

噶尔丹带兵奔走了五天五夜，到了昭莫多，费扬古率领西路大军已经追了上来。他在山上树林茂密之处设下埋伏，用四百人边战边退，把噶尔丹的大军引入了埋伏圈，四面的伏军冲出，双方展开了一场激战。最后，噶尔丹只带着几十名骑兵逃脱了。

两次大战，噶尔丹元气大伤，军队也**土崩瓦解**，可他还是不肯归顺。第二年春天，康熙帝三征噶尔丹。这时，噶尔丹原来的根据地伊犁已经被他的侄儿策妄阿拉布坦占领，他手下的士兵好多不愿再战，反而为清军当起了向导。**走投无路**的噶尔丹投奔沙俄，沙俄不肯接受，他只好服毒自杀了。这场历时八年的远征也宣告结束。

自此，清政府重新控制了阿尔泰山以东的漠北蒙古，授予当地蒙古贵族各种封号和官职。清政府又在乌里雅苏台设立将军一职，统辖漠北蒙古。

策妄阿拉布坦流窜到西藏抢占地盘，康熙派大军远征西藏赶走了他，并设置驻藏大臣，护送达赖六世回藏，让其同驻藏大臣、班禅一起管理西藏，西藏成为中国不可分割的一部分。

历史小启迪

噶尔丹在沙俄的挑唆下发动了战争，可沙俄所谓的支持不过是为了自己的野心，并没有给予实际的支持。噶尔丹之所以失败，正是对形势的误判，相信了虚伪的承诺。这也告诫我们，在行事前，一定要深谋远虑，洞察形势，不要妄下结论。

三兴文字狱

清朝取代明朝后，民间不断有“反清复明”的声音和起义事件，清朝一边招抚那些在民间有影响力的读书人，一边严厉打压具有强烈反清思想的读书人，并逐渐演变成了“文字狱”。

康熙登基不久，就曾发生过一起影响范围颇广的文字狱，即“明史案”。

浙江湖州有个叫庄廷龙的文人，无意中得到了明末大学士朱国桢的一部分明史遗稿。他被书中的内容所打动，召集人添上了明末天启、崇祯两朝的史事，改名为《明书》。书成不久，庄廷龙病死，其父庄允诚于顺治十七年（1660年）冬把书印刷了出来，命名为《明史辑略》。书中把清先祖和清兵称为“贼”，称清为“后金”，明朝官员降清称为“叛变”，**字里行间**，还有很多对清朝**贬低**、斥骂的文字。

归安有个叫吴之荣的知县发现这本书后，跑到庄府去敲诈勒索，却被庄府毫不客气地赶了出来。吴之荣咽不下这口气，把庄府告到官府，最后传到了清廷那里。书中“**大逆不道**”的文字，尤其是南明朝廷反抗清朝的事，像芒刺一般，刺得清朝统治者大为震怒。

康熙二年（1663年），此事被定为“谋逆案”，庄氏家属及为这本书作序、校阅、刻字、印刷者，和参与买卖此书、处理此事不力的官员，都受到了牵连。有的被杀头，有的被充军，被处死者达七十二人，充军边地者数百人，女眷均发边为奴，过世多年的庄廷龙也被开棺戮尸。

然而这只是一个开始。康熙五十年（1711年），又有人告发翰林官员戴名世编写了《南山集》，记载了明末时期的抗清事迹，书中对南明诸王充满了同情。事发后，戴名世被斩，他的父兄、叔伯、子侄，受牵连的足足有三百多人。

这些案件都因文而起，统一被称为“文字狱”。

雍正朝时，又发生了著名的“吕留良案”。

吕留良是浙江学者，曾参加过反清复明的斗争，失败后，他回到家乡教书。清廷让他出来做官，他为回避仕途，干脆出家做了和尚。他躲在寺院中著书立说，写了不少不屈服于清朝、怀念明朝的著作，但并没有流传出去。

吕留良死后，他的著作无意中被湖南人曾静看到了。曾静一看就喜欢得不得了，让学生张熙跑到吕留良老家去搜集他遗留下来的文稿。

张熙超额完成了任务——联系上了吕留良的两个学生。几人**一拍即合**，进而就商量起怎么推翻清朝的大事来。曾静打听到陕甘总督岳钟琪手握大军，还可能是宋朝抗金将领岳飞的后代，就把希望寄托在了他身上。于是，他写了一封信，让张熙去找岳钟琪

商谈反清之事。不料，张熙没能说服岳钟琪，反被岳钟琪打入大牢，对他严刑拷打，让他招出同党。

张熙是个硬汉子，怎么都不肯说。岳钟琪想了一个办法，他秘密把张熙从牢里放了出来，假惺惺地告诉张熙，自己早就有心反清，把他抓到牢里不过是试探试探。

岳钟琪一副**郑重其事**的样子，又赌咒发誓，张熙渐渐相信了他，把他们的计划都说了出来。岳钟琪立马派人抓捕曾静等人，并把这事一五一十地报告给了雍正帝。张熙这才知道上当了，可已经晚了。

雍正大怒，认为之前的许多“谋反”大案，都是吕留良思想的“流毒”造成的。他把吕留良的坟刨了，棺材劈了，还不罢休，又杀了许多吕留良的门生、后代。出人意料的是，雍正没有杀曾静、张熙，而是把曾静所写的供状亲自批注，命名为《大义觉迷录》，印刷出来发行全国，以此告诉世人，反对大清是有罪的。

文字狱总共历经了康熙、雍正、乾隆三朝，历时一百四十余年。

康熙时期，就先后发生了二十多起文字狱，“明史案”和“南山案”都是影响比较大的案子。但三朝相比起来，康熙帝总体采取的是怀柔政策，当时反清学者顾炎武的诗文集、王夫之的《读通鉴论》等都有强烈的民族情绪，却没有被追究。

雍正即位初期，几起文字狱都是政治斗争的副产品。曾静案后，文字狱渐渐成了压制汉族知识分子民族意识和民族气节的重要手段，一时间，告密、举报者众多。

到乾隆皇帝时期，尤其是乾隆中期，文字狱达到了一个高峰，有记载的就有一百多起，达到疯狂、**残酷**与**荒唐**的地步，连在雍正手里逃过一劫的曾静，也被乾隆处死了。

在这禁锢思想的“白色恐怖”中，一句诗、一个字都有可能惹出大祸。翰林院学士徐骏写了两句诗：“清风不识字，何事乱翻书。”写得只是明月清风而已，却被说成讽刺清朝统治者没有文化，被处以死刑，真是冤枉至极。

文人学士们为了保命，只好死抱八股程式，背诵“孔孟程朱”的教诲以求科举入仕；或者把全部精力用于训诂、考据的故纸堆中，再不敢随意写文章，更别提像前朝那样议论朝政了。

历史小启迪

清代三朝皇帝，都试图消弭民间的“反清思想”，然而，虽然统治者想尽了办法来禁锢人们的思想，这股暗流却始终没有被彻底消灭。由此可见，征服天下易，征服人心难。一味地打压并不能解决问题，只会让问题越来越严重。

大清第一贪官——和珅

乾隆做了六十年皇帝，文治武功都取得了不错的成绩，他不禁骄傲起来，自封“十全老人”。他**好大喜功**，先后六次下江南巡游，将“康乾盛世”积累下来的财富消耗一空，晚年时还越来越喜欢听奉承话。于是，最能揣测皇帝心意的大清第一贪官——和珅登场了。

和珅出身高级武官家庭，家族在顺治元年（1644年）和顺治帝一起入关。乾隆年间，和珅进了当时的重点学校——咸安宫官学读书，学会了骑射、四书五经以及书法、绘画等。二十岁时，他承袭了家中“三等轻车都尉”的世职，入宫当差，三年后成了三等侍卫，有了接触皇帝的机会。

一次，乾隆帝准备外出巡视，侍从官员们连忙准备仪仗，谁知仪仗中的黄盖怎么也找不到了，乾隆帝十分生气，当即开口责问：“这是谁的过错？”底下的人一下子都傻了眼，谁都不敢答话，和珅却应声答道：“典守者不得辞其责。”

乾隆帝见是个长得挺精神的小伙子，怒气不觉散了几分，问起了他的出身，知道他曾中过秀才，就让他背诵一篇自己写的文章。和珅背诵时，声音**洪亮**，字字清晰，乾隆帝听得龙心大悦，把他提升为乾清门御前侍卫。

和珅聪明**伶俐**，既能干又处处投皇帝所好，很快就成了乾隆身边的第一宠臣。

乾隆四十五年（1780 年），乾隆帝把第十女固伦和孝公主许配给了和珅的长子丰绅殷德。同年，和珅奉命赴云南查办云贵总督李侍尧贪污案，提出了有关“设关”“盐务”和“钱法”等改革建议。不久，他在处理国内各少数民族事务与接待周边各朝贡国家使节时，对“清缅关系”“清与安南的贸易”再次提出不少合理的意见。

乾隆五十八年（1793 年）夏秋之间，英国特使马戛尔尼率领代表团访华，不肯按清朝礼节参拜皇帝。和珅与英国特使进行了交涉，最终让英国代表团让步，用单膝下跪的方式参拜皇帝。

几年下来，他件件事都办得漂漂亮亮，因而一路**扶摇直上**，先后被擢升为军机大臣、御前大臣、领侍卫内大臣、大学士，掌管吏、户、刑、兵四部及三库、理藩院、内务府、圆明园、茶膳房、太医院与御药房等事务，还担任过四库全书馆的正总裁。和珅将政

治、经济、军事、外交与文化等方面的大权独揽于一身，可以说高官做遍，风光享遍。

乾隆朝前半期，国库充裕，可到了乾隆中晚年的时候，国库就**入不敷出**了。和珅生性贪婪，更是个理财、敛财的高手。除了经营皇室的正常收入项目、改革内务府减少开支外，他还发明了许多广收银路的办法，比如鼓励大臣捐款孝敬皇室、挑富商和封疆大吏的错抄他们的家以补充国库、实行“议罪银”制度等。和珅成了招财进宝的财神爷，乾隆越发觉得他是值得信任的干练之才。

随着乾隆帝对他越来越宠信，和珅更是打着乾隆的旗号，**肆无忌惮**地索取财物。官场上的人都知道，犯了事想大事化了的，没文化又想当官的，只要拿着银子去找和珅，就没有办不了的事。

地方官更是争相巴结和珅，送给他的礼品都是最好的。一次，七阿哥一不小心把宫中的一只碧玉盘打碎了，来找和珅出主意。和珅故意装作为难的样子，说："这玉盘可是个宝物啊，我上哪儿给你弄呢？"和七阿哥一起来的成亲王把和珅拉到一边，说了半天好话，和珅这才答应勉强试试。第二天，到了约定的地方，和珅拿出一只碧玉盘，比打碎的那只更为精美呢！

朝中也有不少正直的大臣弹劾和珅，却没有成功。1786 年，御史曹锡宝参劾和珅家奴刘全违规建造豪宅。第二天，乾隆把奏章发给都察院处理，让他们追查此事。和珅平时耳目众多，很快就有人把这个消息透露给了他。和珅连夜让刘全把新屋子拆得干干净净，一切奢华之物都搬走了。结果曹锡宝得了个"妄言不实"的罪名，反倒官降一级。

1796 年，乾隆帝在做满六十年皇帝后，自称不敢超过祖父康熙皇帝在位的时间，把皇位传给了儿子颙（yóng）琰（yǎn），即嘉庆帝。

1799年，乾隆去世，嘉庆趁着办丧事的机会，下令把和珅关进大牢，逼他自尽，抄了他的家。

抄家的结果吓了众人一大跳，各种金银财宝、稀世珍玩、古董书画，多得数都数不清，加上各地的当铺、商铺、房产，价值八亿两白银，抵得上国库十年的收入。这些财宝都被运回了宫中，于是民间流传起了两句顺口溜："和珅跌倒，嘉庆吃饱。"

历史小启迪

绝对的权力往往带来绝对的腐败，和珅是个能干的人，权倾朝野，也正因为他的能干和权势，让他犯下了更大的错误，祸延家人。由此可见，才干要和德行匹配，无德而有才，才干越大，祸害也就越大。

鸦片战争

19世纪起，以英国为代表的西方国家从《马可·波罗游记》中得知有个美丽富饶的东方国家，便蜂拥来到中国做生意。

然而中国一向重农轻商，是自给自足的小农经济，外国的工业品在这里的销路和利润都很有限。于是，英国商人想到了能带来高额利润，同时会使人吸食成瘾、健康受损的鸦片。

走私鸦片这种事早在雍正时期就有了，到道光时期，英国开始对中国全力倾销鸦片，仅道光执政的前十五年间，全国吸鸦片成瘾的人口就有两百多万，造成六千万两白银外流。

对鸦片贸易导致白银大量外流的问题，朝中大臣分为两派，一派以琦善为首，认为这只是外贸问题，不用禁烟；另一派则以林则徐为首，认为鸦片将成为中国的一大危害，力主禁烟。

林则徐向道光帝上了一道奏折，说：“如再不严禁此事，几十年之后，中国就没有能打仗的兵，也没有白银发军饷了。”

道光帝对禁烟一事一直犹豫不决，看了这封奏章，一阵**心惊肉跳**，终于下定决心禁烟。他任命林则徐为钦差大臣，让他去广州禁烟。

1839 年 3 月，林则徐赴广州上任。他一上任便雷厉风行地开展禁烟运动，缉拿烟贩，并命令

外国鸦片商必须交出囤积的所有鸦片。

鸦片贩子的头目颠地不肯交出鸦片，林则徐下令逮捕他，英国驻华商务总监义律便把颠地藏在了商馆。林则徐封锁了黄埔一带的江面，派兵包围了藏匿颠地的商馆。商馆断水断粮，无法顽抗，只好交出船上所有的鸦片。

1839 年 6 月，林则徐在虎门海滩的高处挖了两个十五丈见方的大池子，后面有一个涵洞，直通大海。在成百上千的围观群众、官员的见证下，一箱箱鸦片被投入装满海水的大池中，随后又放入一担担生石灰。不一会儿，池子里的水就沸腾起来，把罪恶的鸦片化成了灰烬。一批焚毁，又投入一批，虎门销烟整整持续了二十三天，终于把两万多箱鸦片全部销毁了。

英国政府**恼羞成怒**，1840 年 6 月，义律率领由四千名英国士兵和五百多门大炮组成的舰队，号称“东方远征军”，来到广东海面，用火力封锁了珠江口，第一次鸦片战争爆发。

林则徐早有准备，命令士兵严阵以待，英军

没讨到便宜，又跑到厦门，再次遭到福建总督邓廷桢的迎头痛击。英军仍然不甘心，一路骚扰沿海城市，他们攻陷定海，一路打到了天津。

道光皇帝吓坏了，赶紧叫大臣琦善去广州和英国侵略者谈判。英国人说，只要朝廷惩罚林则徐，英国就可以退兵。琦善和道光皇帝相信了英国人的鬼话，于是禁烟英雄林则徐被革职了。琦善为了讨好英国人，还拆除了广州的防御工事，裁减了三分之二的广东水师。然而，英国**得寸进尺**，不但提出赔偿烟价和军费等无理要求，还宣布香港也是他们的。道光皇帝顿感没有面子，向英国宣战。

1841 年初，英军进攻虎门炮台，虎门水师提督关天培率领部下发出了“人在炮台在，不离炮台半步”的誓言，在武器装备落后，没有援军，以寡敌众的情况下，坚持与英军作战五天，壮烈牺牲，虎门炮台也随之失守。

英国先后攻陷了厦门、吴淞，长驱直入。8 月，英国舰队开到了南京城外，道光皇帝再也没有讨价还价的余地了。8月29日，在英军旗舰“康华丽”号上，清廷签下了中国第一个不平等条约——《南京条约》，条约主要规定了：中国向英国赔款两千一百万银圆，割让香港岛，开放广州、福州、厦门、宁波、上海五处为通商口岸等。

美国、法国接踵而来，在1844年同样强迫清政府和他们签下不平等条约。1849年，葡萄牙强行占领了澳门。从此，中国开始沦为半殖民地半封建社会。

第一次鸦片战争后，西方列强尝到了甜头，试图修改之前签订的条约，扩大他们在中国的商贸利益。

1856年10月8日，广东水师在一艘中国船“亚罗”号上逮捕了十二名海盗，英国驻广州代理领事巴夏礼以“亚罗”号在香港领过英籍登记证，是英国船为由，对此事横加干涉。他要求中国送还被扣押的

全部人犯，还要向英国赔礼道歉。

清廷答应放人，却不肯赔礼道歉。英国以此为理由，向广州发起了突然袭击，第二次鸦片战争爆发。两广总督叶名琛一味妥协，禁止官兵还击，英军很快攻入广州，叶名琛慌忙逃命。

英国向法国发出照会，建议两国联合出兵。12月，英法联军再度攻打广州，叶名琛竟然“不战、不和、不守”，再次弃城逃跑，广州落入英法联军手中。

1858年4月，英法联军在美国、俄国的支持下，进攻天津，占领大沽炮台。他们逼迫清廷又签订了一个丧权辱国的条约——《天津条约》。

一直对中国领土**虎视眈眈**的俄国也**趁火打劫**，跟中国谈起了黑龙江问题，最后又用武力强迫黑龙江将军奕山签订了《瑷珲条约》，割占了中国黑龙江以北、外兴安岭以南的大片领土。

1860年8月，英法联军再次集结于天津大沽口外，直逼北京。咸丰帝慌了神，连忙带着一大帮皇亲国戚和大臣逃往热河行宫避难。

10 月 5 日，英法联军兵临北京城下，中国守军寡不敌众，英法联军得以长驱直入。他们得知咸丰帝逃跑后，决定入侵圆明园。

6 日，英法联军像恶狼一样闯进了圆明园，一进去，他们便被这座巨大的宝库惊呆了。于是，他们见到稀罕的宝贝，就通通装进自己的口袋，装不了，就一通乱打乱砸，一些**价值连城**的古籍手抄本也被他们当成废纸，用来点燃烟斗，白白地烧掉了。圆明园总管大臣文丰无法阻止这帮强盗的暴行，悲愤交加，投入园中福海自尽身亡。

10 月 18 日，英国人火烧圆明园。大火三日不灭，附近的清漪园、静明园、静宜园、畅春园及海淀镇一并燃起了大火。烟云笼罩在北京城上空，久久不散。安佑宫中，近三百名太监、宫女、工匠葬身火海。火烧圆明园成为世界文明史上罕见的暴行。

清政府在英法联军的暴行下屈服了，派出大臣奕䜣和英、法议和，并与两国签订了《北京条约》，条约中除了承认《天津条约》继续有效，还增加了天津作为通商口岸，把赔偿英法的军费分别增加到八百万两白银，割让九龙半岛给英国，准许法国传教士到各省传教。

这一系列的战争，被称为“第二次鸦片战争”，从此，中国进一步沦为半殖民地半封建社会。

历史小启迪

林则徐一生都在力抗西方入侵、力禁鸦片贸易，有着“民族英雄”的美誉。鸦片战争让古老的中国陷入了半殖民地半封建社会的苦难之中，也惊醒了国人“天朝上国”的美梦，拉开了中国近代史的序幕。

太平天国运动

鸦片战争之后，清政府为了支付巨额赔款，加剧了对百姓的剥削。日益艰难的生活激起了百姓强烈的反抗，国内的暴动也越来越频繁了。在中国广西，著名的金田起义爆发了。

起义的领导者洪秀全是广东花县（今广东广州花都区）人，七岁起就在村中私塾上学，参加了四次科考，都没有考中。1836年，他在广州应试时收到了基督徒梁发的《劝世良言》一书，思想上大受震动，从此放弃了考取功名，把“重整乾坤”作为自己的使命。

回去后，他和同学冯云山、族弟洪仁玕一起，砸毁了村里的孔子牌位，接受**洗礼**，开始到处宣传他所理解的基督教的教义，组织起了拜上帝会。他还编写了《原道救世歌》等，呼吁建立一个“天下一家，共享太平”的新世界。

他们来到广西山区，使用一切方式传教。在冯云山的影响下，烧炭工杨秀清、矿工萧朝贵、破落地主韦昌辉以及年仅十六岁却谋略过人的石达开都被吸引了过来，成为拜上帝会的骨干。拜上帝会陆续制定了种种教规和仪式，不到几年工夫，就团结了上万人。

1850 年 7 月，洪秀全发布了动员令，要求会员到金田村（今广西桂平境内）集合，让他们把一切财物都交入“圣库”，实行由“圣库”统一开支、人人平均使用的均产制度。同时，洪秀全把青壮年集中起来，开始军事训练。

1851 年 1 月 11 日，洪秀全召集了上万乡民，站在土台上大声宣布：“如今政治腐败，世风日下，妖魔横行，我们才过不上好日子。我们都是天父的子女，教内众人，男的是兄弟，女的是姐妹，人人平等。从今以后，我们只有相信天父，才能过上好日子。”这一天，洪秀全宣布起义，建立“太平天国”，并迅速召集起了两三万之多的信众。

咸丰帝得到报告，急忙派广西总督向荣率兵围剿，但半年下来，不但没镇压下去，太平军的势力反而越来越壮大，攻下重镇永安城（今广西蒙山）。

在永安城，洪秀全自立为天王，封杨秀清、萧朝贵、冯云山、韦昌辉、石达开为东、西、南、北、翼五王。此后，太平军挥师北上，一路挺进湖南、湖北，然后沿着长江东下，**势如破竹**。

1853 年，洪秀全、杨秀清率领五十万太平军攻占了南京，洪秀全将这座六朝古都改名为天京，定为首都。随后，他颁布《天朝田亩制度》，又派兵西征、北伐，势力发展到全国十八个省，几乎占领了中国的半壁江山。

不久，咸丰帝因朝廷的绿营兵兵力不足，下诏令各地在籍官员督办团练，对抗太平军。其中最为成功的当属曾国藩的湘军。曾国藩是湖南湘乡（今湖南双峰）人，道光年间考中进士，做到了礼部侍郎一职，1852年回乡守孝。曾国藩以他的亲友、师生、同乡为骨干，招募了一批农民当兵，组建了湘军。他想办法给湘军置办了一千多门洋炮，三百余艘战船，一年之间，湘军陆军、水师的兵力达到了一万七千余人。

1853年年底，太平军攻克湖北黄州（今湖北黄冈），咸丰帝令曾国藩出战。曾国藩觉得军事准备已经差不多了，当即领兵出发。他初次带兵打仗，没有经验，在江西被翼王石达开打得大败而归。当时，湘军中有人**临阵脱逃**，曾国藩立下一面“过此旗斩”的大旗，却不管用，士兵照样逃跑。战后，曾国藩羞愧得跳水自杀，被随从救了起来。

不久，太平军爆发了内讧。1856年，东王杨秀清以“天父下凡”为由，逼天王洪秀全

加封自己为"万岁"。洪秀全秘密召回北王韦昌辉，让其率兵包围东王府，诛杀了杨秀清和他的家人。随后，韦昌辉又被洪秀全所杀，这一系列事件史称"天京事变"。这场事变中，先后有两万多名太平军将士死于自相残杀。翼王石达开全家也受此事牵连被害，他又被洪秀全**猜忌**，一怒之下，率领十万主力部队出走，先后转战七省，最后在大渡河一带被清军消灭。

天京事变让太平天国开始走下坡路，也给了湘军重整旗鼓的时间。曾国藩趁势攻占了安庆，打开了通往天京的门户。

在陈玉成、李秀成等青年将领的努力下，太平天国数次打退了清军的进攻，可形势还是越来越恶化了。

1861 年 12 月间，英国海军提督何伯与参赞巴夏礼到天京，以事成后平分中国为条件，向洪秀全提出帮太平天国打败清军的建议。洪秀全断然拒绝，英国转而支持清廷。

1863 年冬，天京城粮尽援绝，洪秀全拒绝了李秀成“放弃天京，转战中原”的建议，固守天京。为提升士气，洪秀全还向将士们宣称将有天兵下凡，驱走清兵，可这依旧挽救不了太平天国。不久，太平军苏、浙基地均被湘军和淮军攻克，天京被围。

1864 年 6 月，洪秀全病逝，其子洪天贵继位。7 月，天京城破，守城的太平军因长期饥饿而奄奄一息，但还是与清军展开了激烈的巷战。天京沦陷后，太平天国的余部还在南方各省坚持斗争达两年之久。

历史小启迪

洪秀全虽然有性格暴烈、目光短浅等弱点，但在太平天国危在旦夕之际，他却毅然拒绝了英国海军提督不怀好意的援助，坚决捍卫中国领土的完整，和动辄割地赔款的清朝官员相比，他的这份民族气节难能可贵。

甲午中日战争

咸丰帝病逝后，慈禧太后发动政变掌握了大权，开始了她对中国长达四十八年的统治。当西方列强用大炮轰开了大清的国门时，慈禧太后和清政府的一些官员终于感受到了大清工业技术的落后。于是，在慈禧太后的支持下，以奕䜣、曾国藩、李鸿章、左宗棠等人为代表的洋务派，提出了“师夷长技以自强”的口号，在1861—1895年间，掀起了一场“洋务运动”。

1861年，曾国藩在安徽安庆成立了“内军械所”，生产子弹、火药、炸弹，拉开了洋务运动的序幕。

1865年，李鸿章兼任南洋通商大臣后，收购了上海虹口的一座美商机器铁厂，和上海制炮局、苏州制炮局合并，成立了上海第一个大型军事工厂——江南制造总局,还附设机器学堂、翻译学馆。不但制造枪、子弹，还造出过一艘六十米长的大轮船。同一时期，他又在南京雨花台建立了生产大炮的金陵机器局。

1870 年，已升任直隶总督、北洋通商大臣的李鸿章开办了第一家大型民用企业——轮船招商局，从事沿海和内海航运。后来，他又兴办了开平矿务局、上海织布局、天津电报总局等。

1889 年，湖广总督张之洞在湖北建成湖北织布局、汉阳铁厂、汉阳兵工厂等。他还在广东开设了水陆师学堂，创办枪弹厂，购买军舰，发展海军，创办用机器造钱币的制钱局及银圆局，筹建织布局和制铁厂，大办实业。办实业需要大量人才，他又在湖北建立了农务学堂、工艺学堂、武备自强学堂、商务学堂，派遣留学生去日本留学等。

1874 年，李鸿章着手创建新式海军。1885 年，李鸿章开始购买军舰，训练海军。经过十年苦心经营，形成了北洋、南洋、福建三大水师。

李鸿章控制的北洋水师是其中实力最强的一支，拥有七千吨铁甲舰两艘、三千吨巡洋舰七艘等二十二艘战舰，都是从国外采购的，清朝海军的实力直线上升。

洋务运动中，一批有远见的知识分子意识到，不仅要积极在国内兴办各种实业，还要走出国门，到西方学习最先进的科技文化。

1872 年 8 月 11 日，中国第一批公派留学生从上海坐船赴美，开启了近代留学运动的先河。这件事的具体策划者叫容闳（hóng）。在曾国藩的推动下，清廷在上海设立了幼童出洋肄(yì)业局，任命陈兰彬和容闳为正、副监督，招收十至十六岁的学生，共一百二十名，分四批派遣，每次派遣三十名，学成后一律回国效力。

可惜的是，顽固派**借题发挥**，百般攻击留学运动。于是，清廷在1881年下令撤回全体留学生。尽管公派留学运动**半途而废**，这些归国的留学生中，依然出现了“中国铁路之父”詹天佑、中国第一批矿业工程师邝荣光等优秀的人才，更多的人在后来成了军界、学界、商界的顶梁柱。

就在洋务运动轰轰烈烈地开展时，一场对外战争突然爆发，惊碎了清朝君臣通过洋务运动成为强国的美梦。

1894年，即旧历的甲午年，朝鲜爆发了东学党起义，清廷派兵前往镇压，日本也趁机出兵侵占朝鲜。7月下旬，日本军舰公然击沉了中国驶往朝鲜的运兵船“高升”号。8月1日，中日同时宣战，甲午战争爆发了。

双方先在朝鲜的平壤展开了一场战斗，清军统帅叶志超指挥无能，又临阵脱逃，清军溃败，退守鸭绿江，日本占领了整个朝鲜半岛。

9 月 16 日，北洋舰队派丁汝昌护送四千名陆军到鸭绿江驻防，返航时在黄海遭到了日本舰队的阻截，日舰率先开炮，黄海战役开始了。

此时的中国经过数十年的洋务运动，初步取得了成效，清廷开始得意轻敌。北洋水师在 1888 年正式建军后，没有增添过任何舰船，舰船和武器都渐渐老化，和日本新添的战舰根本不能相比。1891 年后，连枪炮弹药都不再购进，因为此时清廷的最高统治者慈禧太后要把银子留下来准备她的六十大

寿，还要重建颐和园，好“颐养天年”！

在丁汝昌的指挥下，北洋舰队十艘战舰和八艘附属舰，怀着必死之志，摆出“人”字阵形，向敌人发起了攻击。

这场激战整整持续了五个小时，战斗中，“致远”号被敌人炮火击毁，沉入大海，管带（即舰长）邓世昌和二百五十多名官兵壮烈殉国。随后，“经远”号也沉没了，管带林永升和二百余名官兵为国献身。

1894 年 9 月，北洋舰队退回旅顺港修整。李鸿章为了保存实力，即使旅顺遭到日军进攻，也不准舰队出海，任凭日军夺取了黄海的制海权。

势如破竹的日本军队接连发动了鸭绿江之战和金旅之战，攻下了号称“东亚第一要塞”的旅顺。1895 年 1 月下旬，日军再次出动二十五艘舰艇，进攻威海卫。威海卫南北两岸的炮台相继失守，停泊在港内的北洋舰队处于日军的南北夹击之下，成了**瓮中之鳖**，北洋舰队开始了艰苦的刘公岛防御战。

2月4日晚，一艘日军鱼雷舰进港偷袭，发射鱼雷重创“定远”号。第二天晚上，日军如法炮制，“来远”号、“威远”号相继沉没。

此后，北洋舰队实力大大削弱，日军司令伊东佑亨在2月7日向威海卫守军和北洋舰队发起了总攻。这一天，双方展开了激烈的对战，北洋舰队和炮台守军苦战一整天，终于打退了日军的进攻。

2月11日，一场更加艰苦的战斗开始了。刘公岛、威海卫港都成了一片火海，北洋水师苦苦支撑，弹药却即将用完了。

事已至此，丁汝昌决定**鱼死网破**。他召集各舰管带和外国顾问开会，命令剩余舰只全力突围，或用水雷将“镇远”等舰炸沉，免得便宜了日军。

不料，威海卫水陆营务处提调牛昶（chǎng）昞会后却指使一些兵痞，逼迫丁汝昌向日军投降。

丁汝昌悲愤万分，他一直苦苦等待的陆路援军也始终未见踪影，他面向京城方向遥遥一拜，随后便服毒自尽了。

第二天，美国顾问浩威和牛昶昞就率领残余的军舰和海军官兵投降了，至此，北洋水师全军覆没。

1895年4月17日上午，李鸿章作为清廷代表，与日本签订了丧权辱国的《马关条约》。

历史小启迪

轰轰烈烈的洋务运动为中国近代工业的发展打下了基础。随着清政府在甲午中日战争中惨败，洋务运动也宣告破产，可它客观上促进了民族工业的发展和新文化的传播。北洋水师的惨败和邓世昌等人的壮烈牺牲则告诉我们：落后就要挨打。

八国联军侵华

1897年，德国强占胶州湾，紧接着又获得了胶州到济南的铁路修筑权。他们将整个山东划分为德国的势力范围，在这里霸占土地、开矿。同时，国外的传教士也纷纷来到中国，仅山东就有一千多个大大小小的教堂和三百多名传教士，不少传教士欺压

百姓，清廷却一味**袒护**教会。为了偿还甲午战争的赔款，清廷还不顾山东境内连年饥荒，拼命剥削百姓，在这种情况下，民间兴起了以“扶清灭洋”为口号的义和拳运动。

慈禧想利用义和拳对付西方势力，便以让各省办理保甲团为名，承认义和拳是民间团练，改名为义和团。有了“身份”，义和团迅速壮大起来，势力发展到了北京、天津一带。

1900年4月，义和团进入北京，他们带来的巨大影响引起了外国人的恐慌。英、美、德、法四国先后向清政府施压，要求清政府在两个月内消灭义和团，否则将出兵干涉。慈禧也多次下谕严禁义和团闹事，可义和团却在洋人和清廷的夹缝中继

续壮大。

于是，在北京西什库教堂主教樊国梁的建议下，6月10日，英、美、德、法、意、日、俄、奥八国以“保护使馆”的名义，派出两千多人的“使馆卫队”进犯北京。

6月11日，日本驻京使馆书记杉山彬被义和团杀死，形势突变。以德国公使克林德为首的一帮外交人员开始修筑防御工事，强力镇压义和团。克林德带领一队水手在内城巡查，一旦发现义和团群众，就毫不迟疑地开枪射击，还展开了“猎取拳民行动”。

6月13日，义和团从崇文门进入内城时，亚斯利教堂的美国兵突然开枪，伤亡多人。愤怒的义和团群众派出一千多人进攻教堂，放火烧毁了连亚斯利教堂在内的十二座教堂。美国兵躲入使馆内，义和团控制了北京。

6月20日，克林德带着一名翻译**气势汹汹**地直奔总理衙门，准备向清廷提出抗议。途经东单牌楼时，遇到正在巡逻的清廷武官恩海等人。克林德抢先开枪，恩海下令还击，克林德被当场击毙。

这件事成为西方各国对中国开战的理由，慈禧太后随即以光绪帝的名义，正式对侵略中国的英国、美国、法国、德国、意大利、俄国、日本、西班牙、比利时、荷兰、奥匈帝国十一国同时宣战。

义和团和清军联合起来围攻各国使馆区，可对方早已修筑起了防御工事，最终无功而返。

英、法、日、俄、美、德、意、奥八国正式组建联军，向北京发起了进攻。6月17日，各国组成两万余人的联军，攻占大沽口炮台，次月14日又攻占天津，向北京进发。8月14日凌晨，八国联军到达北京城外，15日就攻占了北京各城门，与清军在城内开展了激烈的巷战，到了晚上，已经基本占领全城。而这时，慈禧太后早已带着光绪帝和亲贵大臣们仓皇逃出了北京。

9月，德国陆军元帅瓦德西被推举为联军总司令，联军占领了北京全城，并实行分区占领，在占领区实行军事统治。随后，他们全力清剿义

和团，不少人被判定为义和团分子，遭到了屠杀。

联军公然到处抢夺财物，他们闯入皇宫，看到贵重值钱之物，都毫不客气地放入自己的腰包。连太和殿前存水的铜缸上面的镀金，他们都没有放过，到现在，铜缸上还能看到斑斑刮痕。圆明园残存的十三处皇家宫殿建筑再次遭到掠夺、焚烧，彻底成为一片废墟。

联军所到之处，杀人放火、奸淫掳掠，**无恶不作**，天津被烧毁三分之一，北京一片残垣断壁，无数村镇沦为废墟。俄国更乘机对中国大肆掠夺。

联军从京津出发，分攻山海关、保定、正定等地，一度攻进山西境内。法德联军在娘子关遭到了清军将领刘光才和义和团的激烈抵抗，他们连续击败德军、法军的多次进攻，德军在这里伤亡了一千多人，不得不退兵。

然而，娘子关坚守数月的奇迹并不能挽回败局。清政府不得不再次与侵略者议和，下令“剿杀义和团”。1901 年 9 月，清政府被迫签下了屈辱的《辛丑条约》，条约的主要内容包括：赔偿的白银加利息上升到了 9.8 亿两，是清政府年收入的十二倍，分三十九年付清；将北京东交民巷划为使馆区，由各国驻军把守，不允许中国人在内居住；拆除天津大沽到北京沿线设防的各个炮台，允许外国军队驻扎北京到山海关铁路沿线要地；永远禁止中国人成立、参与任何反帝性质的组织，违者处死；清廷应保障外国人的安全，并严惩与义和团有关的官员，凡外国人遇害之地，都要停止文武科举考试五年；总理衙门改为外交部，负责与列强交涉，地位要在六部之上。

清政府全部答应了这些丧权辱国的条款，《辛丑条约》为帝国主义入侵中国提供了极大的便利，从此，中国的主权进一步丧失，清政府沦为帝国主义侵略中国的工具，中国也彻底沦为了半殖民地半封建社会。

历史小启迪

轰轰烈烈的义和团运动因它自身的局限性，以及清政府和八国联军的联手剿杀，最终失败了，但义和团英勇抵抗外国侵略者的精神，沉重打击了西方列强瓜分中国的野心，在历史上留下了浓墨重彩的一笔。

少年读历史

民国

存亡时间：1912—1949 年

大总统、总统等：孙中山、袁世凯、蒋介石等

都城：北京、南京、重庆

新文化运动

袁世凯为了实现君主梦，掀起了一股尊孔复古的逆流。一批民主主义知识分子发起了一场**针锋相对**的新文化运动，其主要内容包括：提倡民主，反对专制；提倡科学，反对**愚昧**；提倡新道德，反对旧道德；提倡新文学，反对旧文学等。

1915年9月，安徽怀宁人陈独秀在上海创办了《青年杂志》，标志着新文化运动的兴起。《青年杂志》从第二卷起改名为《新青年》，编辑部也从上海迁到北京，知名度随之变得更高了。

陈独秀在创刊词《敬告青年》中鲜明地提出了六条标准：自主的而非奴隶的，进步的而非保守的，进取的而非退隐的，世界的而非锁国的，实利的而非虚文的，科学的而非想象的。

这些切中时弊的新思想很快吸引了李大钊、

胡适、鲁迅等一大批知名学者加入了《新青年》，形成了一个崭新的文化阵营，极大地影响了此后中国革命的进程。

新文化运动对封建专制制度下的礼教和文化专制发起了猛烈的攻击，强调个人独立人格的重要性和个性解放，认为没有个人人格、人权，个人的智慧、才能便无从发挥，社会便难以进步，国家也无从民主富强。为此，新文化运动提出了“文学革命”的口号，提倡新文学，大力推广白话文运动，留下了不少趣闻。

当时，著名经学家黄侃与归国的留美学者胡适同在北大任教，黄侃是白话文运动的反对者。一次，黄侃对胡适说：“你口口声声要推广白话文，却未必出于真

心。”胡适不解其意，黄侃又说：“如果你**身体力行**的话，应该叫‘往哪里去’才对。”胡适一时语塞，黄侃得意而归。

还有一次，黄侃在北大讲课力赞文言文的高明，仍以胡适举例，说如果胡适的太太死了，拍电报用白话文得“你的太太死了，赶快回来啊”十一个字，用文言文只需要“妻丧速归”这四个字，足足可节省三分之二的电报费。又评论胡适只出版了上半部的《中国哲学史大纲》，说：“昔日谢灵运为秘书监，今日胡适可谓著作监矣。”学生不解，黄侃说：“监者，太监也。太监者，下面没有了也。”学生们哄堂大笑。

胡适对此也做出了反击。一次胡适上课时，一个学生突然发言反对，抨击用白话文写作废话太多。胡适眼前一亮，说道：“前几天有位朋友发来电报，请我去政府部门工作，我坚决不去。请同学们替我用文言文写一个回电，看看是白话文更为精练，还是文言文更为精练？”同学们都飞快地写起来。

十五分钟后，大家选出了用字最少的文稿，

写的是：“才疏学浅，恐难胜任，不堪从命。”意思是：学识浅薄，恐怕很难担任这个工作，不能服从安排。胡适说：“写得确实不错，但我的白话文电报只需用五个字：‘干不了，谢谢！’”说完，同学们纷纷鼓起了掌。

黄侃和胡适的“斗法”，是白话文运动中的一大趣事，在他们的“斗法”过程中，“文学革命”和白话文也被越来越多的人知晓。

1917年1月，胡适在《新青年》上刊登了《文学改良刍议》，提出不用典故、不讲对仗、不避讳俗字俗语、不无病呻吟、要言之有物等新文学主张，大力提倡用白话文代替文言文。随后，陈独秀也发表了《文学革命论》，明确举起了“文学革命”的旗帜。作家鲁迅则在《新青年》上先后发表了《狂人日记》《孔乙己》《药》等小说，成为新文学作者的典范。

正当新文化运动蓬勃发展的时候，俄国传来了十月革命胜利的消息。中国的革命先驱们看到了希望，从而转向研究和宣传十月革命和马克思列宁主义，产生了以李大钊、陈独秀等为代表的中国第一批具有初步共产主义思想的知识分子。新文化运动是一次前所未有的思想解放和启蒙运动，为此后马克思主义在中国的传播开辟了广阔的道路。

历史小启迪

文言文与白话文孰优孰劣暂且不提，胡适与黄侃的斗法，让我们从中感受到了当时自由、平等、开放、争鸣的学术氛围，以及思想交锋中的坦诚、尖锐、冷峻和幽默，正是这样包容而多元的社会氛围，才诞生了如鲁迅、陈独秀、李大钊、胡适等独具魅力的民国学者、作家。

五四运动

1916年6月，黎元洪继任中华民国大总统，段祺瑞任国务总理。不久，两人就在要不要参加第一次世界大战，以及是否对德宣战的问题上产生了分歧，黎元洪代表的总统府与段祺瑞代表的国务院展开了激烈的争论。黎元洪请督军团团长张勋进京调解这场纠纷，不料张勋率领他的三千名“辫子兵”，进京搞起了复辟。

段祺瑞派兵镇压了张勋，掌握了大权。黎元洪辞去了总统职务，由冯国璋继任总统，结束了这场“府院之争”。随后，段祺瑞毅然宣布参加以英、美、法为首的协约国，对同盟国宣战。

1918年，第一次世界大战结束，协约国取得了胜利，为了解决国与国之间的利益分割问题，协约国决定在巴黎的凡尔赛宫召开“和平会议”，中国作为协约国中的一员，也参加了此次会议。

中国代表在会上提出了废除外国在中国的势力范围、撤出外国在中国的军队和取消“二十一条”等正当要求。然而，巴黎和会不但不予理睬，还把德国以前在山东侵占的各项权益转给了日本。

消息传回国内，国人震惊激愤，各个爱国团体纷纷发表通电，斥责巴黎和会的无耻行径。中国代表再次向巴黎和会提出归还山东德租界和胶济铁路主权，废除“二十一条”等不平等条约的要求。然而，北洋政府无心与西方列强抗衡，已准备在《协约国和参战各国对德和约》上签字。

《北京晨报》为此发表了《外交警报敬告国民》的文章，呼吁“胶州亡矣，山东亡矣，国将不国矣”。此文一出，激起了国人广泛的爱国呼声，各种爱国主义运动**此起彼伏**。

5月3日，北大的学子们联合几所学校举行了大会，号召大家奋起救国，法律系学生谢绍敏咬破手指，写下“还我青岛”的血书。学生们群情激昂，商定了在5月4日齐集天安门示威的计划。

5月4日下午，北京多所学校的三千多名学生云集天安门，举着“誓死力争，还我青岛”“保我主权”“废除‘二十一条’”“外争主权，内惩国贼”等标语，振臂高呼，还要求处罚交通总长曹汝霖（签订“二十一条”时的外交次长）、

币制局总裁陆宗舆（签订“二十一条”时的外交次长）、驻日公使章宗祥这三个出卖国家利益的人。

游行队伍向外国使馆提交了《陈情书》无果后，又转向曹汝霖在北京的住宅赵家楼。他们闯入赵家楼，到处寻找曹汝霖，人没找到，却在车库中发现一辆汽车，旁边还有一桶汽油，顿时临时起意：烧掉卖国贼曹汝霖的家！大火一燃，藏在曹家的章宗祥被烟熏得逃了出来，群情激愤的学生们发现后围住他痛打了一番。军警随后赶来，抓捕了三十二名来不及转移的学生。

5 月 7 日，北洋政府在巨大的舆论压力下，释放了被关押的学生，赔礼道歉，把他们送回了学校。

示威事件引起了轰动，并引发了一系列的连锁反应。当时的大总统徐世昌下令镇压各地的学生运动，但是没有用。第二天，北京专科以上的学校的学生宣布罢课；5 月 11 日，上海成立学生联合会；14 日，天津学生联合会成立；19 日，北京各校学生同时宣告罢课。爱国罢课运动迅速席卷全国。

6月3日，北京数以千计的学生涌向街头开展大规模的宣传活动，北洋政府再次抓捕了大量学生。6月5日，运动扩散到了上海，上海工人开始罢工、商人罢市，其他地方纷纷响应，学生们的爱国运动扩散成了学界、商界各阶层广泛参与的群众性事件。工人阶级从此正式登上了历史舞台。

陈独秀等人到北京前门外的闹市区散发《北京市民宣言》，北洋政府压力倍增。7日，北洋政府宣布释放被捕学生。10日，曹汝霖、陆宗舆、章宗祥三人被免职。

6月12日以后，工人相继复工，学生停止罢课。中国代表最终没有在巴黎和约上签字，“五四运动”取得了初步的胜利。

遗憾的是，虽然学生们的示威游行阻止了北洋政府签字，却没能吓退占据青岛的日本兵。他们继续在青岛驻军，并握有对青岛的实际控制权。1921年11月12日至1922年2月6日，美国出于自己国家利益的考虑，牵头召开了“华盛顿会议”，迫使日本签署了“保全中国领土主权完整，经济利益各国均沾”的《九国公约》，这才打破了僵局。

1922 年 2 月 4 日，中国和日本签署了《解决山东问题悬案条约》。条约签订后，日本从青岛全面撤军，把青岛和胶济铁路及其支线的主权归还给中国。

历史小启迪

国家生死存亡之际，人人都有责任为国家命运尽一份力。在很长一段时间内，学生成了革命运动中一股独特的力量，他们的爱国热情、蓬勃的生命力，以及对国家命运的关注与担忧，对我们有重要的启迪意义。

抗日战争

19世纪末，日本制定了“征服世界必先征服中国，征服中国必先征服满蒙”的战略方针。1930年，世界经济危机爆发，波及日本，为了转移国内矛盾，日本加快了侵略中国的步伐。1931年7月到8月间，日本就先后制造了“万宝山事件”和“中村事件”。9月，日本又制造了“柳条湖事件”，发动了武力侵占中国东北的战争。

9月18日傍晚，日本关东军虎石台独立守备队第二营第三连离开原驻地，沿南满铁路向南行军。深夜十点左右，关东军铁路守备队柳条湖分遣队的河本末守中尉，率领一个小分队，潜行至柳条湖南满铁路段，用小型炸弹炸毁了一小段铁路，又偷偷把三具中国人的尸体放在现场，给他们穿上东北军的军服，伪造了一个东北军破坏铁路的现场，以此诬陷是中国军队破坏铁路并袭击日本守备队。

爆炸发生的同时，铁路爆破点以北约四公里的文官屯的川岛中队长，以及驻扎在沈阳城里的日军，同时向中国东北军发起了突袭。这就是“九一八事变”。

“九一八事变”中，大部分东北军队执行了蒋介石的不抵抗策略，没有积极应战，虽然少量守军、自卫军与日军展开了激战，却因为实力悬殊，未能成功抵挡日军的入侵。因而不到半年时间，辽宁、吉林、黑龙江三省全部沦陷，落入日军手中。

在民族危机面前，中国共产党发出了“停止内战，一致抗日”的宣言。国民党爱国将领张学良、杨虎城深受感召，率先与

红军和解停战。

蒋介石不肯停止内战，张学良眼看国土不断沦丧，痛心疾首。他多次与杨虎城向蒋介石请战，力劝他联共抗日，蒋介石却始终不为所动。

1936 年 12 月 12 日，张学良的东北军迅速包围华清池，逮捕了在西安指挥剿共的蒋介石；杨虎城的十七路军出动，控制了西安机场，囚禁了陈诚、卫立煌等蒋系国民党军政要员。紧跟着，他们向全国发出通电，说明此次事变的原因，提出改组南京政府、停止一切内战、开放民众爱国运动、释放关押的爱国领袖、立即召开救国会议等八大主张。

“西安事变”引起了全国轰动，张学良致电中共中央，协商解决此事。中共中央认真研究后认为：如果采取极端行为，将引发大规模内战。于是派周恩来抵达西安，参与“西安事变”的协商事宜。

24 日晚，周恩来去见蒋介石，蒋介石当面承诺“联合抗日”，并接受了六项协议，包括：停战，撤兵至潼关外；改组国民政府，驱逐亲日派，包容抗日成员；尽快释放上海抗日爱国领袖及一切政治犯；停止“剿共”，联合红军抗日；召集各党各派各界各军领袖召开救国会议，确定抗日救亡方针；与谴责日本侵犯中国的国家建立合作关系等。

“西安事变”得到和平解决，内战也基本停止了，日军则加紧了侵略中国的计划。

1937年5月起，日军多次在卢沟桥附近进行实弹演习。7月7日，日军再次进行“夜间演习”，晚上十点，日军派人来到宛平城城门前，以一名日本兵失踪为借口，要求进入宛平城搜查，遭到中国守军的拒绝。日军随之开枪射击，炮轰宛平城，驻守宛平城的国民革命军第二十九军奋起反击，这就是“七七事变”，又称“卢沟桥事变”。

事变后不久，虽然中国守军坚决抵抗，北平和天津还是相继陷落了。

1937年9月中下旬，日军进入山西北部，逐步向南推进。国民革命军陆军第八路军（即八路军）在山西阻击日军。9月，八路军得知日军将在25日经过平型关，决定在平型关设伏，打日军一个**出其不意**。

平型关古称“瓶形寨”，关前谷地形状如“瓶”，关内沟深道窄，是个设伏的好地方，历来是兵家必争之地。24日晚，各部队连夜向平型关开进。25日早晨，日军果然沿着公路大摇大摆地进入了伏击圈。

随着红色信号弹升空，指挥员一声令下，山谷两侧的伏兵全线开火，弹如雨下。日军正拥挤在狭窄的山谷内，人挤人，车撞车，马匹受惊，一下子乱成一团。

这股日军是其精锐，很快就反应过来。日军利用汽车做掩护，形成战斗小组，开始了顽抗和疯狂的反扑，并组织部分兵力试图抢占有利地形。战斗进行得异常惨烈，一直持续到下午。此次战斗一举**歼灭**日军一千余人，击毁日军一百多辆汽车，缴获大批军用物资。

“平型关大捷”粉碎了日军不可战胜的神话，

鼓舞了全国军民的士气，全国抗战情绪更加高涨。

1937年8月13日至11月12日，中国军队在上海与日军展开了殊死较量，这就是“淞沪会战”。激烈的战斗足足持续了三个月，11月12日，上海沦陷，国军撤退至苏州河南岸，淞沪会战宣告失败。战后据何应钦的回忆，国军“伤亡三十余万人”，可见战况之惨烈。

淞沪会战中，中国军队虽然战败了，却粉碎了日本速战速决，三个月拿下中国的美梦。日军被迫改变了原定的由北向南的进攻路线，改为由东向西进发，这为中国长期抗战并取得最终抗战的胜利赢得了宝贵的时间。

淞沪会战后，日军转攻南京。中国守军在南京城外与日军展开了多次激战，依然没能挡住日军的进攻。1937年12月13日，南京沦陷，此时城内到处都是**手无寸铁**的难民。日军进入南京，开始了大屠杀，日军第十六师团中岛部队两个少尉向井敏明和野田毅在长官的鼓励下，竟彼此相约“杀人竞赛”。在南京大屠杀中，被枪杀、活埋、刀劈、火烧、奸淫死去的难民达到了三十多万人！

1938 年，中国军队取得“台儿庄大捷”，李宗仁、白崇禧等爱国将领指挥军队在山东省枣庄市台儿庄附近击溃日军，击毙、击伤日军两万余人，取得抗日战争以来最大的胜利。日军陷入了中国全民抗战的汪洋大海之中，兵源和物资日益匮乏，不得不多线作战，夺取资源。1941 年 12 月 7 日，日本偷袭了美国的珍珠港，美国对日宣战。

历史小启迪

抗日战争是中华民族为捍卫国土、实现民族独立所作的一曲慷慨激昂的悲歌，谱写了中华民族坚毅不屈的民族精神。其中，南京大屠杀是中国历史上无法抹去的苦难，每当想起这场惨剧，就会令每一个中国人警醒，激起奋斗的信念——国难不可忘，居安要思危！

中华人民共和国成立

抗日战争共持续了十四年，中国人民付出了数千万的伤亡，最终迎来正义的胜利。

1945 年 5 月，苏联军队攻克德国柏林，第二次世界大战欧洲战场正式结束，世界反法西斯战争进入最后阶段。7 月 26 日，中、美、英联合发表《波茨坦公告》敦促日本无条件投降。日本却先后三次扩军，准备进行本土决战。

8月，日本在太平洋战场失利。8月6日和9日，美国先后向日本广岛、长崎各投掷一颗原子弹。8 月 8 日，苏联宣布对日开战，次日即出兵中国东北和朝鲜北部。在这种国际形势下，8 月 14 日，日本政府宣布接受《波茨坦公告》，第二天，日本天皇裕仁即以广播“终战诏书”的形式，宣布日本无条件投降。9 月 2 日，停泊在日本东京湾

的美国战列舰“密苏里”号，见证了日本签字投降的历史性一幕。

抗战胜利了，饱受战争之苦的中国人民迫切希望得到和平。然而，国民党与共产党之间，将是两党共治，或是两党合并，还是再次爆发内战呢？大家都在**揣测**着。

1945 年 8 月，蒋介石三次给延安发电，邀请毛泽东赴当时的国民政府陪都重庆进行谈判，毛泽东亲赴重庆。但是，和谈并不顺利，蒋介石坚持统一政令和军令，要求取消解放区和人民军队的存在。经历了四十三天的漫长谈判，1945 年 10 月 10 日，国共双方签署了《政府与中共代表会谈纪要》，简称《双十协定》。双方约定“长期合作，避免内战，共同建设独立、自由和富强的新中国”。

1946 年 6 月，蒋介石**悍然**撕毁《双十协定》，派出二十二万大军围攻鄂豫边境的中原解放区，紧跟着大举进攻华东解放区，内战全面爆发。

解放战争双方力量对比

	共产党	国民党
拥有人口	一亿多人	三亿多人
拥有军队	一百三十万人	四百三十万人
武器装备	基本为步枪	接收了一百万日军的装备，有美国援建的空军以及援助的大量武器、舰艇等
控制地区	多为乡村、小城镇、偏远地区	多为大城市，拥有绝大部分铁路

人民解放军采用“运动战”，瓦解了国民

党军队对解放区的全面进攻。此时，国民党军队在数量上占有绝对优势，解放军面临**严峻**的考验。为了实现战略反攻，中共中央把国民党军战略上最敏感又最薄弱的大别山区作为主要的突击方向。刘伯承、邓小平领导的晋冀鲁豫野战军主力进入大别山区，向国民党军队发起进攻，先后取得了张家店战役和高山铺战役的胜利。到11月下旬，刘、邓大军歼敌三万余人，发动人民群众，建立起了三十三个县的民主政权，初步完成了大别山地区的战略部署。

9月，陈赓与谢富治的大军进入豫皖苏平原，形成了有三千万人口的中原解放区。

经过两年的英勇作战，人民解放军已经发展到二百八十万人，军队无论是政治素质，还是装备、战斗力，都有了长足的进步。同时，各解放区基本完成了土地改革，得到了广大农民的支持，大后方更加稳固。此时，国民党军队却因为腐败和派系斗争发生了内乱，又得不到民众的支持，国共双方的力量发生了根本性的逆转。

此时，东北绝大部分地区已成为解放区，把五十五万国民党部队成功分割于长春、沈阳、锦州等地，使其各自孤立。中共中央决定，战略决战就从东北开始！

1948年9月12日，辽沈战役打响。东北野战军在10月15日攻克锦州，俘获国民党东北“剿共”总司令部副总司令范汉杰，歼敌十万余人。锦州被攻克后，困守长春的国民党军心动摇，投降的投降，起义的起义，长春顺利解放。11月2日，东北野战军连续攻克沈阳、营口，东北全境解放，历时五十余天的辽沈战役**大获全胜**。

11月6日，华东野战军和中原野战军共同发动了淮海战役，这也是三大战役中规模最大的战役。淮海战役历时六十余天，生擒国民党高级军官黄维、杜聿明，歼敌五十五万人，长江以北的华东、中原地区全部解放。国民党的政治中心南京、上海几乎成了孤岛，为解放军后面的渡江作战奠定了基础。

11月29日，东北、华北人民解放军约一百万人发起了平津战役，这是三大战役中的最后一战。到 12 月 21 日，北平、天津、塘沽等地的国民党军都被一个个分割包围起来，西撤或南逃的通道也被牢牢堵住了，国民党军成了瓮中之鳖。1949 年 1 月 15 日，天津解放，17 日，塘沽的国民党军逃跑。傅作义的二十五军孤守北平，陷入绝境。1 月 31 日，傅作义接受了解放军和平解放北平的条件，人民解放军进驻北平。平津战役的胜利，把华北、东北两大解放区连在了一起。

辽沈、淮海、平津三个决定性战役的胜利，完全摧毁了国民党的军事力量，为人民解放战争

在全国的胜利奠定了坚实的基础。中国统一的曙光，即将到来。

三大战役过后，国民党军主力尽失，华北地区被共产党牢牢占据，百万雄师陈兵长江。1949年4月21日起，三路大军在西起湖口，东至江阴，长达五百多公里的战线上，以排江倒海之势横渡长江。江阴要塞在共产党的提前策反下，宣布转投共产党，国民党军的长江防线失守。23日，人民解放军成功占领南京总统府。此后，各路解放军开始了对国民党残部的大追击，战线不断深入。

7月，解放军进入西北各省，与国民党残部展开了战斗，陕西、甘肃、宁夏、青海相继解放。不久，国民党驻新疆警备总司令陶峙岳发表通电，宣布脱离国民政府，新疆和平解放。

9月，中国人民政治协商会议第一届全体会议在北平**隆重**召开。大会通过了《中国人民政治协商会议共同纲领》，纲领规定："中华人民共和国为新民主主义即人民民主主义的国家，实行工人阶级领导的、以工农联盟为基础的、团结各民主阶级和国内各民族的人民民主专政。"可以说，这份纲领具有"临时宪法"的性质。大会还选举出了首届中央人民政府委员，毛泽东当选主席，朱德、刘少奇、宋庆龄等人当选副主席。同时，北平改名为北京，正式成为中华人民共和国的首都，并确定五星红旗为国旗，《义勇军进行曲》为国歌。

经过好几个月的准备，在一片喜气洋洋的氛围中，1949年10月1日，中华人民共和国开国

大典正式开始。毛泽东主席站在麦克风前，向广场群众、观礼台上的同志和外国友人们挥手致意，庄严地宣布：“中华人民共和国中央人民政府今天正式成立了！”

同年 12 月 10 日，人民解放军包围成都，蒋介石与蒋经国在最后一刻搭乘军机飞往台湾。

中华人民共和国成立后，中央人民政府立即着手解放西藏。在十世班禅和西藏人民的支持下，1951 年 10 月 26 日，中国人民解放军顺利进驻西藏。中国人民推翻了帝国主义、封建主义、官僚资本主义三座大山，从此站起来了！

历史小启迪

中华人民共和国的成立开辟了中国历史的新纪元，从此，中国结束了一百多年来被侵略、被奴役的屈辱历史，真正成为独立自主的国家。无数革命先烈用鲜血和生命换来了我们今天的生活，我们必须珍惜他们的革命成果，好好学习，将祖国建设得更加美好。

少年读历史

SHAONIAN DU LISHI

春秋·战国

朝旭文化◎主编

江苏凤凰美术出版社

图书在版编目（CIP）数据

少年读历史. 春秋战国 / 朝旭文化主编. -- 南京 : 江苏凤凰美术出版社, 2020.1（2021.1 重印）

ISBN 978-7-5580-6809-6

Ⅰ. ①少… Ⅱ. ①朝… Ⅲ. ①中国历史—春秋战国时代—少年读物 Ⅳ. ① K209

中国版本图书馆 CIP 数据核字 (2019) 第 266806 号

责任编辑　李秋瑶
封面设计　陈玉军
责任监印　唐　虎

书　　名　少年读历史. 春秋战国
主　　编　朝旭文化
出版发行　江苏凤凰美术出版社（南京市湖南路 1 号　邮编：210009）
出版社网址　http://www.jsmscbs.com.cn
印　　刷　德州市永诚印刷有限公司
开　　本　880mm × 1230mm　1/32
总 印 张　24
版　　次　2020 年 1 月第 1 版　2021 年 1 月第 3 次印刷
标准书号　ISBN 978-7-5580-6809-6
总 定 价　120.00 元（全 8 册）

营销部电话　025-68155675

少年，我们为什么要读历史

学史明智，鉴古知今。

历史是什么？历史是一个民族和国家形成、发展及其兴盛衰亡的真实记录，是前人各种知识、经验和智慧的总汇。

历史就像一面镜子，以史为镜可以知兴替，以人为镜可以明得失。学史明智，鉴古知今。读华夏历史，不仅可以了解中华五千年的史实，而且还能够让我们铭记历史，从历史中学习前人的智慧，深刻把握人类发展的历史规律，在对历史的深入思考中汲取智慧、继往开来。

少年朋友们，读历史不只是为了应对考试，更要深刻地认识到学习历史的重要意义。有的人从历史中学到丰富的史学知识，有的人从历史中学到坚韧不拔的精神，有的人从历史中学到为人处世之道，有的人从历史中学到为官之道……历史如同一个巨大的宝库，有着无尽的财富，只要你愿意去挖掘，每个人都可以各取所需，有意想不到的收获。

少年朋友们，读历史对我们有太多太多的好处——

1 丰富知识，开拓思维

读历史，用历史知识武装头脑，取其精华，去其糟粕，让头脑敏锐地思考，做出有益于他人或者社会的行为。

2 增强民族自豪感和凝聚力

读历史，了解华夏五千年的灿烂历史，为勤劳智慧的祖先感到骄傲，增强人们的自豪感、荣誉感、归属感和整体的凝聚力。

3 培养胸怀和抱负

读历史，我们可以了解前人处世的态度、远大的抱负和无畏的精神，受到他们潜移默化的影响和熏陶，从而胸怀远大的志向。

4 借鉴别人的经验

读历史，了解历史上的人物和事件，借鉴前人的经验，吸取教训，学习某个人物的某种精神，从而武装自己的头脑及提高明辨是非的能力。

5 了解人性的弱点

读历史，你能从中发现历史环境和现实场景有相通之处，看清共同的人性弱点，从而提醒自己不能犯相同的错误。

少年朋友们，可见读历史是多么的重要啊！从今天开始，让我们多看一些有益的历史书籍吧！

目录

春秋时期

战国时期

少年读历史

春秋时期

存亡时间：公元前 770—公元前 476 年

帝王、诸侯：齐桓公、楚庄王、越王勾践等

都城：齐都营丘（今山东淄博）、晋都曲沃（今山西曲沃）等

齐桓公登位

齐国的开国国君是姜尚，又称姜太公、姜子牙。他辅助周武王灭商后，被封于齐地，建立了齐国。公元前 686 年，齐襄公荒淫无道，他的弟弟公子纠为了避祸逃到了鲁国，另一个弟弟公子小白则逃到了莒国。公子纠的师傅是管仲，公子小白的师傅是鲍叔牙。

齐襄公被愤怒的大臣们联手杀死后，大臣们商议在公子纠与公子小白中选择一个人作为新的国君。两位公子听到消息之后，都急着赶回齐国争夺君位。

公子小白得到消息更早一些，就带着鲍叔牙赶到了前面。鲁国知道后，派出两路人马，一路护送公子纠回国，一路由管仲率领前去阻击公子小白。

管仲带着人追赶了三十多里路，总算把他们追上了。双方展开了一场恶战。管仲看到公子小白就坐在车里，便远远地朝他射了一箭，只见公子小白大叫一声，口吐鲜血倒在车上。管仲以为公子小白已经死了，就高兴地回去向公子纠复命。公子纠听到报告，也以为公子小白已经死了，车马就慢了下来，不慌不忙地启程回国。其实，管仲只射到了公子小白腰带上的挂钩。公子小白急中生智，咬破舌尖，吐了一口舌尖血装死，这才骗过了管仲。

公子小白抢先回到了齐国，成了新的国君，他就是齐桓公。

齐桓公即位后，发兵打败了支持公子纠的鲁军，又以攻伐鲁国为由，逼鲁国国君杀死公子纠。鲁国国君无奈，只好把公子纠杀了，管仲也被关押起来送到齐国。

齐桓公想杀了管仲，任用鲍叔牙为相，谁知鲍叔牙却向他推荐了管仲。

齐桓公气愤地说："管仲想要我的命，我还能用他吗？"

鲍叔牙说："当时他是公子纠的师傅，他用箭射您，正是出于他对公子纠的忠心。论本领，他比我强得多。我听说，一个贤明的君主是不记仇的。主公如果要干一番大事业，管仲可是个能用的人才。"

齐桓公想了想，听从了鲍叔牙的建议，不计

前嫌拜管仲为相，鲍叔牙则做了管仲的助手。管仲极大地发挥了他的政治才能，辅佐齐桓公对外与列国诸侯交好，对内**整顿**内政，开发矿产，鼓励农业，发展海盐经济，通过一系列措施，使得齐国很快强盛起来。

历史小启迪

管仲曾对齐桓公不利，齐桓公起初不肯任用他，但因为相信鲍叔牙的忠诚和眼光，最终不计前嫌，重用管仲。齐桓公正是因为有这样宽广的胸怀，广纳贤才，才能成为春秋五霸之一。可见，一个人站得越高，心胸就越开阔，不会执着于一时的恩怨，这份理智和大局观，值得后人学习。

曹刿一鼓作气击退齐军

鲁国与齐国相邻，鲁国虽保留了较多宗周时期的礼乐传统，可军事实力和疆域都比不上齐国。鲁庄公因为支持公子纠争夺君位，曾在齐国境内的乾时地区与齐军大战，鲁军大败。经此一役，鲁庄公加强军队训练，赶制各种兵器，疏通曲阜以北的洙水，以防备齐军进攻。

公元前684年春，齐桓公坐稳了君位，不顾管仲的劝阻，决定讨伐鲁国，以报鲁国支持公子纠夺位之仇，同时扩充齐国的实力。

鲁庄公听说这个消息后，决定把全国的力量动员起来，与齐军一决胜负。关键时刻，一直隐居在梁甫山的曹刿(guì)主动求见庄公，提出愿为鲁国抵抗齐军出谋划策。

鲁庄公召见了曹刿，问道："齐强鲁弱，我

们能打胜仗吗？”曹刿反问道：“请问主公，您又为百姓做了哪些好事，能让百姓齐心协力跟您战胜敌人？”庄公说：“寡人虽不够尽责，但还是时时想到百姓，吃穿不敢独享，常常分给身边的大臣。”曹刿说：“这很好，但这只是小恩小惠，还不能够让举国同心。”庄公说：“祭神用的猪、牛、羊、玉器、丝织品等，我从来不敢虚报，一定对神说实话。”曹刿说：“这点儿小信用，还不足以让神灵保佑您啊。”庄公又说：“寡人时刻想着百姓的疾苦，凡是诉讼案件，无论大小，都不因自己所爱而滥赏，不因自己所恶而加刑，一定按实情来处理。”曹刿高兴地说：“好，这样我们就可以和齐军一战了。”

庄公又问怎么才能战胜齐国，曹刿说：“战场情况瞬息万变，不能采用固定的战法，我愿随主公一同作战，根据实际情况再谋划。”鲁庄公答应了。

战争开始后，齐军侵入鲁境，鲁庄公避开齐军锋芒，撤退到了长勺。齐、鲁两军中间隔着一大片平地，齐军摆好了阵势，鲍叔牙擂响战鼓，准备下令冲锋。

鲁庄公刚要下令反击，曹刿说：“等等，现在还不到出击的时候。”他让弓箭手守好阵地，防备齐军。齐军见鲁军阵势稳固，无法冲破，只好无奈地退了回去。

当齐军擂响第二通战鼓的时候，曹刿还是叫鲁庄公按兵不动，鲁军摩拳擦掌，可没有命令，只好憋着气等着。直到齐军擂响第三通战鼓的时候，曹刿才让鲁庄公下令反攻。

齐军接连进攻了两次，受到鲁军的弓弩猛射，没能攻进鲁军阵内。第三次进攻时，表面上来势很猛，士兵却以为鲁军还是像前两次一样不敢出战，生了轻敌之心，懒洋洋的，提不起劲儿。谁知鲁军阵地上响起了进军的鼓声，鲁军猛虎下山般扑了过去。齐军还没反应过来，就被鲁军冲击得节节败退。

鲁庄公看到齐军败退，立即下令追击，曹刿阻止了庄公。他跳下战车，低下头观察齐军战车

留下的车辙，又爬到车前横木上望了望敌方撤退的队形，才请鲁庄公下令追击。

鲁庄公对曹刿镇静自若的指挥暗暗佩服，他问曹刿为什么要等齐军第三次击鼓时才出战。曹刿说：“打仗全凭一股子士气。齐军擂第一通鼓的时候士气最足，擂第二通鼓时士气就松了一些，到第三通鼓时士气已经泄了。我们的士兵和他们相反，齐军士气不足的时候，咱们的士气却是最强的，哪儿有打不赢的道理！”

鲁庄公又问：“那为什么齐军逃走的时候不马上追击呢？”曹刿说：“齐军虽然逃跑了，但后面可能有埋伏。我下车仔细观察，发现他们战车的车辙很乱，战旗也倒了，撤退的队形也散乱不堪，这才让您下令追击他们。”

鲁军猛打猛追，给齐军以沉重的打击，俘获了大量敌兵和辎重，把齐军赶出了国境，并射杀了齐桓公的儿子公子雍，国势为之一振。这就是历史上著名的以弱胜强的“长勺之战”。

历史小启迪

“狭路相逢勇者胜。”齐军的实力原本强于鲁军，最终却因为士气低落，勇气和血性不再，所以被士气高涨的鲁军打败。正所谓“一鼓作气，再而衰，三而竭”，可见做事需要认准目标，勇往直前，半途而废是做不好事情的。

齐桓公称霸

齐桓公即位的第五个年头，决定**称霸**诸侯，以遂其志。

他对管仲说：“我们现在到了称霸天下的时候了吧？能不能会合诸侯，共同订立个盟约呢？”管仲说：“大家都是周天子下面的诸侯，谁又能服谁呢？天子毕竟是天子，失了势也比谁都大。”

这时候，周朝的新天子周釐(xī)王刚即位，于是管仲出了个主意：“主公不如找个机会，派使者向新天子朝贺，说宋国正在发生内乱，请天子下令明确宋国国君的地位。然后借天子的命令来召集诸侯，商讨如何扶助周王室。到时候就算主公自己不想做霸主，别人也会推举您的。”

当时，周王室没落，谁也不把天子放在眼里，周釐王看到齐国这样一个强国的使臣来朝贺，十分高兴，于是一口答应了齐桓公的要求。

公元前681年，齐国与宋、陈、蔡、邾等国会盟，大家共同推举齐桓公当盟主，并且订立了盟约。约定共同尊重周天子，扶助周王室；盟国之间互帮互助，共同抵御外族的入侵，强国要帮助弱小和有困难的诸侯国。

公元前663年，一个名为山戎的部落攻打燕国，燕国一连打了好几个败仗，就向盟主齐桓公求援。

于是，齐桓公率领大军到了燕国，和燕国的军队联合起来，一直向北追去。可大军对地形不熟，燕国的国君燕庄公就从无终国找了一个向导。大军有了向导指路，顺利地打败了山戎，救出了被掳的百姓，可山戎的首领密卢和大将军黄花带着残部逃到孤竹国去了。

大军向孤竹国方向追去，在孤竹国与密卢等人相遇，双方展开一场恶战，到了头更天的时候，黄花带着密卢的人头来投降。齐桓公和燕庄公第二天进入孤竹国时，发现那里已经是一座空城，就相信了黄花，让黄花带路继续追杀山戎

的残兵败将。

谁知他们却被黄花引到了一个山谷里面。山谷里一片平沙，像大海一样，看不到边际，也辨不出东南西北，大家在里面走了一天一夜也没走出来。齐桓公和燕庄公急得团团转，黄花也找不到了，这才知道是中了黄花的计。大家在这冷谷里冻了一天。第二天，管仲想了个办法，找来一匹当地的老马，让老马带着大家走出了这片迷谷。

大军出了迷谷之后，发现一批山戎的老百姓正在搬家。原来，孤竹国之所以是一座空城，是因为山戎的大军去攻打燕庄公守城的人马了。于是管仲就让一些士兵扮成孤竹国的百姓混进城去，然后里应外合，把孤竹国给灭了。

齐桓公把这片土地让给了燕国，燕国增加了五百多里的土地，成了一个大国。

不久，卫国遭到另一个部落北狄的侵犯，国君被杀，也来向齐国求援。齐桓公派军队赶跑了北狄人，还联合了其他几个国家，帮卫国重筑了城墙来抵御外敌。经过这两件事后，齐桓公的威望更高了。

于是，齐桓公再次奏请周釐王派自己代他到宋国宣布新君即位，随后又以受周天子委派的名义召集诸侯们会盟。凡是承认他盟主地位的诸侯，都要向齐国进贡，听从齐国的指挥。

公元前656年，齐桓公约合了宋、鲁、陈、卫、郑、曹、许七国进攻楚国，楚国求和，双方在召陵订立了盟约，然后各自回国去了。后来，周王室发生纠纷，齐桓公又帮助太子姬郑巩固了地位，姬郑即位后就是周襄王。周襄王特地派使者把祭祀太庙的祭肉送给齐桓公，作为答谢。

齐桓公在宋国的葵丘招待了周天子的使者，并趁机会合诸侯，订立了一个盟约。主要内容是：各国要兴修水利，防水患，不准把洪水引到邻国，不能把邻国作为泄洪区；邻国遇到灾荒来买粮食，不应该禁止；同盟的诸侯要彼此友好相待。

齐桓公通过一系列努力，使得齐国的国力走向了顶峰。他在位期间，经历了四代周王，召开了九次诸侯会盟，历史上称

作“九合诸侯”，可见齐国实力之强大。

然而，齐桓公渐渐骄傲起来，对自己的功绩沾沾自喜。到了晚年，齐国霸业开始走下坡路了。他宠信易牙、竖刁、开方三个小人，管仲死后，大权便落在了他们三人手里。齐桓公死后，国中无主，齐桓公的五个儿子忙着争夺君位，互相攻打。六十七天后，叛乱稍稍平息，齐桓公的尸体才得以收殓，这时，他的尸体都已经腐烂了。

齐国的动乱持续了很久，直到第二年，齐国太子才在宋襄公的帮助下登上国君之位。一切平息下来后，齐桓公才终于下葬，入土为安。这时，距离齐桓公去世已经十个月了。随着齐桓公的去世，齐国的霸主地位也结束了。

历史小启迪

一代霸主齐桓公最后落得如此下场，真是可悲可叹。可谁让他宠信小人呢？有句话叫“亲贤臣，远小人”。当政者用人的标准极大地影响着整个国家的发展，齐桓公宠信易牙、竖刁、开方三个小人，以致奸臣当道，国是日非，朝政腐败，齐国由盛转衰。可见，任人唯贤、唯才是举，才能确保国家兴盛。

秦穆公羊皮换贤

秦国起初只是一个不起眼的小国，可秦穆公却是个很有抱负的人，他明白秦国土地贫瘠，国力衰弱，且地处偏远，在诸侯国之中没有什么优势。如果想让秦国强大起来，就要吸纳各国优秀的人才，让他们为秦国效力。这个吸纳人才的理念，秦国执行了一百多年，为日后秦国的强大打下了坚实的基础。第一个执行这个理念的秦穆公，还在历史上留下了一桩美谈。

公元前655年，晋国灭掉了虞国。晋献公听说虞国有个叫百里奚的人，很有才能，就想让他为晋国做事，可百里奚不肯答应。晋献公恼羞成怒，就把他作为女儿陪嫁的奴仆送到秦国去了。

送亲的队伍走到一半，百里奚找机会逃了出去。他逃到楚国边境的时候，被楚国人当作奸细抓了起来，成了一名放马的奴隶。

秦穆公接到新娘后，查看陪嫁的清单，发现少了一个百里奚，可他并没有在意，觉得只是一个奴隶而已。大臣公孙枝急忙说："主公，百里奚是个非常有能力的人，既有计谋又忠于君主。他只是不愿意在晋国当官才被贬为奴隶的。如果主公得到他，一定如虎添翼。"

秦穆公正想尽办法搜罗天下人才，而且他不喜欢一味重用本国贵族，因为担心他们权大势大，会把家族利益放在国家利益之上，彼此勾结在一起，反过来牵制国君。反之，外来的人才关系单纯，正可专心为国家办事。

秦穆公曾让一个叫九方皋(gāo)的人找千里马。

九方皋第一次找来的是一匹黑色的公马，他却说那是一匹黄色的母马。秦穆公见他连马的颜色和雌雄都分不清，不相信他真的会相马，推荐他的人却说，九方皋是太关心马内在的灵性和品质而忘了看马的相貌。秦穆公一试，果然是匹好马，不禁对九方皋的相马术十分叹服。从那以后，秦穆公对寻找人才就更感兴趣了。

现在听到公孙枝的推荐，秦穆公起了好奇心，派人四处寻访，终于找到了百里奚的下落。于是，他准备派使者带着厚礼去见楚成王，好赎回百里奚。

公孙枝阻止道：“楚王是因为不知道百里奚有才能才派他去养马的，你带着重礼去见他，楚王一定会怀疑我们的目的，到时候就不能顺利赎回百里奚了。”

秦穆公一听，觉得有道理，就派人只带着五张羊皮去换百里奚。

到了楚国，秦国使者说百里奚是秦国的奴隶，知道他偷跑了出来，特地把他带回去治罪，好树立国君的威严。楚成王痛快地把百里奚交给了秦国。

公孙枝在秦国边境迎接百里奚，第二天就带他去见秦穆公。

秦穆公一看，百里奚不过是个七十来岁的糟老头子，失望地叹了一口气，道：“可惜太老了。”百里奚从容地说：“如果让我上阵杀敌，我自然是老了。可如果让我出谋划策，我比当年为周武王打下江山的姜太公还年轻十岁呢！”秦穆公一听，来了兴趣，便请他坐下来谈论国事。这一谈就是几天，而且越谈越投机，秦穆公决定拜百里奚为相。

百里奚又推举了自己早年结识的贤士蹇叔。最后，秦穆公拜百里奚为右相，称他为“五羖大夫”，拜蹇叔为左相，让他们共同为秦国效力。百里奚还推荐了蹇叔的两个儿子——西乞术和白乙丙，他自己的儿子后来也成为秦国的将军。

秦穆公时期，原本居于中原边缘的秦国逐渐强大起来，成为诸侯中举足轻重的一方势力，而秦穆公的功绩，就是以任用百里奚为开端的。

历史小启迪

春秋时期，诸侯都很渴求人才，齐桓公也曾在宫门前点燃火把，对外宣布说：不管是白天黑夜，只要有贤士求见，他一定会立即出来接见的。秦穆公与别人不同的是，他敢任用高龄的百里奚，任用分不清马的雌雄的九方皋，说明他更能看到人才的本质，不会被外在条件所迷惑。这份识人之明，正是秦穆公的过人之处。

愚蠢的宋襄公

宋襄公虽然是春秋霸主之一，但他的霸业远远比不上齐桓公、晋文公、楚庄王等人，不过他的“仁”，却是诸侯中最特殊的。

宋襄公还在当太子时，就一心想用“道德”让诸侯敬服，成就霸业。于是，当父亲宋桓公去世后，他就模仿先辈伯夷、叔齐等人，要把君位让给庶兄目夷。他谦让了几次后，演足了戏，还是继位做了宋国国君。

宋襄公继位之初，有贤臣目夷、公孙固辅佐，宋国由此大治。后来齐国内乱，因齐桓公生前曾将公子昭托付给宋襄公，于是公子昭便投奔了宋襄公。后来，宋襄公率领几个小诸侯国的兵马，打到齐国去，扶助公子昭夺回了君位，成为齐孝公。

虽然宋国国小，可宋襄公觉得自己道德完美，足以号令诸侯，加上扶持齐国新君，办了件大事，就想当个齐桓公那样的盟主。兄长目夷劝道：“小国争盟，取祸之道。”但是宋襄公不顾目夷的劝告，一定要召集诸侯会盟。

公元前639年，宋、齐、楚三国国君在齐国的鹿地会盟。会上，宋襄公以盟主自居，又临时发出通告，决定于这一年秋天在宋国会合诸侯，共同扶助周王室。齐孝公和楚成王虽然心里不痛快，但碍于情面，还是签了字。

秋天的时候，宋襄公驾着马车准备去参加会盟，目夷提醒他带上兵马，这样更安全。宋襄公摇摇头说：“我们召集会盟是为了和平，身为盟主，怎么能带头破坏和平呢？”

果然，为了争夺盟主之位，宋襄公和楚成王翻脸了。

楚成王说：“楚国早就称王，宋国不过是个

公爵，比王低一等，自然该我当盟主。”说着就坐在了盟主的位置上。

宋襄公大怒，指着楚成王的鼻子骂道：“我的爵位是周天子所封，诸国公认，你的王不过是自己封的，有什么资格当盟主？”

楚成王也怒了：“你既不承认我这个王，那你喊我来干什么？”

宋襄公说：“楚国不过是个子爵，假王还想压真公！”

顿时，楚国的大臣脱去长袍，露出里面穿的铠甲，那些随楚成王而来并打扮成家仆和侍者的人也纷纷脱去外衣，成了内穿铠甲、手持利刃的兵士，往台上冲来。中原诸侯没有带兵马，吓得四散而逃。

楚成王抓走了宋襄公，再以他为人质，攻打宋国。好在宋国早有防备，团结军民坚守城池，楚成王才没有得逞。直到冬天，楚成王召集诸侯会盟后，才放了宋襄公。

这次会盟前本来约定大家都不许带兵，楚国不讲信用，落下了**不仁不义**的恶名。这次的事情虽然过去了，但激怒了中原有正义感的诸侯，也为楚国六年后城濮之战的大败埋下了伏笔。

宋襄公气坏了，回国后，他听说最为支持楚国当盟主的是郑国，第二年秋天，便去征伐兵力比宋国更弱的郑国。郑国忙向楚国求援，楚成王便发兵攻打宋国。

宋襄公连忙带着兵马往回赶，两军在泓水相遇，宋军在泓水南岸驻扎了下来。大将军公孙固说："楚国出兵是为了帮郑国，咱们的兵力比不过楚国，现在您已经回来了，不如跟楚军讲和吧。"

宋襄公一向认为楚国强横霸道，不能让诸侯心服，说："楚国虽然兵力强，可仁义不足，咱们兵力不足，可仁义有余。不义之师怎么能胜过仁义之师呢？"宋襄公还让人制作了一面写有"仁义"二字的大旗，把大旗高高地立起来，像一个镇妖除魔的法宝。

第二天，楚军要过河了，目夷说："趁他们还没渡完的时候打过去，一定能打胜仗。"宋襄公还是摇头，说："那样咱们还怎么算得上是仁义之师呢？不能乘人之危。"

楚军顺利渡过泓水，开始在岸边排兵布阵。目夷再次请求出战，宋襄公说：“别人队伍都没有排好，我们怎么能打呢？”

就这样，宋襄公一直等到楚军摆好阵势，才挥师向前。结果楚军像大水冲堤坝那样直冲过来，宋军大败，不但损兵折将，还不知从哪儿射来一箭，正中宋襄公大腿。好在讲仁义的宋襄公对将士们不错，大家拼命护着他逃了回去。

宋军士兵都埋怨宋襄公不会指挥，错失战机，宋襄公却**振振有词**地说：“作为君子，岂能乘人不备？”目夷说：“兵者，诈也！岂能遵循一般的礼仪道德？”

这一年，晋国公子重耳来到宋

国。宋国因为与楚国关系破裂，就想结交晋国，好为自己找一个靠山。于是，宋襄公热情地招待了重耳，并送给他二十乘马匹。这是宋襄公一生做得最正确的一件事。

第二年夏天，宋襄公伤势恶化，病逝了。临终时，他嘱咐太子说："楚国是我们的仇人，以后国力强大了要记得报仇。晋国的公子重耳是个有本事的人，虽然现在他在外面避难，可以后一定会成为霸主。你要好好跟他打交道，有困难就去找他吧。"

历史小启迪

宋襄公帮助齐孝公即位，送流亡的晋文公重礼，施恩于诸侯，又按照中原诸侯的规矩与楚国交战，一生都在遵循自己心中的"仁"，不能不说，宋襄公是个理想主义者。但是，什么是"仁"呢？身为君主的"仁"，是应该让百姓受益，而不是把"仁"作为表演的道具。战场更不是运动会，当宋襄公的"仁"造成宋军更多的伤亡时，他对楚军的"仁"，恰恰是对宋军将士的"不仁"。理想是好的，可错误的、偏执的坚持，却是愚蠢的。

晋文公退避三舍

晋国公子重耳因内乱，先后流亡到齐国、宋国、楚国。当年，重耳为报答楚成王，在宴席上表示："将来万一两国交战，我一定退避三舍。"公元前636年，流亡了十九年的重耳回国即位，成为晋文公。

晋文公把晋国的内部事物安顿好后，眼看着国家一天天强大了，就开始向中原地区发展。这时，齐国已经衰落，南边的楚国却强大起来，黄河以南的大片土地都成了楚国的势力范围，楚成王还不断把自己的势力向北渗透。这样一来，晋、楚两国的矛盾和冲突就变得越来越尖锐了。

周襄王十八年（公元前634年），楚国借宋国投靠晋国之名，派兵攻宋，宋国便派人向晋文公求救。晋文公为解宋国之围，向楚国的两个附属国——曹国和卫国发起了攻击，把这两个国家的国君也抓了。

楚将成得臣不肯退兵，领着楚军来攻打晋军。两军接触之后，晋文公不但不迎敌，还下令让晋军撤退。晋军退了三十里，楚军就追三十里。晋军再撤，楚军再追。就这样退了三舍（一舍为三十里），一直退到了城濮，晋军才停下扎营。

这时，秦国、齐国、宋国的军队也都到了，楚军和宋国打了很久的仗，已经很疲劳了。楚国将军劝成得臣退兵，成得臣还是要战，晋文公便给成得臣回了一封信：“当年我受过楚成王的恩惠，承诺过要退避三舍，因此不愿与将军对阵。如果将军一定要战，我也不敢不从。”第二天，一场大战展开，楚军轻敌，中了晋军的埋伏，大败。晋文公下令，只要把楚军赶跑就行，不用追杀，践行当年对楚成王“退避三舍”的诺言。

城濮大战使得晋国声威大震。消息传回周都洛邑，周襄王亲自到践土慰劳晋军。

趁这个机会，晋文公以周天子的名义召集诸侯到践土会盟。一个多月后，宋、齐、鲁、郑、蔡、陈、邾、莒等国的诸侯都到了践土。周襄王封晋文公为“侯伯”，到会的诸侯共同推举晋文公为盟主。从此，晋国也成了中原霸主，一个强大的国家傲然屹立于中原。

历史小启迪

晋文公眼见晋国大乱在即，没有选择硬碰硬，而是选择了逃离晋国，流亡了十九年。一时的退让是为了更好地前进，就像弹簧，在收缩后会爆发出更大的力量。这份在逆境中不灰心、不放弃的精神，成就了晋文公的千秋霸业。

楚庄王一鸣惊人

晋国成为中原霸主之后，南方的楚国也变得一天比一天强大，一心要跟晋国争夺霸主地位。公元前613年，未满二十岁的楚庄王即位，做了国君。晋国趁这个机会把几个一向归附于楚国的国家拉拢了过去，并订下盟约。楚国的大臣们很不服气，都向楚庄王提出要出兵争夺霸权。

楚庄王却一点儿都不在乎，每天游玩打猎，饮酒作乐，似乎把国家大事忘得一干二净，就这样胡闹了三年。他知道大臣们对他的作为很不满，就下了一道命令："谁敢劝谏，就砍谁的脑袋！"

有个叫伍举的大臣实在看不过去，决心去见楚庄王。楚庄王正在王宫里寻欢作乐，听到伍举要见他，就把伍举召到面前，问："你来干什么？"

伍举说："有人让我猜个谜，我猜不着。大王是个聪明人，就请您猜猜吧。"

楚庄王一听要他猜谜，觉得挺有意思，就笑着说："你说出来听听。"

伍举说："楚国山上有一只大鸟，身披五彩羽毛，样子挺神气。可是一停三年，不飞也不叫，这是什么鸟？"

楚庄王心里明白伍举说的是谁。他说："这可不是普通的鸟。这种鸟，不飞则已，一飞将要冲天；不鸣则已，一鸣将要惊人。你去吧，我已经明白了。”

谁知过了几个月，楚庄王不但没有振作起来，甚至比原来更过分了。

后来又有一个大臣苏从闯入王宫，看到庄王就大哭起来，庄王奇怪地问他怎么了，苏从说：“我向大王进谏，大王不肯听，必定要杀我。等我死了，没有人再敢进谏，大王必定更加荒废朝政。这样下去，楚国就要灭亡了，大王就成了亡国之君，我怎么能不哭？”

楚庄王大骂道：“寡人有令，敢谏者杀无赦，你不知道吗？不怕被砍头吗？”

苏从说："如果能够让大王清醒过来，好好治理国家，臣即使被砍头也愿意。"

楚庄王大笑起来，说："苏从，你果然是忠臣！"

原来，在楚庄王即位之前和刚即位那段时间发生了两件大事：公元前617年发生了大臣谋杀楚穆王的事件，公元前613年又发生了大臣叛乱事件。后一次叛乱连楚庄王自己都被叛臣劫持，加上不久前国中又出现灾荒和彗星，朝局动荡不安，人心惶惶，楚庄王王位不稳。

这个时期，晋国强大，对楚国威胁很大，加上附属楚国的蛮夷叛离，楚国在诸侯中也处于不利地位。楚庄王很困扰，深深地觉得光靠自己是办不成什么事的，他需要能干的帮手。可他刚即位，对大臣们的情况不了解，不知道哪些是可以相信的人，于是故意不理朝政，暗中观察，还特地颁布了封口令，想看看到底有没有敢冒死进谏的人。

如今，楚庄王知道时机到了，他遣散了那些乐师、舞女，停止了打猎游乐，提拔了伍举、苏从、子重等一批有才能的文臣武将，整顿朝务，又委派三位大臣“协助”有野心的令尹斗越椒，借此削弱他的权力。当年楚国就收服了南方的许多部落，第六年打败了宋国，第八年又打败了陆浑的戎族，一直打到周都洛邑附近。楚国从此声威大振。

楚庄王讨伐完陆浑，早有野心的斗越椒接着起兵造反了。楚庄王用诱敌之计杀死了斗越椒，很快平息了叛乱。

后来，楚庄王又请了楚国一位有名的隐士孙叔敖当令尹（楚国的国相）。孙叔敖当了令尹以后，大力开垦荒地，挖掘河道，奖励生产。为了治理水旱灾害，他还组织楚国人开辟河道，每年可灌溉上百万亩庄稼，能多打不少粮食。没几年工夫，楚国便强大起来，先后平定了郑国和陈国的两次内乱，和中原霸主晋国的矛盾也不断加剧。

公元前597年，楚国与中原诸侯国中最强大的晋国在邲大战一场，晋国大败，晋军将士为了逃命争渡黄河，先上船的士兵纷纷抽刀砍断后来者的手指，以至于《左传》中记载：“舟中之指可掬。”可见战况的惨烈。这场著名的邲之战，晋国元气大伤，此后很长一段时间里都无法再与楚国抗衡。

继齐桓公、晋文公、秦穆公之后，这个自称要“**一鸣惊人**”的楚庄王也终于成为一代霸主，前后统治楚国二十三年，使楚国强盛一时。

历史小启迪

楚庄王过了三年别人眼里的昏君生活，而后发愤图强，最终成为春秋五霸之一。这个故事告诉我们：要做大事，当时机不成熟时，就要先学会等待和忍耐，在等待中积累实力，从而创造机会。

勾践卧薪尝胆

公元前496年，吴王阖(hé)闾(lǘ)听说越王允常去世，他的儿子勾践登基，就想趁越国丧乱之际打过去。伍子胥不同意，吴王不顾伍子胥的反对，亲自带兵攻打越国。吴军排山倒海般攻过来，越军败了，很多人当了俘虏。勾践见硬拼不行，就想出了一个主意。

第二天，吴军又气势汹汹地前来挑战，忽然，越军队伍中走出很多没穿军装的人。他们个个披头散发，衣衫单薄，手里都拿着一把刀，走到吴军阵前。这些人站成三行，把刀架在自己的脖子上，高喊道："我们是犯了军纪的人，不能逃脱处罚，今天就死在两军阵前！"说完就全部自杀了。

这件可怕的怪事使吴军的将士震惊了，斗

志也懈怠了，吴军的阵脚大乱。就在这时，只听越军营中鼓声雷鸣、喊声震天，勾践指挥越军以排山倒海之势向吴军杀来。吴军没有防备，全军崩溃。阖闾的脚被戈砍了一下，鞋和大脚趾都被砍掉了，多亏手下人拼死保护，才把他救了回去。在败退回国的途中，阖闾连气带伤，死了。

阖闾的儿子夫差继承了王位。他非常恨勾践，一心一意要为父亲报仇。为了提醒自己，他派人站在宫殿门口，每逢出入，那人就喊："夫差，你忘了越国杀父之仇了吗？"夫差马上站住答道："不，我没有忘记！"他抓紧练兵，只等三年服丧完毕，就兴兵伐越，报仇雪耻。一转眼三年过去了，夫差下令攻打越国。勾践得知消息后，准备率大军迎战。大臣范蠡(lǐ)和文种都劝他不要冒这个风险。勾践听不进去，说："我已经拿定主意，你们不用管了！"

结果，吴、越两军一交战，越军大败。夫差抓住这个机会，紧追不舍，一直把残兵败将包围在越国的会稽山上。勾践真后悔当时没有听范蠡和文种的谏言。

范蠡说：“事到如今，只有向吴王投降，再送些厚礼给他，蒙混过这一关再说。”勾践同意了，便派遣文种去见吴王。谁知文种回来报告说：“吴国大臣伍子胥执意让吴王灭了越国，不肯受降。”勾践听后非常绝望，想要一死了之。文种上来拉住了他，对勾践说：“我听说吴王的大臣伯嚭(pǐ)是个贪财好色的家伙，还一直与伍子胥不和。我们可以收买伯嚭，让他在吴王面前讲讲情，事情也许会有转机。”伯嚭确实贪财好色，同意在吴王面前为勾践讲情。

伯嚭见了夫差，为勾践说了很多好话，还告诉夫差，文种又请降来了。夫差非常信任伯嚭，就让人将文种带进来见面。文种流着泪给夫差磕头，说：“请大王千万饶了越王，他情愿把自己的财宝全部献给您。假如您不肯饶恕他，他只好死心，把财宝毁坏，再和您决一死战。那样对您也没什么好处啊！”“对呀！越王愿意做大王的臣子，您就免他一死，吴国名利双收，这样多好啊！”伯嚭在一旁劝着夫差。夫差心动了，也认为不杀勾践可以落个好名声，就同意了，但要让勾践到吴国来当奴仆。这时，伍子胥赶来劝阻，他着急地对夫差说：“勾践君臣都是有志向的人，您现在不杀了勾践，灭了越国，将来后悔都来不及呀！”但是不管伍子胥怎么劝说，夫差就是不听。就这样，吴国军队撤退了，勾践也被俘虏到吴国当奴仆。

勾践夫妇到了吴国都城后，夫差有意羞辱他们，便命人在阖闾的坟旁造了一间石屋，让他们住在里面。勾践夫妇自称贱臣，睡石屋，吃粗粮，每天**蓬头垢面**地锄草、喂马，在马棚里挑水、收拾马粪。范蠡跟在他们身边，为他们拾柴做饭。勾践对夫差非常恭敬，夫差每次坐车出去，勾践就低着头，尽心尽力地为他拉马。

夫差派人暗中监视他们，过了很久，他们都没有表现出怨恨的样子，连一点儿怨言都没有。夫差渐渐放松了警惕，甚至开始同情起他们来。

一次，夫差生病了，勾践赶去问候，还掀开

马桶仔细观察夫差刚拉的大便，为他诊断病情。夫差被感动了，认为他们已经真心臣服，又认为越国不过是个没什么威胁的小国，三年后，就放他们回了越国。

勾践回国后，他担心安逸的生活会消磨自己的斗志。于是，在睡觉时不铺褥子而是铺上柴草，还在房间里挂上一只苦胆，每次吃饭前都会先尝一下，来提醒自己不要忘记在吴国受的苦。

勾践一面按时给夫差进贡，表达越国的臣服之意，一面暗中派人不断地给伯嚭送礼，让他在夫差面前为自己说好话，同时积极治理国家。

他亲自带着老婆和孩子下地耕种，只吃自己种出来的粮食，穿自己织出来的布所做的衣服，过着清苦的生活。当时，越国遭遇战乱，人口大减，勾践让范蠡负责练兵，让文种管理国家政事，同时奖励耕种、养蚕、织布，尤其鼓励生育，增加人丁。规定男子二十岁、女子十七岁之前必须结婚，否则父母就要受罚。还规定女子临产前要报官，国家派医官检查照顾，避免流产。凡是生男孩儿的，奖励两壶酒，一只狗；凡是生女孩儿的，奖励两壶酒，一头猪。

勾践夫妻与百姓**同甘共苦**，全国的老百姓们齐心协力，越国终于从一片残破的景象中悄然复苏。

为了不使吴王夫差起疑心，勾践仍然经常派使者到吴国去朝见进贡，而且贡品有增无减。夫差对此非常满意，便对越国不再防备。

勾践听说夫差要盖宫殿，就送去上好的木料。夫差一见木料十分高兴，便让人重新设计宫殿样式，增派民工服劳役，花费了许多人力、物力，历时八年才建成。勾践又施美人计，派人给夫差送去了越国最漂亮的女子西施服侍他。从此，夫差沉溺于美酒女色，不再过问国事。勾践又买通伯嚭，让他在吴王面前讲伍子胥的坏话。伯嚭受了贿赂，就向夫差进谗言说伍子胥对吴王不满，要去投靠齐国。夫差听后非常生气，就让人给伍子胥送去一把剑，并让那人看着伍子胥死后再来回话。

伍子胥接过剑仰天长笑，说："我帮助先王阖闾东征西战，奠定了吴国的基业，没想到现在大王听信**谣言**要杀我，吴国的江山难保啊！"他又对来人说："我死后，请把我的眼珠挖出来挂在城门上，我要看着越国的人是怎么攻进城来的！"说罢，就自刎身亡了。

伍子胥被逼自杀后不久，夫差就率领兵马在黄池与鲁哀公、晋定公会盟。勾践认为这是一个机会，决定征伐吴国。经过三天的战斗，越军攻破了吴国都城，并俘虏了吴国太子。夫差得知这一消息，马上率兵回国，派人去向越国议和。勾践看到吴国还有实力，一时难以灭掉，就答应了议和，并从吴国退了兵。又过了四年，勾践觉得自己实力够了，就再次发兵进攻吴国，吴军接二连三败北，越军乘胜追击，一直追到姑苏城下，并占领了姑苏城。夫差逃到了附近的姑苏山上，走投无路，只好派人向勾践求和。范蠡和文种都认为在这个关键时刻不能心软，他们说："大王**卧薪尝胆**，立志报仇，不就是为了今天灭吴吗？万万不可放虎归山。"夫差这时才后悔当初不听伍子胥的劝告，连连说

道："我无颜面对伍子胥呀！"说罢，他用布蒙住脸，拔剑自刎了。

夫差死了，吴国灭亡了，那个贪财卖国的伯嚭已经没用了，勾践便派人将他处死。自此，越国吞并了吴国，勾践成为春秋时期最后一个霸主。

历史小启迪

勾践差点儿亡了国，却忍辱负重，最终回到越国从头开始。一时的失败并不可怕，可怕的是被失败彻底打倒。只要有从头再来的勇气，有不怕吃苦的精神，有坚持到底的毅力，失败就不会把我们打倒。

少年读历史

战国时期

存亡时间：公元前 475—公元前 221 年

帝王、诸侯：周威烈王、周赧王、魏文侯、秦孝公、赵武灵王等

都城：周都洛邑（今河南洛阳）、秦都咸阳（今陕西咸阳）、赵都邯郸（今河北邯郸）等

三家分晋

一向被称为中原霸主的晋国，到了春秋晚期渐渐衰落下来，国君的权力也转移到了六家贵族大夫手里。这六家贵族大夫又互相攻击、吞并，最后剩下赵、智、魏、韩四家。四家中又属智氏的实力最强，智氏的代表主要是智伯瑶，他一直想吞并其他三家，独掌晋国。

国君晋出公成了一个摆设，他不甘心，秘密派人向鲁国、齐国借兵，结果不但兵没借成，反倒**走漏**了风声。四家联合起来把晋出公赶出了晋国，立了出公的曾孙为国君，即晋敬公。

这次立新君是智伯瑶的主意，他把晋敬公完全掌握在手中后，就迫不及待地开始了他的吞并计划。一天，他对赵襄子、魏桓子和韩康子说：“以前咱们晋国是最早称霸的，现在的霸主却是越国和吴国。为了重振晋国，我建议咱们每家交出一百里土地，作为晋国公有的土地。”智伯瑶打的**如意算盘**就是：如果哪家不交土地，就攻打哪家，好借此削弱对方的实力。

其他三家大夫都不太相信智伯瑶的话，怀疑他另有所图，可三家不齐心。韩康子首先交了一百里土地，魏桓子看韩家给了，怕得罪智伯瑶，也跟着给了。只有赵襄子不答应，说：“土地是祖宗传下来的家业，我不会把它随便送人。”

智伯瑶见赵家不肯交地，于公元前455年联合魏家和韩家一起发兵攻打赵家，还承诺打败赵襄子后，就将赵襄子的领地三家平分。韩康子和魏桓子都答应下来。

就这样，三家的兵马**浩浩荡荡**地向赵襄子的领地杀来。赵襄子见三家来势凶猛，不敢硬拼，就退守到晋阳（今山西太原）。晋阳这座城池经过赵家祖

辈的苦心经营，已经修筑了坚实的城墙，储备了很多粮食。赵襄子到了那里，见城墙牢固，粮草充足，心里非常高兴。但他视察完守城的军队后，又发愁起来。原来近些年，赵家只顾发展生产，百姓倒是丰衣足食，仓库里也存有不少粮食、干草，但军队的装备却越来越简陋，刀剑大都破旧了，弓箭也很少，赵襄子担心仅靠目前这些武器装备，抵挡不住智、韩、魏三家猛烈的进攻。于是，他连忙把大臣们找来商量对策。其中一个叫张孟谈的大臣对赵襄子说："主公不要着急。我听说先主在修建这座城时有些柱子是用铜铸成的，宫墙里边砌满了芦柴和荆条，我们可以拆几根铜柱做箭头或戈矛，把墙内的芦柴和荆条拿出来做箭杆。"赵襄子一听，非常高兴，马上派人扒围墙、拆铜柱，然后连夜赶造戈矛、弓箭等各种武器，加强防备，等着智伯瑶他们来进攻。

智、韩、魏三家的兵马一来，就把晋阳城围了个水泄不通，拼命攻打赵家。赵家军队凭着武器精良，粮草充足，士卒勇敢，硬是坚持了三个多月。智伯瑶见晋阳久攻不下，急得像热锅上的蚂蚁。他看着晋阳城东北的那条晋水，忽然想出了一个主意。于是，他吩咐士兵在晋水旁挖了一条直通晋阳的河沟，又派人在上游拦坝蓄水。不久，雨季来了，水位迅速上涨。智伯瑶命人在水坝上开了个豁口，洪水顿时径直涌向晋阳城。

晋阳城遭了水灾，老百姓的房子被淹了，不得不跑到房顶上去避难，折腾得很是狼狈。城中一片混乱，眼看城就要守不住了。

赵襄子的谋臣张孟谈提议说："我想魏、韩两家也不是心甘情愿地交出土地的，心里必定不服气，不如我去说服他们，让他们和我们联手攻打智家。"

赵襄子想了想，同意了。这天夜里，张孟谈偷偷出城，先找了韩康子，对他说："智伯瑶的野心是要占领整个晋国，等我们赵家灭亡了，接下来就该轮到你了。"

韩康子被说中了心事，张孟谈于是**趁热打铁**："不如我们三家联合起来，消灭智氏，以后我们三家太太平平过日子。"

韩康子一时拿不定主意，就让张孟谈留在营中，说自己还要再考虑一下。

次日，智伯瑶邀请韩康子和魏桓子去看水势，他指着晋阳城，得意扬扬地对两人说：“我现在才知道，原来水也可以灭亡一个国家呢。”韩康子和魏桓子表面上顺从地答应着，心里却顿时一紧。魏家的封地安邑、韩家的封地平阳旁边各有一条河道，听到智伯瑶的话，他们不禁担心起来，说不定哪天，安邑和平阳也会遭到和晋阳同样的命运。

当天晚上，韩康子就把魏桓子约了出来，让他与张孟谈见面。最后，三家约定，共同对抗智伯瑶。

第二天夜里，韩康子和魏桓子派军队杀掉守坝的士兵，从西边掘开水坝，大水向智伯瑶的军营冲去。智伯瑶在自己的营帐里睡得正香，猛然间被一片喊杀声惊醒了。他想要下床，却发现被子已经浸在了水里。再出来一看，水势越来越大，不一会儿就把军营淹没了。

智伯瑶还没明白是怎么回事，四面八方都响起了战鼓声，赵、韩、魏三家的士兵驾着小船、木筏一齐冲杀过来，军营顿时大乱。到天亮时，智伯瑶的军队全军覆没，他自己也被三家的人马逮住杀了。

智伯瑶死后，韩康子和魏桓子收回了被智伯瑶侵占的土地，三家又平分了智氏从前的土地，把整个晋国都瓜分了。

公元前403年，韩、赵、魏三家的继承人韩虔、赵籍、魏斯各自派遣使者上洛邑去见周天子，要求周天子把他们三家封为诸侯。周天子见事已至此，就做了个顺水人情，把三家正式封为诸侯。从此，三家分别定都建国，晋国再也不存在了。

至此，春秋时期的诸侯国经过不断地分裂、合并，最后剩下七个国家，即韩国、赵国、魏国、秦国、齐国、楚国、燕国，史称“战国七雄”。

历史小启迪

智伯瑶与韩康子、魏桓子联盟，最终却被盟友背叛。这是因为智、韩、魏三家组成的团队从一开始就不齐心，而是各打各的算盘。价值观是一个团队的灵魂，没有统一价值观的团队，是经不起外界的诱惑的，更没有战斗力，这就是智伯瑶留给后人的教训。

商鞅变法

公元前361年，秦孝公即位，决心在秦国进行一场经济、文化、军事、政治等方面的大变革，尽快让秦国强大起来。于是，他发布了一道“求贤令”，用高官厚禄吸引各国人才到秦国效命。“求贤令”发布后，陆续吸引了很多人才，其中最有名的，就是卫鞅。

卫鞅是卫国皇室之后，又称公孙鞅，他自幼研究法家的学问，学成之后，就去了当时的强国——魏国。魏国丞相公叔痤(cuó)很赏识他，可没多久公叔痤就一病不起。临死前，魏惠王来探病，公叔痤推荐卫鞅来接替自己的位置。魏王答应了，出门时却说：“公叔痤是病糊涂了，国政怎么能委托给一个毛头小子呢，实在是太荒谬了。”

魏惠王没把卫鞅当回事儿。后来秦孝公发布

了“求贤令”，壮志未酬的卫鞅便去了秦国。

他第一次见秦孝公时，大谈顺天而成的尧舜的“帝道”，秦孝公听得直打瞌睡；第二次，卫鞅又向秦孝公推荐儒家的“王道”，秦孝公还是不感兴趣；第三次，卫鞅极力宣扬法家的“霸道”，才终于合了秦孝公的心意。

可推行新政遇到了不小的阻力，秦孝公只好把改革的事先放一放。两年后，秦孝公的政权已经稳固下来，他觉得时机到了，就任命卫鞅为左庶长，将推行新政的事情全权交给了他。

卫鞅很快就把变法方案制定了出来，但他又怕新法令没有威信，老百姓不相信，推行不开，就想了个办法。他叫人在都城的南门竖了一根三丈来高的木头，旁边贴了张告示，说：“谁能把这根木头扛到北门去，就赏他十两金子。”不一会儿，木头周围就围满了人。大伙儿心里直犯嘀咕：这

根木头并不算重，扛几里地也不是什么难事，怎么给这么多金子呢？或许是设了什么圈套吧？结果谁也不敢去扛。卫鞅看没人扛，又把赏金提高到五十两。这么一来，人们更疑惑了，都猜不透新上任的左庶长这葫芦里到底卖的什么药。这时候，只见一个粗壮的汉子分开人群，跨上前去，说："我来试试。"说完扛起木头就走。许多看热闹的人好奇地跟着，一直跟到了北门。只见新上任的左庶长正在那里等着呢。他夸奖那个大汉说："好，你能够相信和执行我的命令，真是一个良民。"随后就把准备好的五十两金子奖给了他。这件事很快就传开了，大家都说："左庶长说话算数，说到做到，他的命令可不是随便说说的啊！"

卫鞅知道时机已经成熟，就把新的法令颁布了出去。

新法令的核心是"农战"两个字：取消贵族特权，官职的大小和爵位的高低都以军功为标准，贵族没有军功的就没有爵位，奴隶可以因军功恢复自由身；多生产粮食和布帛的，免除徭役；凡是为了做买卖和因为懒惰而贫穷的，连同妻子儿女都罚为官府的奴婢。

这样大规模的改革让失去了特权的贵族和保守派们大为不满，他们联合起来抵制新法。秦孝公全力支持卫鞅，让卫鞅与贵族代表辩论。

贵族们说：“只有遵守古人的道理，国家才可以强大。”卫鞅义正词严地说：“现在和过去已经不一样了，如果还照老办法治理国家，是会亡国的。”卫鞅把贵族们驳斥得哑口无言，在秦孝公的全力支持下，卫鞅推进了第二次改革。

一是废井田，开阡陌。阡陌就是田间的大路，以前打仗用战车，后来战车用得少了，阡陌就没有用了。现在只留下田间必需的走道，把荒地、沟渠，都开垦成田地，种上庄稼。

二是建立由国家直接管理的县一级的权力机构。

三是为了便于向东发展，把都城从雍城迁到东面的咸阳。

经过一系列法令的实施，秦国的农业得到了

发展，军队的战斗力得以提升，国家的组织也更严密了，权力更集中了。同时，因为改革的范围很广，反对的人就更多了。

一次，秦国太子犯了法，卫鞅对秦孝公说："法令必须上下一起遵守。如果上面的人不能遵守，下面的人就不会信任朝廷了。"太子是国家储君，不能用刑，卫鞅就让太子的两个老师代太子受刑，他们一个被割掉了鼻子，一个脸上被刺了字。此后，政令人人遵守，再也没有人敢批评新法了。

公元前 341 年，秦国和魏国交战，魏国战败，只好交出河西地区的土地求和。因卫鞅在这次作战中立了大功，秦孝公就把商地封给了他。从此，人们就称他为商君或商鞅。

商鞅虽然让秦国富强起来了，可他的改革令贵族们对他恨之入骨。而异常严苛的刑法，比如"连坐法"，以及腰斩、抽肋这样的酷刑，又让他得不到百姓的支持。无条件支持他的秦孝公死后，积累了二十年的矛盾终于爆发了。

贵族们诬告他谋反，商鞅只好逃回封地。他想投宿客栈，却又不敢表明身份，客栈老板害怕连坐之罪，说：“新法规定，没有官府凭证的人不许收留。”当初，商鞅为了不让农民随意流动而荒废田地，规定只有朝廷的人才能带着凭证四处流动。

商鞅无奈，又逃到魏国，可魏国也不肯收留他。他**走投无路**，只好回到封地**仓促**起兵，被继位的秦惠王打败，抓回咸阳处死了。

商鞅虽然死了，可他制定的各项改革措施在秦国延续了下去，秦国一天天富强起来，后来成为战国时期实力最强盛的国家。

历史小启迪

商鞅变法虽然卓有成效，却简单粗暴、刑法严苛，甚至推行连坐法而刑及无辜，终于给自己招来了杀身之祸，死后也得不到秦国百姓的同情，以至于留下了“商鞅变法，作法自毙”的俗语。他既是改革的成功者，也是人生的失败者。因为他忘了，改革的最终目的，是为了国家富强、人民安康，不能顾此失彼。

合纵连横

秦国在商鞅变法之后越来越强大，并不断向外扩张，这引起了其余六国的担忧。策士们就游走在六国间，给六国出主意。其中最出名的两个策士就是苏秦和张仪。

苏秦是鬼谷子的学生，他曾游历了很多国家，却总是得不到重用。当他**落魄**地回到家里的时候，就连家里人也看不起他。他**闭门不出**，又刻苦学习了一年。

苏秦认为，要想不被秦国吞并，六国就得联合起来，共同对抗秦国，这个办法就叫“合纵”。他学习结束后，先到了燕国，对燕文侯说：“燕国之所以能太平，是因为有赵国在南方挡住了秦国。秦国要跨过赵国来攻打燕国很难，可赵国如果要攻打燕国，几十天就能打到都城。所以，燕国不能与赵国结仇，反而应当与赵国联合起来，一起对抗秦国。”

燕文侯被苏秦说服了，就赐给他车马和珠宝，让他以燕国使者的身份去联系赵国。苏秦来到赵国后又对赵王说：“秦国不敢攻打赵国，是因为西南边有韩国和魏国挡住了秦国，如果韩国和魏国投降了，那赵国也保不住了。秦国贪心不足，六国如果单独向秦国求和，不是长久之计。如果六国联合起来，无论秦国侵犯哪一国，其余五国就会一起去帮助它，秦国还敢欺负六国吗？”赵王也十分赞同他的主张，又给了他大量钱财，让他去游说其他国家。

苏秦又先后说服了韩、齐、魏、楚四国，被六国共同推选为纵约长，同时佩戴六国相印，一时风光极了。而六国的联合，也让秦国十五年不敢派兵出函谷关，但张仪的出现改变了这个局面。

张仪是魏国人，也是鬼谷子的学生。他在魏国过得穷困潦倒，就跑到楚国去谋职，但一直没有得到重用。后来，张仪到了秦国，得到了秦惠文王的信任，当了相国。

张仪认为，秦国要想继续扩张领土，就得拆散合纵，让六国分别与秦国结盟，对付其他诸侯国，这个方法就叫“连横”。他对秦惠文王说自己有把握破坏齐、楚两国的结盟，秦惠文王就派他去了楚国。

张仪到了楚国，给楚怀王最宠信的大夫靳尚送去了大量的财宝，在靳尚的引荐下，见到了楚怀王。张仪说：“现在虽有七国，但能够称得上大国的，也只有楚国、齐国和秦国。秦王特地派我来跟贵国交好，如果大王肯跟齐国断交，秦王愿意把商於一带方圆六百里的土地划给贵国，与贵国世代结为友好盟国。”

商於原本就是楚国的领土，被秦国夺走了几十年，楚怀王一听可以白白地收回来，立即动心了，很快答应了张仪的要求。

齐宣王见楚国与自己断交，大怒，立即派使臣去见秦惠文王，与秦国订下了盟约。

楚国的使者到秦国去接收商於，想不到张仪翻脸不认账，说："大概是你们大王听错了吧，我说的土地是秦王赏我的六里封地，不是秦国的六百里土地。"

楚国使者这才知道被张仪耍了，回来报给楚怀王，楚怀王大骂张仪是**反复无常**的小人，**气急败坏**地发兵十万攻打秦国。结果秦惠文王和齐国联合起来，把楚国的十万人马打得只剩两三万。楚国不但没得到商於的土地，连汉中六百里的土地也被秦国抢走了，楚国从此元气大伤。

接着，张仪又用同样的办法，先后到了齐国、赵国、燕国，要么说服他们分别与秦国结盟，要么离间他们，六国"合纵"很快就土崩瓦解了。

历史小启迪

"合纵"轻易被"连横"所破，起因就是楚怀王轻信张仪，他一心想得到商於，为了一时的利益，放弃了理性的思考和判断，盲目相信对方。他的短视，让楚国付出了巨大的代价，给后人留下了深刻的教训。

赵武灵王胡服骑射

三家分晋之后，魏国首先强大了起来，但是魏惠王使得魏国由盛转衰。此时，赵国的雄主——赵武灵王登上了王位。他十五岁继位，九年之后（公元前 317 年）联合魏、韩两国在函谷关同秦国交战，大败而归。于是，越挫越勇的赵武灵王决定进行改革，以提高赵国的军事实力，而改革中有一个很重要的环节就是服饰。

胡人的衣服是短衣长裤，紧窄合身，行动起来十分便捷。赵国的军队武器虽然更精良，可长袍和铠甲却十分笨重。此外，战车作战虽然有阵法可用，却不够灵活，一旦被打乱就很难整顿队伍重新作战。于是，赵武灵王决定引入胡服，让赵国的军队像胡人那样飘忽如风、快如闪电。

可中原人士一向看不起胡人，又怎么肯向他

们学习呢？赵武灵王决定先和亲近的大臣说说。一天，他对大臣楼缓说："咱们赵国北边有燕国、东胡，西边有秦国、韩国、楼烦、林胡，东边有齐国、中山国。赵国在这么多强大的敌人中间，如果不强大起来，就会被其他国家吞并。"

楼缓说："是啊，必须想办法使赵国强大起来。"

赵武灵王说："咱们将士穿的衣服都是长袍大袖，与胡人打起仗来总是吃亏，我看就先从军服改起。把咱们的军服也改成胡人那样的窄袖短衣，穿上皮靴，你觉得怎么样？"

楼缓想了想说："这个主意好，衣服合身了，行动起来就便捷了。可仅是这样还不够，我们还得向他们的作战方式看齐，这样不是更好吗？"

赵武灵王高兴地说："说得好！以前我们打仗只知道用步兵冲锋，用马拉车，却不知道骑马打仗。我打算在军中推行胡人那样的骑马射箭，这样军队打起仗来就更厉害了。"

赵武灵王的想法传开后，遭到了守旧派大臣的反对，他又找来另一个信任的大臣肥义，询问他的意见。肥义说："如果您觉得这件事确实有利于国家，决定要改革，就要立刻实施，不要犹豫，不能听别人的胡言乱语！"有了两位大臣的支持，赵武灵王下定了改制的决心。

第二天早上上朝，赵武灵王和两位大臣穿着窄袖的胡人服装出现了。其他大臣看到他们的样子，立即闹腾开了，他们觉得太丢脸——胡人是蛮夷文化，向他们学习，那中原的文化不就丢了吗？

赵武灵王的叔父公子成思想守旧，十分顽固，他带头抵制这件事，后来索性称病不上朝了。

公子成在大臣中很有影响力，赵武灵王决定先说服公子成，只要他答应了，其他人就好办了。他让人带话给公子成，说：“你是长辈，我应该听你的。可我是国君，你应该听我的。我现在改革服饰，是为了江山百姓，叔叔应当遵守法令。”公子成却口口声声说：“服饰礼仪都是圣人传下来的，现在我们却向胡人学习，这违反了圣人的教化啊。”

赵武灵王又亲自上门看望公子成，从赵国面临的威胁到胡服的好处以及圣贤者都是从国家的利益出发，从不**墨守成规**。赵武灵王**不厌其烦**地给他讲各种道理，终于把公子成说服了。

第二天，公子成穿上了胡服上朝，大臣们一看连公子成都赞成了，反对的声音终于小了下去。没过多久，胡服就推广开了。开始人们还觉得很别扭，可时间久了，便觉得还是穿胡服比较方便。

赵武灵王改革了服饰后，又开始训练士兵骑马射箭，只花了一年工夫就训练出一支强大的骑兵部队。公元前 305 年，他亲自率领骑兵打败了中山国，收服了东胡和邻近的几个部落。改革实施的第七年，赵国便收服了中山、林胡、楼烦等国，还扩占了不少土地，此时赵国的领土北到代郡、雁门，西到中原、云中，国力得到了极大的提升，成了当时的强国。

历史小启迪

赵国的大臣们自恃清高，看不起蛮夷文化，赵武灵王却敏锐地看到了改革服饰对军队的好处。他放下面子，不固守传统，而是随着时代的发展，在合理继承传统文化的基础上，向大夫们瞧不起的胡人学习。这种勇于尝试、以能者为师的精神，值得后人学习。

田单的火牛阵

公元前284年，燕昭王拜乐毅为上将军，联合秦、赵、韩、魏四国共伐齐国。

齐国大将韩聂战死，齐滑王也逃回了齐国都城。联军乘胜攻占了齐国边境的一些城池就回国了，只有乐毅率领燕军继续追击。燕军一路势如破竹，接连攻下齐国七十多座城池，齐滑王弃城逃走，却在乱军中被杀死了。为此，燕昭王赶来大赏三军，犒劳将士，并封乐毅为“昌国君”。

齐国的领土已损失殆尽，最后只剩下莒城和即墨两座城还在苦苦支撑。莒城的大夫立齐滑王的儿子即位，史称齐襄王。不久，即墨的守将病死，城中没有守将，一片混乱。此时，一个叫田单的小官站了出来，表示愿意带领大家抵抗燕军，大家就推举他做了守将。田单一边组织人力修筑城墙，一边派人随时打探外界的情况，等待机会。他还把自己的亲属也编入部队，跟士兵们同甘共苦，鼓舞了士气。

由于齐国人拼死抵抗，乐毅围困两城三年之久都没有攻打下来。有人对燕昭王说："乐毅半年之内把齐国七十多座城池都攻下来了，现在这两座小小的城池却耗时三年都没有攻下来。不是乐毅攻不下来，他是在笼络人心，想自己当齐王。"

燕昭王却没将这些流言放在心上，他说："凭乐毅的功劳，即使当齐国国君，也是他应得的。"他不但没有处罚乐毅，反而派人到乐毅驻军的地方传命，要封他做齐王。乐毅坚决地推辞了，燕昭王也因此更信任他。

不幸的是，燕昭王没等乐毅攻下两城就去世了。太子即位，即燕惠王。田单觉得反攻的机

会来了。

他暗中派人去燕国散布流言，说乐毅早就想称王，只是燕昭王在位他不敢，现在燕国换了国君，他已经等不及了。还说如果燕国换一个大将，肯定很快就能把莒城和即墨攻下来。

燕惠王原本就忌惮乐毅，如今听了这些谣言，更不信任他了，就派自己的心腹大臣骑劫到齐国去代替乐毅接管军务，让乐毅回幽州。乐毅怕回去以后被燕惠王谋害，就投奔赵国去了。

骑劫接管军务后，田单又派人在城外假装闲谈，故意说从前乐毅对待俘虏太厚道了，要是残暴一点儿，恐怕齐国人早就被吓得不敢打仗了。还说齐国人的祖坟都在城外，如果燕军挖了齐国人的祖坟，齐国人一定会深受打击。

骑劫果然上当了，他不但下令加紧攻城，还把俘虏的齐军士兵的鼻子割掉了，让他们打头阵。更过分的是，他真的让士兵把城外即墨人的祖坟给刨开了。

城里面的即墨军民得知燕军的举动，都恨得

咬牙切齿，纷纷请求出城与燕军决一死战。

田单看到军民的士气都被鼓舞起来了，知道反攻的时机已经成熟。他把城里的五千精壮军民集中起来，在隐蔽的地方加紧训练，故意让一些残兵败将守城，还打发几个人扮成富翁的样子，让他们假意向骑劫投降，献上金银珠宝，说："城里的粮食已经吃完了，坚持不了多久了。到时候，还请将军保全我们一家老小。"骑劫看到这一切，认为城里的守军已经没有再战之力了，得意扬扬地等待即墨投降。

田单把能找到的牛都集中起来，大约有一千头，并给每一头牛都披上一身画着龙纹图案的绸布，牛角上绑上两把锋利的尖刀。到了深夜，田单命人在城墙根上挖了几十个能让牛通过的洞，把上千头牛牵到洞口，在牛尾上系上浸透了油的芦苇，点燃后，这些牛疼得发狂，从洞口朝着燕军兵营猛冲过去。田单又派出事先训练好的五千精锐士兵，在他们脸上涂上彩绘，跟在牛群后面冲杀。城里的百姓们都站上城头，狠命地敲打着铜壶、铁盆，为齐军助威。

这时，骑劫的大军正在营帐里睡得死死的，突然听到一阵敲打金属的声音，随后地面隆隆作响，还有震天的呐喊声，全都惊醒了。他们还没明白怎么回事，就见一大群头上绑着尖刀的火牛，以及一大群花脸神将冲杀过来，场面顿时一片混乱。被尖刀刺死的，混乱中被自己人踩死的，以及被齐军杀掉的燕国士兵，**不计其数**，骑劫也在混战中丢了性命。

燕军死了主帅，田单率军乘胜追击，正式吹响了反攻的号角。被燕国占领了土地的齐国百姓受到鼓舞，纷纷响应，各地都有人起兵反抗，田单趁机率领大军收复失地。几个月后，就把燕军赶出了齐国的北部边界，收复了被燕、秦、韩、赵、魏占领的城池。

公元前 279 年，田单

将齐襄王迎回了都城临淄，濒临灭亡的齐国终于转危为安。因为田单立了大功，齐襄王就把他家乡安平一万户的土地赐给了他，封他为安平君。

历史小启迪

两军交战，军情至关重要。骑劫听了几句谣言，也不去查证就信以为真，被田单牵着鼻子走。反过来，田单把对手的习惯和心理掌握得非常透彻，打了胜仗，不愧是攻心战的鼻祖。他的名言“智者不倍时而弃利，勇士不怯死而灭名，忠臣不先身而后君”也被后世传诵。

赵括纸上谈兵

公元前262年，秦昭襄王派大将白起进攻韩国，占领了野王（今河南沁阳），截断了上党郡（今山西长治）和韩国都城的联系，上党形势危急。上党的韩军将领不愿意投降秦国，派遣使者带着地图将上党献给了赵国。

赵孝成王（赵惠文王的儿子）派军队接收了上党。两年后，秦国又派王龁(hé)带兵围住了上党。

赵孝成王听到消息，连忙派廉颇率领二十多万大军去救援上党。他们才到长平（今山西高平西北），上党就已经被秦军攻占了。

王龁还想向长平进攻。廉颇连忙守住阵地，叫士兵们修筑堡垒、深挖壕沟，跟远到而来的秦军对峙，准备做长期抵抗。

王龁几次三番向赵军挑战，廉颇说什么也不

跟他们交战。王龁想不出什么法子，只好派人回报秦昭襄王，说："廉颇是个很有经验的老将，不轻易出来交战。我军远离本国，长期下去，就怕粮草接济不上，这可怎么好呢？"

秦昭襄王请范雎(jū)出主意。范雎说："要打败赵国，必须先叫赵国把廉颇调回去。"

秦昭襄王说："这哪能办得到呢？"

范雎说："让我来想想办法。"

过了几天，赵孝成王听到左右纷纷议论："秦国就是怕让年轻力强的赵括带兵，廉颇不中用了，眼看就快投降啦！"

他们所说的赵括，是赵国名将赵奢的儿子。赵括从小爱学兵法，谈起用兵的道理来头头是道，自以为天下无敌，连他父亲也不放在眼里。

赵王听信了左右的议论，立刻把赵括找来，问他能不能打退秦军。赵括说："要是秦国派白起来，我还会有所顾虑。可如今来的是王龁，他的对手只不过是廉颇，要是换上我，打败他不在话下。"

赵王听了很高兴，就拜赵括为大将，让他去接替廉颇。

蔺相如对赵王说："赵括只懂得读他父亲的兵书，不会临阵应变，不能派他做大将。"可是赵王听不进蔺相如的劝告。

赵括的母亲也向赵王上了一道奏章，请求赵王别派他儿子去领兵。赵王把她召了来，问她为什么。赵母说："他父亲临终的时候再三嘱咐我说：'赵括这孩子把带兵打仗看作儿戏，谈起兵法来，就目中无人，夸夸其谈。将来大王不用他还好，如果用他为大将的话，只怕赵军要断送在他手里。'所以我请求大王千万别让他当大将。"

赵王说：

"我已经决定了，你就别管了。"

公元前260年，赵括领兵二十万到了长平，请廉颇验过兵符。廉颇将军务移交给他，就回邯郸去了。

赵括统率着四十万大军，声势十分浩大。他把廉颇的那套制度全部废除，下令说："秦国再来挑战，必须迎头打回去。打败了敌人，就得追下去，非杀得他们片甲不留。"

范雎得到赵括替换廉颇的消息，知道自己的反间计成功了，就秘密派白起为上将军，去指挥秦军。白起一到长平，就布置好埋伏，故意打了几场败仗。赵括不知是计，拼命追赶。白起把赵军引到预先设好埋伏的地方，派出精兵二万五千人，切断赵军的后路；另派五千骑兵，直冲赵军大营，把四十万赵军切成了两段。赵括这才知道秦军的厉害，只好筑起营垒坚守，等待援兵。秦国又发兵把赵国援兵和运粮的道路切断了。

赵括的军队，内无粮草，外无援兵，守了四十多天，士兵都叫苦连天，无心作战。赵括想带兵冲出重围，秦军万箭齐发，把赵括射死了。赵军得知主将被杀，纷纷扔了武器投降。白起担心投降的赵国士兵作乱，便把四十余万战俘活埋，只把二百四十个小孩儿放回了赵国。就这样，四十余万赵军，在纸上谈兵的主帅赵括手里几乎全部覆没了。

历史小启迪

赵国实力不如秦国，所以廉颇选择坚守，这样下去胜负还未可知。但是赵王轻信谣言，换上了志大才疏的赵括，给赵国带来了深重的灾难。我们必须以赵括为戒，努力提升自己的实践水平，才能避免坐而论道、纸上谈兵。

毛遂自荐

长平之战后，赵国一蹶不振。过了两年，秦军又向赵国发起进攻，占领了很多地方，连赵国国都邯郸也给包围了，形势十分危急。赵王见国都被围，急得像热锅上的蚂蚁，就把平原君找来想办法。

平原君是“战国四公子”之一，名叫赵胜，是赵惠文王的弟弟、赵孝成王的叔叔。和齐国的孟尝君一样，他也喜欢收罗门客，靠着门客给他出谋划策，在当时有很大的名声。平原君见了赵王，说：“现在国都被围，形势危急，光靠咱们赵国自己的力量恐怕难以保住国都，只好向楚、魏求救。魏国和我们关系还可以，而且我和魏公子信陵君交情很深，我写封信去，魏国估计会派救兵来。只是楚国离我们较远，楚王又害怕秦国，不一定会答应出兵。但楚国是大国，举足轻重，必须争取到它的帮助，我打算亲自去楚国一趟，说服楚王派兵，您看如何？”赵王一听非常高兴，就点头同意了。

平原君回来把这件事同门客说了，决定在门客中挑选二十个文武双全的人跟他一起去楚国说服楚王出兵救赵。平原君挑来挑去，只选出了十九个人，别的人要么没有口才，要么武艺太差，平原君感慨万分，说：“唉，花费这么多时间，养了这么多门客，如今连二十个能用的人也选不出来，全才实在太少了。”这时从后面角落里传来一个声音：“公子您看，我能不能凑个数啊？”平原君并不认识说话的人，就问：“先生尊姓大名？”那人回答说：“姓毛名遂。”平原君想了想，好像不记得有这么一个门客。毛遂接着说，他已经给平原君当了三年门客了。平原君不由得冷笑着说：“我听说有才能的人，不管到什么地方，他的才能就像锥子放在口袋里一样，锥尖马上就会扎破口袋露出头来。如今先生在我这儿待了三年，我却不知道您，看来是没什么本事，跟我去又有什么用？”众门客都**嘲讽**起来。毛遂并不介意，从容地说：“问题是公子您一直没有把我放在口袋里，要不然我的才能早已像锥子一样全部显示出来了，岂止是只露个尖儿呢？”平原君见他机敏过人，就同意他加入去楚国的队伍。到了晚上，平原君和门客们化装后悄悄溜出城外，直奔楚都去了。

平原君一行人来到楚都，第二天一早就去拜见楚王。平原君让毛遂等人在殿外等候，他自己进去先和楚王谈判。可谈来谈去，一直到中午，楚王仍然不答应派兵救赵，在殿外等候的毛遂按捺不住，大步流星地冲进殿去。楚王一见闯进来个外人，很是恼火，就喝问他是何人。平原君说：“这是我的门客毛遂。”楚王一听，更为恼火，斥责道：“我跟你主人议事，你来干什么，赶快给我退下去！”毛遂不但不后退，反而手按长剑，走到楚王跟前，说：“合纵抗秦是天下大事，大家都可以议论，大王凭什么不许我说话，还赶我出去？”楚王见他带着剑，谈话间有一股狠劲儿，就害怕起来，连忙缓和了脸色请毛遂说话。于是毛遂侃侃而谈道：“贵国拥有土地五千里，兵士上百万，具有成就霸业的优越条件。可是，秦国多次欺负你们，这种奇耻大辱，连我们赵国都替您感到羞耻，你们却假装看不见。今天我的主人屈驾前来跟大王商议合纵抗秦之事，不只是为我们自己，也是为了贵国。试想，如果我们赵国被秦国灭了，你们楚国难道能逃脱同样的命运吗？”一席话说得楚王连连点头称是，答应立即派楚军去解邯郸之围。

回国后，平原君充满歉意地对毛遂说：“先生

这次去楚国，凭借三寸不烂之舌搬来了救兵，先生的才能远不是锥子的锋芒所能比的，过去是我有眼无珠，没有看出来。”从此，平原君把毛遂奉为上等门客。

后来，平原君又给魏公子信陵君写信搬救兵，魏王迫于秦国的威胁不肯派兵。信陵君就设计让魏王最宠爱的妃子如姬从魏王身上偷出了能调动军队的虎符，派了八万魏军去援救赵国，才终于打败秦军，解了邯郸之围。而楚军当时还在武关观望，得知邯郸解了围，就返回楚国去了。

历史小启迪

毛遂是战国时期赵国宗室大臣平原君赵胜的门客。平原君准备去楚国谈判，毛遂本不是谈判团的一员，但他勇敢地向平原君推荐自己，自称囊锥。平原君被此番言语打动，带上了毛遂去楚国。在谈判中，毛遂果然成功说服了楚王出兵援助赵国。可见，如果你对自己的才华有自信，确定自己能胜任某项工作，就要勇敢地向领导推荐自己。

荆轲刺秦王

战国后期，秦国加快了一统天下的步伐，不断地向各国发起攻击。

秦王嬴政即位后，吞并诸国的速度更快了。公元前230年，秦国灭掉了韩国。公元前228年，又打败了赵国，占领了赵国国都邯郸，赵王逃到了代郡。魏国和燕国也危在旦夕，眼见再没有哪个国家可以和秦国抗衡。

在秦国做人质的燕太子丹见局势危急，于是偷偷逃回了燕国。可回燕国后，他也没有想出什么好办法，想来想去，决定找个刺客去刺杀秦王嬴政，希望这样可以阻止秦军的进攻。燕太子丹花重金四处寻求勇士，有人把武艺高强、慷慨仗义的荆轲介绍给了燕太子丹。燕太子丹也很看重他，把他当上宾对待，只要荆轲开口，无论要什么都会马上派人送去。

公元前228年，秦军到了燕国的南部边界，燕太子丹**心急如焚**，对荆轲说：“现在秦国的大军已经压境了，早晚会渡过易水，虽然想经常侍奉您，又哪里做得到呢？”

荆轲说：“就算太子今天不说，我也要请求行动。现在秦王用一千两黄金和一万户人口的封地当作赏格，要樊将军的人头。如果能把樊将军的人头和燕国督亢的地图献给秦王，秦王一定会高兴地接见我，我也有机会报答太子了。”

燕太子丹却说：“樊将军是因为煽动秦王的兄弟造反没有成功，走投无路才来投奔我的，我怎么能伤害长者呢？希望您再考虑一下别的办法。”

荆轲知道太子丹不忍心，就私下去见樊於期将军，把事情告诉了他，说："你的父亲、母亲和宗族，全被秦王杀害或罚没为官奴了，秦国对待将军真是太刻毒了。现在有机会报仇，将军有没有这个心意呢？"樊於期流着泪说："这是我日夜痛心的事，今天才听到您的指教。"说完，就拔剑自尽了。

燕太子丹听到消息赶来，伏在樊於期身上痛哭，可事情已经这样，无法挽回了，只得用匣子将樊於期的人头装好，交给荆轲。

太子丹事先准备了一把锋利的匕首，叫工匠用毒药煮炼过。谁只要被这把匕首刺伤，就会马上气绝身死。他把这把匕首送给荆轲，作为行刺的武器，又派年仅十三岁的勇士秦武阳做荆轲的副手。

公元前 227 年，荆轲从燕国启程去咸阳。太子丹和少数随从穿着白衣，戴着白帽，在易水（在今河北易县）边给他们送行。临行的时候，荆轲给大家唱了一首歌：

“风萧萧兮易水寒，壮士一去兮不复还。”

送行的人听了他悲怆的歌声，都泪流不止。荆轲拉着秦武阳跳上车，头也不回地走了。

荆轲他们来到了咸阳。秦王嬴政一听燕国派使者把樊於期的人头和督亢的地图都送来了，非常高兴，就下令在咸阳宫接见荆轲。

荆轲捧着装了樊於期人头的盒子，秦武阳捧着督亢的地图，一步步地踏上秦国宫殿的台阶。

秦武阳初次见到秦国宫殿那副威严的阵势，害怕得发起抖来。

秦王嬴政左右的侍卫发现了，大喊了一声，说：“使者为什么脸色变了？”

荆轲回头一瞧，果真见秦武阳的脸又青又白，就赔笑对秦王说：“乡野粗鄙的人，从来没见过大王的威严，免不了有点儿畏惧，请大王见谅。”

秦王嬴政起了疑心，对荆轲说：“叫秦武阳把地图给你，你一个人上来吧。”

荆轲从秦武阳手里接过地图，捧着木匣上去，献给秦王嬴政。他打开木匣一看，确实是樊於期的首级。他又叫荆轲拿地图来。荆轲把一卷地图慢慢打开，到地图全都打开时，事先卷在地图里的匕首就露了出来。

秦王嬴政看到匕首，吓得跳了起来。

荆轲急忙用左手拽住秦王嬴政的袖子，右手拿匕首向他的胸口猛刺过去。

秦王嬴政猛力挣脱，把那只袖子挣断了。他跑过旁边的屏风，正想要往外边跑，荆轲拿着匕首追了上来，他一见跑不了，就绕着朝堂上的大铜柱子转，荆轲紧紧地跟着。两个人围着铜柱子不停地转圈。

旁边虽然有很多官员，但是都没有武器；台阶下的武士，按秦国的规定，没有秦王的命令是不准上殿的。大家都非常着急，但都束手无策。

官员中有个伺候秦王嬴政的太医，他急中生智，拿起手里的药袋对准荆轲扔了过去。荆轲用手一挡，那只药袋就飞到一边去了。

就在这一瞬间，秦王嬴政得到了喘息的机会，抽出宝剑，砍中了荆轲的左腿。

荆轲站立不稳，摔倒在地。他把匕首径直向秦王嬴政掷了过去。秦王嬴政往右边一闪，那把匕首就从他耳边飞过去，打在了铜柱子上，“嘣”的一声，铜柱直迸火星儿。

秦王嬴政看到荆轲手中没了武器，又对着荆轲砍了几剑。荆轲身上受了八处剑伤，知道自己失败了，苦笑着说：“我没有早下手，原本是想先逼你退还燕国的土地。”

这时候，台下的武士已经一起赶上殿来，结果了荆轲的性命。台阶下的秦武阳，也被武士们乱刀砍死了。

历史小启迪

已经清楚地知道自己将要面临的危险，仍敢于承担、敢于面对，这才是真正的勇士。就像在易水河畔，荆轲明知此去危险重重，还是毅然踏上了前往秦国的道路，是因为有一份坚定的信念在支撑着他。信念，才是一个人最强大的力量。

少年，我们为什么要读历史？

学史明智，鉴古知今。

历史是什么？历史是一个民族和国家形成、发展及其兴盛衰亡的真实记录，是前人各种知识、经验和智慧的总汇。

历史就像一面镜子，以史为镜可以知兴替，以人为镜可以明得失。学史明智，鉴古知今。读华夏历史，不仅可以了解中华五千年的史实，而且还能够让我们铭记历史，从历史中学习前人的智慧，深刻把握人类发展的历史规律，在对历史的深入思考中汲取智慧、继往开来。

少年朋友们，读历史不只是为了应对考试，更要深刻地认识到学习历史的重要意义。有的人从历史中学到丰富的史学知识，有的人从历史中学到坚韧不拔的精神，有的人从历史中学到为人处世之道，有的人从历史中学到为官之道……历史如同一个巨大的宝库，有着无尽的财富，只要你愿意去挖掘，每个人都可以各取所需，有意想不到的收获。

少年朋友们，读历史对我们有太多太多的好处——

1 丰富知识，开拓思维

读历史，用历史知识武装头脑，取其精华，去其糟粕，让头脑敏锐地思考，做出有益于他人或者社会的行为。

2 增强民族自豪感和凝聚力

读历史，了解华夏五千年的灿烂历史，为勤劳智慧的祖先感到骄傲，增强人们的自豪感、荣誉感、归属感和整体的凝聚力。

3 培养胸怀和抱负

读历史，我们可以了解前人处世的态度、远大的抱负和无畏的精神，受到他们潜移默化的影响和熏陶，从而胸怀远大的志向。

4 借鉴别人的经验

读历史，了解历史上的人物和事件，借鉴前人的经验，吸取教训，学习某个人物的某种精神，从而武装自己的头脑及提高明辨是非的能力。

5 了解人性的弱点

读历史，你能从中发现历史环境和现实场景有相通之处，看清共同的人性弱点，从而提醒自己不能犯相同的错误。

少年朋友们，可见读历史是多么的重要啊！从今天开始，让我们多看一些有益的历史书籍吧！

目录

上古

夏朝

商朝

西周

少年读历史

上古

历三皇五帝，距今约四千一百余年以前

都城：平阳（今山西临汾）、蒲阪（今山西永济）等

盘古开天辟地

中国是个文明古国，有着非常悠久的历史。很久以前，人类没有文字，所有的历史故事全靠人们代代相传。从传说中的黄帝到现在，大约有五千年的历史，所以，我们祖国的历史也被称作“上下五千年”。

人们代代相传的神话传说，是我们的祖先对世界最初的认知。例如：世界是怎么来的？人又是如何诞生的？每个民族都有自己的创世神话和

关于人类起源的传说，而我们中国神话中的创世神，则是盘古。

传说，在遥远的太古时期，地球还是混沌状态，分不清天与地，也辨不出上下左右、东南西北，没有声音，更没有光亮。

在混沌的正中央，孕育着一个神奇的生命，那就是盘古。经过一万八千年的孕育，盘古终于

从混沌中苏醒过来。他想看看身边的世界，可眼前却是一片黑暗。

盘古伸手一抓，在混沌中抓到了一把大斧头，这斧头和盘古一样，是从混沌中孕育出来的。他拿着斧头，用力砍去，一声震耳欲聋的巨响后，混沌被劈成了两半。然后，轻而清的东西不断上升，变成了天；重而浊的东西不断下沉，变成了地。

盘古害怕天和地又合到一起，于是他脚踏大地，双手擎天，把天地撑了起来。天每日升高一丈，地每日增厚一丈，盘古也每日生长一丈。就这样过了一万八千年，天和地的距离足足有九万里，不会再合在一起了。盘古也筋疲力尽，巨大的身躯轰然倒地。

他的左眼变成了照耀万物的太阳，右眼飞上天空变成了皎洁的明月，头部和四肢变成了大地的高山丘陵，血液变成了奔腾的江河，汗珠化为了大大小小的湖泊，筋脉肌肉化成了肥沃的土地，毛发化为了夜里的点点繁星，皮肤化为了绿色的草原和森林，骨骼化为了深深埋在地下的金银铜铁和宝石，残留下来的浊气化成了虫鱼鸟兽……

从此，世界上有了阳光雨露，有了光明黑暗，有了江河湖海，生命开始繁衍。

历史小启迪

盘古是中国历史传说中开天辟地的祖先，也是大自然的化身。他用自己的生命孕育出生机勃勃的大千世界，为千秋万代的后人所景仰。开天辟地的传说中蕴含着丰富而深刻的文化内涵，为研究人类和宇宙起源提供了重要线索。盘古为开辟天地殚精竭虑，具有大无畏的献身精神，他的勇气和毅力值得后人学习。他敢于和命运顽强抗争的宝贵品质，永远激励着后人。

女娲炼石补天

盘古的身躯化为了日月星辰、山川河流，一个美丽的世界诞生了。

此时，一位美丽的女神——女娲，正行走在大地上。她放眼四望，天空有小鸟飞过，大地有群兽奔驰，水中有鱼儿嬉戏，一切都显得生机勃勃。可是这个世界并没有女娲的同族，更没有可以和女娲交流的对象，一种强烈的孤独感油然而生。

女娲在一个清澈的湖边停下了脚步，想梳洗一下，一低头，却看见自己的倒影在水中轻轻晃动。女娲忽然觉得，何不参照自己的模样，用泥土造一个同类出来呢？这样就有伴了。

于是，女娲挖来泥土，和着湖水，开始捏起一个小小的东西来。这个东西很快就捏好了，和女娲一样，有五官七窍，有双手双足，女娲将它命名为“人”。女娲把人放在地上，吹一口气，人竟然活动起来，能跑能跳了。女娲高兴极了，又捏了许许多多人出来。小人儿们围在女娲身边，叽叽喳喳一阵，渐渐散去了。女娲捏了许久，可世界太大了，小人儿们分散在大地上，仍然十分稀少。于是，女娲从湖边折下一条藤蔓，沾上泥浆挥洒出去，点点泥浆也变成了人，这样一来造人的速度就快多了，世界上从此有了第一批人类。此后，女娲便开始教化万物，帮助人们更好地生活。

远古时期，天地初开，还没有孕育成熟，很不稳定。一个深夜，一阵巨大的响声过后，天空塌了一大块，且到处都有漏洞，天不能把大地完全

覆盖住。大地也被震裂了，出现了道道深谷。山林燃起了熊熊大火，田野里洪水泛滥，林间的猛兽、天上凶猛的大鸟也都出来捕食人类。

看着自己的子民陷入一片混乱和恐惧之中，女娲难受极了，她决心让人们重新过上安宁的生活。于是，她周游四海，遍涉群山，最终来到了东海之外的一座海上仙山——王屋山，在这里找到了炼制补天石的绝佳材料——五色土。

女娲堆巨石为炉，取来五色土作为原料，又借来太阳神火，经过九天九夜，终于炼出了五彩补天巨石。女娲又用了九天九夜，用五彩石把天补好。补天石用了三万六千五百块，还有一块遗留在了天台山山顶。

天虽然补好了，却摇摇晃晃，仍然有可能塌下来。女娲便把王屋山移到了东海之滨，将背负着天台山的神鳌的四足砍了下来，用来替换天柱支撑四极，又用芦苇烧成的灰，堵住不断涌出洪水的地缝，杀掉祸乱人间的黑龙。那些作怪的恶禽猛兽纷纷逃回山里，再也不敢到处流窜了，百姓的生活终于安定下来。

天地定位，烈火熄灭，洪水归道，世界恢复了平静。可这一次的灾难依然留下了痕迹，天朝西北方向倾斜，地面则西北高耸、东南低沉，从此，江河都往东南方向流去，

汇聚成海，日月星辰则从西北滑落、东南升起。

人们在天台山欢庆补天成功，并建起了女娲庙，世代供奉，以此来永远怀念这位仁慈的大地之母——女娲。

历史小启迪

女娲造人的故事一方面表现了中华民族勤劳、智慧和创造的精神，另一方面也体现了中华民族都是“一母同胞”的民族情结。这是远古时期人们对世界为什么会存在人类的思考，体现了他们丰富而美好的想象力。女娲在面对自然灾害时，作为族人的首领，敢于担起责任，带领族人渡过难关，她勇敢、善良的品质和甘于奉献的精神，值得后人尊崇和学习。

燧人氏钻木取火

原始时期，地球上到处都是非常茂盛的森林，森林中生活着许多凶猛的野兽。原始人也住在森林中，他们既要和野兽搏斗，又要和频发的自然灾害相抗争，生了病也没有好的治疗办法，因此寿命很短。人类为了更好地繁衍和生存，就生活在了一起，一起采食植物充饥，这就是最早的人类社会——原始人群。

经过几十万年的发展，地球的气候变得越来越适合人类居住，原始人类也顽强地存活下来，并不断进化着。他们学会了使用粗糙的木棒和石头来共同抵抗甚至捕杀一些野兽，后来又学会了打磨石斧、石锤、骨针等简单的工具。由于生产生活的需要，原始人群逐渐形成了稳定的生活方式，开始向氏族公社发展。在这个漫长的过程中，原始人经历了很多困难，但也出现了很多圣人，他们教会大家生存的本领，带领大家一起抵抗野兽、对抗天灾，燧人氏就是其中的一位。

远古蛮荒时期，人们还没有学会用火。那时，植物生长得很慢，人们经常饿肚子，只好想尽办法捕杀野兽吃。可千辛万苦打回来的野兽肉不能久放，大家只好吃生的。生肉里的细菌、寄生虫很多，因此人们很容易生病，寿命也短。

有时候，天上会打雷，雷电落到山上干燥的树林间就会引起熊熊大火，把动物和植物都烧死了。人们被雷电和大火所惊吓，总是惊慌地逃回山洞，或搬到另一个地方居住。

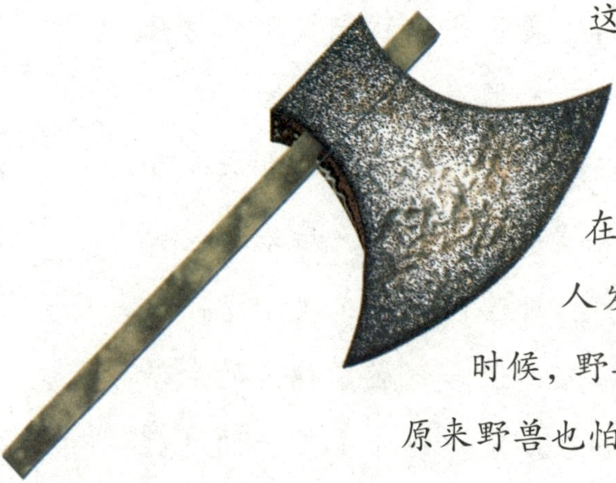

这天，突然出现的雷电又使得树木燃烧起来，一位正在与野兽搏斗的年轻人发现，火燃起来的时候，野兽便快速地退走了，原来野兽也怕火。这个发现让年

轻人兴奋极了。

火灭后，年轻人没有找到食物，只好尝试着吃那些被大火烧死的动物。顿时，一阵肉香传来，他尝到了从来没享受过的美味。

年轻人高兴极了，他带上“烤肉”，又捡起还在燃烧的树枝，小心翼翼地带回了族人居住的地方。人们发现“烤肉”不但好吃，也不会闹肚子，火还能吓跑野兽，都欢呼雀跃起来。他们捡来更多的树枝，让火种继续燃烧，还有人轮流值守，不让火熄灭。可火最后还是熄灭了，人们重新陷入了黑暗和寒冷之中。

人们已经喜欢上用火烧烤过的食物了，可自然的大火不是每天都有的，年轻人便四处游历，想弄明白火究竟是从哪里来的。一天梦里，有一位大神对他说：“遥远的西方有一个遂明国，你可以去那里取火种。”年轻人醒后，便动身往遂明国走去。

翻过高山，涉过大河，年轻人终于来到了遂明国，可寻找了很久也没找到火种，他疲倦极了，忍不住靠着一棵名为“燧木”的大树休息。忽然，他感受到了几点火星，忙起身仔细观察起来，原来是几只大鸟正在用又短又硬的喙啄树上的虫子，它们使劲儿啄的时候，树上就出现了微弱的火星。年轻人受到了启发，猜想两个硬物摩擦会产生火星，于是找来两根树枝试验起来。

年轻人一次又一次地试验着，终于

试验出了钻木取火的办法。他找来一块干燥易燃的厚木板，在木板中挖一个凹槽，再用两根粗细适中的木棒当钻杆，钻杆直立在木板上，双手共同用力，让两根钻杆快速旋转起来。钻杆尖端和木板摩擦，产生的热量会点燃凹槽中易燃的枯树叶等引燃物，火就这样产生了。

年轻人回到家乡后，把钻木取火的方法教给了族人，人们赞赏他的勇气和智慧，便推举他做了部落的首领，称他为“燧人氏”。燧，就是“取火”的意思。

从此，原始人就能自己生火了，正式结束了茹毛饮血的历史。原始人可以用火烧烤食物、取暖、驱赶野兽，大大提升了自身的生存能力。

传说中，和燧人氏同一时期的，还有一位有巢氏。他看到鸟儿在树上筑巢，又安全又舒服，而人们在山洞里居住，既容易被野兽袭击，又容易因为山洞里空气潮湿而生病，就教大家向鸟儿学习，在树上建造树屋居住。后来，人们为了生活更方便，又搬回了地面。起初也是修建像树巢一样的房子，之后才渐渐演变成了现在的房子，人们为了纪念他，就称他为“有巢氏”。

人工取火的发明，居住条件的改善，为人群的聚集和群居思想的产生提供了条件，更标志着人类文明发展到了一个崭新的阶段，影响非常深远。

历史小启迪

燧人氏经历重重困难，终于试验出了钻木取火的方法，极大地改善了原始人的生活。他不但观察到了生活中容易被人忽略的细节，更重要的是，他能够在千百次的枯燥试验中坚持下来。他的细心、毅力和敢于钻研的精神，使他最终获得了成功。

伏羲制八卦

伏羲氏姓风，他有许多名字，如宓羲、庖牺、包牺、伏戏，亦称牺皇、皇羲、太昊、伏牺等，是上古圣人之一。

伏羲的母亲为华胥氏，是风兖部落首领的女儿。有一天，华胥氏外出游玩时，在一个叫雷泽的地方发现一个大如车轮的脚印，她好奇地踩了上去，顿时天降彩虹环绕着她，腹中震动，不久就孕育了伏羲。十二年后，伏羲出生了，和母亲、族人一起，逐水草而居，过着漂泊不定的游牧生活。那时以十二年为一纪，所以伏羲出生之地就叫成纪。

伏羲长大后，因为他善于观察总结，成了一个大发明家，传说渔网就是他发明的。

那时人们没有好用的武器，很难捕捉到野兽，植物生长又很缓慢，因此人们经常饿肚子。伏羲就想，有没有办法来改善这种状况呢？他试过下河捉鱼，可鱼儿浑身滑溜溜的，在水里又游得很快，辛苦一天也抓不到几条。

一天，他躺在树下休息，看到旁边有一只蜘蛛正在结网，网结好后，蜘蛛就跑到角落里躲了起来。网是半透明的，不一会儿，就有小虫子撞到网上，被网网住了，蜘蛛不慌不忙地跑出来饱餐了一顿。伏羲看得入神，心想：能不能像蜘蛛这样，用网捕鱼呢？说干就干，他找来葛藤、木棍，仿造蜘蛛网，做了一个粗糙的渔网，用它捕鱼果然简单多了。

伏羲不仅发明了渔网，还创造了书契，取代了以前的结绳记事；他还发明了琴、瑟、陶埙（吹奏乐器）等乐器，创作了乐曲《驾群》，把音乐带给人们；他创制了古代历法，让人们在种植庄稼的时候有规律可依照。人们甚至把制定婚姻制度、饲养家畜等都归功于他。

因为伏羲做出的巨大贡献，他被尊为中华民

族的人文始祖、上古帝王之首，而他最为人所称道的功绩，是创立八卦。

远古时期，人们对大自然为什么会刮风下雨、闪电打雷、暴发山洪等一无所知，因而对大自然又害怕又敬畏。人们常常来询问圣人伏羲，为什么会有那些可怕的自然灾害，可伏羲也不明白。于是，他常常仰望星辰，俯视大地，观测飞禽走兽和花草虫鱼，想找出大自然的变化规律。

一天，他又来到山上，当他正坐在方台之上感受周围的一切时，忽然山对面传来一声奇怪的吼声，随即跃出一头马身龙鳞、长着翅膀的龙马。龙马奔到伏羲身旁，绕了三圈，又跃到山下渭水河中一块大石上蹲了下来，不一会儿就消失不见了。

龙马身上长着奇特的花纹：一六居下，二七居上，三八

居左，四九居右，五十居中。

伏羲回家后，仔细回想这个图案，找到了灵感，便赶紧根据图案画了一个草图。

后来他经过洛水时，洛水中忽然浮出一只白色的神龟，龟背上也出现了和龙马身上类似的花纹。于是，他将两套图案综合起来，再加入乾、兑、离、震、巽、坎、艮、坤八个符号，分别代表了天、泽、火、雷、风、水、山、地八种自然现象，形成了先天八卦。

伏羲创立了八卦后，就用它来解释和判断大自然下一步的变化，又根据观察到的现象，给八卦增加新的解释和内容。久而久之，八卦的内容得到了极大的丰富，可以解释的现象就更多了，成了一部“百科全书”，这就是周易文化的开端。它代表了古人对世界的理解和认识，深深地影响着中华文化的发展。

为了纪念伏羲，他画八卦的那座山被后人称为卦台山，龙马身上和白龟背上的花纹分别被称为河图、洛书。它们成了神话传说中威力无穷的法宝，神通广大的仙人们拿着它们斩妖除魔，留下了一个个精彩的传说。

历史小启迪

伏羲所创立的八卦，体现了古人对世界的理解和认识，它包含的深奥哲理和思想内涵对整个中华民族的文化发展有着重要的影响，在现代天文、地理等方面也都发挥着巨大的作用。有人说：“它只是用来占卜的，属于封建迷信。”这种说法其实是以偏概全，否定和低估了古人的智慧。

神农勇尝百草

神农是五帝之一，出生在烈山的一个山洞里。传说他身体透明，头上长有两角，牛头人身。因为他重视火德，火又是炎热的，故称“炎帝”。

炎帝长大后，看到人们为了找到一点儿食物要走很远的路，还要冒着生命危险去捕捉野兽，一不小心就会受伤。于是他就经常琢磨：为什么人只能吃肉，只能采摘少数的植物充饥呢？这满山遍野的花花草草和各种果子，还有哪些是能吃的呢？能不能把植物种在家门口呢？

有一年春天，他偶然发现一颗掉落在泥土里的果核长出了新芽，高兴坏了。经过几年的观察和试验，他终于发现了植物的生长规律。于是，他找来谷物的种子，发明了农具，开始教大家种植庄稼，自此农业就渐渐发展起来了。人们有了稳定的食物来源，生活条件改善了许多，炎帝也因此被称为“神农”。

可大自然的植物实在太多了，人们无法分清哪些能吃哪些不能吃，如果吃到有毒的食物，人们就一点儿办法都没有，只能眼睁睁地看着病人难受甚至死掉。神农暗暗焦急，他决定四处游历，亲自尝遍所有的植物，观测吃下植物后身体的反应，然后告诉大家，这样人们就知道应该怎么做了。

神农带着几个随从，从家乡随州烈山出发，一路往西北走去，来到一座大山里面。这座大山真是植物的天堂，红的、白的、绿的、黄的……五彩缤纷。神农欢喜极了，领着臣民在这里住下来。

每天，神农都会采集各种果实、嫩叶、根茎等，一样一样品尝，有的味道甜甜的，很好吃，有的又苦又涩，有的看着很漂亮，吃下去却会拉肚子……神农把这些都一一记录下来。神农花了

七七四十九天，把这座大山都走遍了，知道了稻（俗称水稻、大米）、黍（俗称黄米）、稷（又称粟，俗称小米）、麦（俗称小麦）、菽（俗称大豆）能充饥，就叫随从把种子带回去，让人们种植，这就是后来的五谷。

有一天，神农发现了几片带着淡淡香气的绿油油的嫩叶，便采了一片放进嘴里，顿时觉得身体一阵清爽，舒服极了，就把它命名为“查”，就是现在的茶叶。又有一次，他把一株草放到嘴里，顿时天旋地转，一头栽倒在地，他赶紧用最后的意识，把那株毒草旁边一颗红亮亮的果实塞进嘴里，这才缓过劲来。神农明白了，原来植物与植物之

间是会相互起作用的。

就这样日复一日，神农走遍了江河山川，尝遍了各种植物，也认识了很多草药，沿途还救治了不少病人。

神农遇到过一个得了急病的人，他找了很久，才在一座陡峭的岩壁上看到了需要的草药。可岩壁又陡又滑，要爬上去比登天还难。随从们劝神农放弃，趁早回去，可神农摇摇头拒绝了。他站在那里，左看看，右看看，想着办法，当他看到几只猴子顺着高悬的古藤爬过来的时候，顿时一拍掌，有了！

他叫人砍了一些木杆，又割了不少藤条，靠着山崖一层一层地搭起了架子，然后顺着这个架子慢慢爬到岩顶，采下草药，救了那个病人。后来，神农搭架子的地方，就被称为“神农架”。

神农尝百草的时候，经常吃到有毒的植物，他就用“查”来解毒。可有一次，神农发现一株开着黄色小花的植物，它的叶子还会一张一缩，奇怪极了，便采下叶子放进嘴里，谁知这个草有剧毒，神农还没来得及吞食随身携带的“查”，毒性就发作了。

神农死后，人们非常伤心，就把那株草取名为“断肠草”。人们为了纪念他的恩德和功绩，就尊奉他为药王神，并建药王庙，世代祭祀。后来还有人写了一本《神农本草经》，表达对神农的敬意。

历史小启迪

神农氏是传说中一位对中华民族做出了颇多贡献的人物，他率领臣民战胜了饥荒和疾病，使百姓脱离了饥寒交迫、患病无医、颠沛流离的日子，他的这种勇于开拓、勇于创新的精神，值得后人敬仰和学习。

黄帝战蚩尤

大约四五千年前，长江、黄河流域居住着许多氏族和部落。部落间为了争夺食物、领地和奴隶，经常爆发战争。为了在战争中取得胜利和保存力量，氏族和部落之间也会互相通婚、结盟。渐渐地，这片土地上形成了两个对立的强大部落，部落首领一个是轩辕氏黄帝，一个是神农氏炎帝。

起初，黄帝部落居住在姬水附近，炎帝部落则生活在姜水流域。炎帝一心想带领大家从居无定所的游猎生活过渡到更稳定、更富足的农耕生活，就率领部落向中原地区发展。黄帝也带着部落向中原迁移，到了涿鹿地区，就想定居下来。

三皇五帝五说表

三皇			五帝				
天皇	地皇	泰皇	白帝	青帝	黄帝	炎帝	黑帝
天皇	地皇	人皇	伏羲	神农	黄帝	少昊	颛顼
燧人	伏羲	人皇	黄帝	颛顼	帝喾	尧	舜
伏羲	女娲	神农	黄帝	少昊	颛顼	帝喾	尧
伏羲	神农	黄帝	少昊	颛顼	帝喾	尧	舜

涿鹿原本是炎帝的地盘，为了争夺土地和资源，两大部落在阪泉大战了三次。前两次，炎帝用火攻的办法把黄帝打败了，可第三次，忽然天降大雨，炎帝的火攻失效以致战败，黄帝就成了中原地区的盟主。炎帝部落与黄帝部落融合在一起，形成了炎黄部落。

这时，长江流域的九黎部落也强大起来，其部落首领叫蚩尤。据说这个部族是由八十一个兄弟部落组成的，他们学会了炼铜技术，能使用铜制的长矛和大刀，个个力大无穷、凶猛无比。蚩尤觉得自己实力很强，便开始四处侵略别的部落。

炎帝和黄帝的统治区域也受到了蚩尤的侵犯，他打败了炎帝，也不听黄帝的劝说，一直打到了黄帝的大本营涿鹿。黄帝只好召集起其他部落，在涿鹿与蚩尤决战。

据说黄帝先派大将应龙出战。应龙杀死了帮助蚩尤的巨人夸父，又飞上天空，居高临下地向蚩尤军中喷水。刹那间，大水汹涌，直向蚩尤大军冲去。蚩尤忙命风伯和雨师上阵，施展神威，让狂风暴雨反向黄帝大军冲去。应龙不会收水，黄帝急忙请来旱魃女神相助，这才止住了风雨。

蚩尤又放出大雾，四周一片迷蒙，黄帝的士兵们晕头转向，他只好把大臣们召集起来想办法。苦思良久，大臣们发现天上的北斗七星斗转而柄不转，便说道：“伯高在采石的时候，发现一种能把铁吸住的石头，我们能不能根

据这个原理，制作一种会指示方向的东西呢？”黄帝听后，有了灵感，最终利用北斗星永远指向北方的自然现象，制作出能指引方向的“指南车”，带领士兵冲出了重围。

黄帝和蚩尤打了好几年仗，胜少败多，心里十分焦虑。这天，黄帝在忧虑中昏然睡去，在梦中见到了人首鸟身的九天玄女。黄帝面向玄女，伏地不起，请求她告诉自己战胜蚩尤的方法。九天玄女奉天帝之命，给了他一

卷兵书，便飘然离去了。黄帝醒来后，发现自己手中果然握着一卷兵书。

黄帝把兵书上的内容演练熟练后，率领着平时驯养的野兽重新与蚩尤开战。蚩尤的军队虽然勇猛，却经不住野兽的扑咬袭击，黄帝又有玄女的兵法助阵，蚩尤的士兵吓得个个抱头鼠窜。经过激烈的战斗，蚩尤逃到了冀州中部，被黄帝的大军抓住，砍了脑袋。

黄帝打败蚩尤后，又打败了不服从他命令的刑天，成了天下共主。黄帝和炎帝部落也在中原地区相互融合，共同劳动，繁衍生息。

黄帝做了很多有利于部落发展的事情，还发明了很多东西，比如车子、船、房屋等。他鼓励各个部落推广炎帝的农耕方法和用草药治病的法子；为了便于交流，他还让仓颉根据万事万物的形象，创造了最早的文字；他又令容成制定历法，还让伶伦制造乐器、制定韵律……和平的轩辕岁月，人们狩猎、耕种、捕鱼、纺织、歌唱，一切都那么井然有序。

炎帝和黄帝成了中华民族共同的祖先，我们也因此自称为“炎黄子孙”。后世为了纪念黄帝，修建了“黄帝陵”，因为黄帝姓轩辕，人们又修建了“轩辕庙”，供后人祭祀。

历史小启迪

黄帝战败炎帝和九黎部落，不仅说明了黄帝部落实力的雄厚，更说明了作战时天时、地利、人和的重要性。蚩尤本来有实力战胜黄帝，可黄帝在多次战败之后，并没有气馁，而是寻求高人相助，积极演练兵法，而蚩尤因为多次战胜黄帝，渐渐松懈，最后大败。可见，坚持是一件事成功的重要因素，没到最后，结果都是未知的。

尧舜禅让

黄帝死后，人们感受到了部落联盟给自己带来的好处，就把联盟制度保持了下去。经历了颛顼、帝喾、帝挚几代首领后，新的部落联盟首领继位了，他就是尧。

尧生活节俭、品德高尚，他团结各部落首领，带领大家种植谷物，对抗天灾、野兽；他赏罚分明，从不徇私舞弊，在联盟中具有很高的威望。尧老了之后，为了联盟的发展，决心提前选好自己的接班人。

部落联盟首领的选择关系到联盟将来的发展，大家都很关心这件事，尧便召集部落首领们围坐一堂，请大家各抒己见，推荐合适的人选。

有个叫放齐的人第一个站了出来，推荐尧的儿子丹朱，尧严肃地说：“丹朱虽然是我的儿子，可他生性顽劣，品德不好，总与人发生争执，难以服众，怎么能治理好部落呢？”又有人说：“丹朱虽然有很多缺点，但是可以好好教育。从前各位部落联盟首领都是传给自己的子孙，现在传给外人，他会伤心的。”

尧沉思了一会儿，正色道：“把权力交给贤明的人，天下百姓都可以得到好处，只有丹朱一人痛苦。可把权力交给丹朱，天下百姓都会痛苦，只有丹朱一人得到好处。我不能用百姓的痛苦去造福丹朱一人啊！”

又有一个人建议说：“掌管水利的共工做过不少事情，我看他可以担任部落联盟的首领。”

尧还是摇头：“共工只是表面上对人恭敬而

已，虽然他能说会道，其实心里想的是另外一套，这种人不能用。”

首领们讨论了半天，还是没讨论出满意的人选，尧便让他们到外面去寻访。过了一段时间，首领们回来了，一致向尧推荐历山地区（今山东鄄城一带）一个叫舜的人。

舜的母亲早亡，父亲瞽(gǔ)叟是个盲人。舜的父亲和继母都宠爱继母所生的弟弟象，对舜十分不好。可舜从不计较，依然孝顺父母，关心弟弟。为了养家糊口，他在雷泽打过鱼，在山上种过田，在黄河岸边制过陶器，还做过小生意。不管做什么，他都做得有模有样。由于他德行高尚，周边的人都愿意跟随他，他住的地方，往往两三年就成了村落，五年就成了繁华的城邑。

听到大家都对舜赞不绝口，尧就点点头说："我也听说过他，那就再观察他一阵子吧。"

于是，尧把自己的两个女儿娥皇、女英嫁给了舜，又送给舜不少牛羊。舜并没有因此沾沾自喜，可舜的继母和弟弟却忌妒得要命，他们串通瞽叟，想除掉舜，好独占财物。

一次，瞽叟叫舜去修补粮仓屋顶上的裂缝。等舜爬到仓顶，专心致志地用泥涂抹裂缝时，瞽叟和象却把梯子撤走了，并放火点着了粮仓。眼看着火越烧越旺，舜急得像热锅上的蚂蚁，正好那天天气炎热，他带了两顶遮太阳的大斗笠，他急中生智，一手抓着一个斗笠，展开双臂跳下了粮仓。两只斗笠就像鸟儿的翅膀一样，让他轻轻地落了下来，没受一点儿伤。

过了一段时间，瞽叟又叫舜去淘井。等舜下

到井底不久，瞽叟和象就往井里填土，想把舜活埋在井底。瞽叟和象以为舜必死无疑，便得意扬扬地回家了。正当象大模大样地在舜的卧室里弹琴时，舜却推门进来了，象窘迫得面红耳赤。原来，舜提前在井壁上凿了一个通道，成功逃脱了。

舜回到家里，依然像什么都没发生过一样，继续做自己的事情。他的父亲、继母和弟弟几次想谋害他都没有成功，面对舜时羞愧难当，再不敢动歪脑筋了。

尧经过多方考察，对舜十分满意，开始给舜安排一些职务，舜将各项事务都打理得井井有条。尧觉得可以让他继承自己的位子了，就先让他代理执政，三年后，尧对他的执政成果非常满意，这才正式让他当了部落联盟的首领。

历史上把这种推选贤能，在位者主动让位的事情，称为“禅让”。

几年后，尧去世了，舜把部落联盟首领的位子让给丹朱，自己躲避到南方。可大家遇到事情依然只愿意去找舜，集会歌颂的时候也只歌颂舜，舜只好回来正式担任部落联盟的首领。

后世的人都很怀念那个时代的德政，还有诗曾歌颂道："春风杨柳万千条，六亿神州尽舜尧。"

历史小启迪

尧并没有遵循父死子继的习惯，而是选择贤能之人舜为自己的接班人，体现了其"以人为本，任人唯贤"的思想，有利于部落联盟的团结，对当今社会的协调发展有重要的借鉴意义。舜虽生活在恶劣的家庭环境里，父亲、继母和弟弟都想置他于死地，但是舜每次死里逃生后，仍对父母不失孝道，对弟弟十分友善，最终用宽容和大度感化了他们，是孝子和长兄的典范。此外，舜在参与政事、管理百官期间所表现出的卓越才干和高尚的人格魅力，也值得后人颂扬。

夏朝

历十七王，共约四百七十年

都城：阳城（今河南登封）、阳翟（今河南禹州）、斟鄩（今河南偃师）等

大禹治水

当尧还在世的时候，中原地区洪水泛滥，无边无际，淹没了庄稼、山陵和房屋，百姓流离失所，很多人只得背井离乡，水患给人们带来了无穷无尽的灾难。在这种情况下，尧决心消灭水患，于是开始寻求能治理洪水的人。

一天，尧把手下的大臣召到身边，对他们说："各位大臣，如今水患当头，人们受尽了苦难，必须把这大水治理好，你们看谁能担此大任呢？"

群臣和各部落首领都推举鲧(gǔn)。尧素来觉得鲧这个人不可信，但眼下又没有更合适的人选，就暂且将治水的任务委托给鲧。

鲧治理了九年，毫无进展，洪水依然肆虐。后来舜掌管朝政，他碰到的首要问题也是治水，他首先革去了鲧的职务，将他流放到羽山，后来鲧就死在了那里。

舜也来征求大臣们的意见，让他们推荐能治理好洪水的人，大臣们都推荐禹，他们说："禹虽然是鲧的儿子，但是德行、能力都比他父亲强多了。这个人为人谦逊，待人有礼，做事认真，生活也非常简朴。"舜并没有因为禹是鲧的儿子就轻视他，而是很快把治水的重任交给了禹。

大禹十分贤良，他并不因为舜处罚了他的父亲就怀恨在心，而是欣然接受了这个任务。

当时，大禹刚刚结婚四天，他的妻子涂山氏是一个贤惠的女人，她支持丈夫前去治水。大禹和自己的妻子洒泪分别，踏上了征程。

大禹左手拿着准绳，右手拿着规矩，走到哪里就量到哪里。他吸取了父亲采用堵截方法治水的教训，采取了一种疏导治水的新方法，其要点就是疏通水道，使得水能够顺利地东流入海。大禹每发现一个地方需要治理，就到当地的部落里去发动群众来施工。每当水利工程开始的时候，他都和百姓一起劳动，吃在工地，睡在工地，挖山掘石，披星戴月地劳作。

他生活简朴，住在很矮的小茅屋里，吃得比一般百姓还要差。可是在治水工程上，每当治理水患缺少钱财和物品时，他都率先捐出自己的家财，为大家做出表率。

在治水时最令人

感动的是他三过家门而不入的故事。有一次，他路过自己的家，听到小孩的哭声，那是他的妻子涂山氏给他生的儿子在哭。他多么想回去亲眼看一看自己的妻子和孩子，但是一想到治水任务艰巨，最终眼里噙着泪水，继续赶路。

大禹根据中国的地理情况，将其分为九个州：冀州、青州、徐州、兖州、扬州、梁州、豫州、雍州、荆州。他的治水方法是把中国的山山水水当作一个整体来治理，他先治理九州的土地，该疏通的疏通，该平整的平整，使得许多地方变成了肥沃的田地。

大禹治水一共花了十三年的时间。在他的努力下，咆哮的洪水失去了往日的凶恶，驯驯服服地向东流去。昔日被水淹没的山陵露出了峥嵘，贫瘠的土地变成了沃野。人们又能筑室而居，过上安定富足的生活了。

人们感念他的功绩，为他修建庙宇，尊他为“禹神”。整个中国也被称为

“禹域”，也就是说，这里是大禹曾经治理过洪水的地方。

历史小启迪

面对泛滥的洪水，大禹从鲧治水的失败中吸取教训，采取堵、疏结合的方法，最终成功地治理了泛滥的洪水。这告诉我们，做任何事情不能只是盲目努力，还要学会总结经验，随时调整方法，才能将事情办好。另外，这个传说也体现了中华民族勤劳、智慧、勇敢、奉献、坚毅不屈、万众一心的民族精神。

少康复国

启去世后，把王位传给了儿子太康。可太康喜欢享乐，尤其喜欢带上侍卫，去洛水南岸打猎。有一次，他出门一百多天都没有回来，他的五个儿子原本就为了继承王位争斗不休，太康又迟迟不归，夏朝变得更动荡了，一些部落首领也趁机起兵夺权。

东夷有穷氏部落的首领羿是个神箭手，非常勇猛，后人称他为后羿（这个后羿并不是唐尧时代那个射下九个太阳的神射手，而是夏朝时的一个君主）。后羿看到朝中混乱，觉得机会来了，趁机召集兵马，夺取了政权，并进驻洛水北岸，阻拦太康回到都城。

太康玩尽兴了，高高兴兴地回到洛水边时，才发现已经回不去了。傻了眼的太康只得向部落首领们求援，可首领们早就对他失望透顶，没人愿意去援助他，于是他只好在洛水南岸附近的阳夏暂住了下来。

二十多年后，太康在阳夏病死了，后羿就当众宣布立太康的弟弟仲康做国君，自己把持朝政。仲康死后，后羿让仲康的儿子相继承了王位，可没多久，他就把相赶走，自己做了夏王。

后羿称王后，刚开始还能认真处理政事，后来就骄纵起来，也开始像当初的太康一样，到处游玩，把朝政都交给了亲信寒浞(zhuó)处理。

寒浞很有野心，他故意奉承后羿，说："大王，您是名闻天下的神箭手，应该多出去让老百姓开开眼界，让他们知道您百发百中的神威。"后羿被他奉承得有些飘飘然，更喜欢出去游猎了。

寒浞取得后羿信任后，开始收买人心，排斥对后羿忠心的大臣，提拔自己的亲信，扩充势力。一天，他趁后羿打猎回来熟睡的时候，联合手下把后羿和后羿家人都杀死了，自己当了夏王。

寒浞担心夏氏王族会反攻，就派兵追杀被后羿赶走的相。

第二年春天，当初带着一家老小逃到斟灌氏的相，联合斟灌氏和斟鄩氏攻打寒浞，却没有成功。

公元前2002年，寒浞和相爆发了最后一战，寒浞大军攻入帝丘（今河南濮阳一带），杀死了相和他的族人，又杀了很多城中的平民，以致血流成河。自此，夏朝全部落到了寒浞手中。

相的妻子当时已经怀孕，帝丘被攻破的那一天，她趁乱躲过了追杀，后来逃回了娘家有仍氏部落，生下了儿子少康，在少康刚刚懂事时，她就把寒浞夺权的事告诉了他。

在困境中长大的少康十分坚强能干，他立志复国，报仇雪恨。长大后，他先在外祖父手下担任了管理畜牧的官员，平时一有机会就研究如何带兵打仗，为复国做准备。后来，他知道寒浞仍然在捉拿他，于是逃到了一个叫有虞氏的部落。

有虞氏部落首领非常欣赏少康，不但把自己的女儿嫁给了他，还赏给他一块方圆十里的封地和五百名士兵。少康在自己的领地上发展农牧业，还把那些被寒浞逼得家破人亡的平民召集起来，扩充到军队中，每天训练士兵，准备起兵复国。为了掌握寒浞的一举一动，少康还将女艾（少康的臣子，一名女间谍）派到寒浞身边，刺探他的情况。

少康又四处宣传夏朝先祖大禹的功绩，不少夏朝旧臣知道后，都前来投奔少康，他的势力渐渐壮大起来。

约公元前1962年，在有虞氏部落和夏朝旧臣的支持下，少康率领大军一路打到了寒浞的老巢，杀死了寒浞，消灭了寒浞的残余势力，夏朝又回到了大禹子孙的手中。

少康光复夏朝，当上夏王后，用心治理国家，各地首领都十分信服他，百姓也过上了安宁的日子，夏朝渐渐强盛起来，这段历史被人们称为“少康中兴”。

历史小启迪

少康自幼历经苦难，复国后勤于政事，体察民情。在他的治理下，天下安定，文化昌盛，各部落都拥戴他，夏朝再度兴盛，史称“少康中兴”。少康实现中兴的原因有：从小接受母亲的教育；成长过程中不断地接受磨炼；在经营自己领地的过程中发愤图强、艰苦奋斗、发展生产、体察民情、积聚力量等。少康在实现中兴的过程中所体现出的精神值得我们后人学习和借鉴。

少年读历史

商朝

历三十一王，共五百五十四年

都城：亳（今河南商丘）、殷（今河南安阳）等

商汤伐夏

夏朝末年，从孔甲开始，即位的国君个个不思进取，整天只顾着享乐，偶尔有一个贤明的国君让夏朝兴盛起来，可很快又会衰落下去。大约公元前16世纪，王位传到了桀(jié)这位国君手里，他更是骄奢残暴：拼命修筑宫殿享乐，任用奸邪小人，不断压榨、奴役国内的百姓和夏朝属国。

桀的行为激起了百姓们的强烈不满，桀常把自己比作太阳，百姓们就哀叹道："时日曷丧？予及汝皆亡！"意思是：这个太阳什么时候才会毁灭啊，我们恨不得跟你同归于尽！可见夏朝的统治多么不得人心。

就在夏朝走向衰落的时候，夏朝的一个属国——商国却渐渐强大起来。

商国的历史非常悠久，曾得到了夏朝天子的

授权，有权代天子征伐不服从夏朝统治的小国。桀当夏朝天子时，商国把国都迁到了亳。此时，商国的国君叫汤。

汤知人善任，且很有仁德。他的妻子有个陪嫁的奴隶，叫伊尹。伊尹做菜的手艺很好，却故意把菜做得时咸时淡，汤很纳闷儿，便找来伊尹问话。伊尹不慌不忙地从烧菜时如何掌握选料、咸淡、火候的道理引申到如何治理国家。汤听后大为赞叹，觉得伊尹是难得的贤才。他看到夏朝的局势越来越动荡了，希望伊尹能帮助夏桀改邪归正，便派出使者，带着礼品，把伊尹推荐给了夏桀。

到了夏朝，夏桀让人给伊尹安排了住所，却一连三年也不曾召

见他。汤就把伊尹请了回来，正式拜他为右相。在伊尹的辅佐下，商汤大力发展农耕、铸造兵器、训练军队，国力更加强盛。

商国和葛国是邻国，葛国国君被称为葛伯，对夏朝十分服从。汤担心葛伯会向夏朝汇报商国的真实情况，就想与葛伯交好。他听说葛国很久没有举行祭祀了，便派人去询问原因。葛伯说国家太穷，没有可以当祭品的牲口，汤便送了一大批牛羊过去。谁知葛伯收下牛羊后，又以没有多余的粮食喂养牛羊为由，把牛羊杀掉吃了。汤又派人帮助葛国种植庄稼，还派人给葛国百姓送去食物。可葛伯不但派人抢走了食物，还杀了一个送饭的小孩。

葛伯的行为激起了公愤，汤便带领军队消灭了葛国。经过多次出征，商国又陆续消灭了韦、顾、昆吾等夏朝属国，成为当时最强大的部落。

夏朝大臣赵梁觉得汤对夏朝来说是个巨大的威胁，劝桀早点除掉这个隐患，桀把这件事放在了心上。

不久，夏朝有个叫关龙逄（páng）的忠臣，因为苦苦劝说桀停止暴政，以免失去民心，触怒了桀，被桀杀了。汤知道后，感念关龙逄对夏朝忠心耿耿，自发吊唁他。桀就用这个理由，召汤到都城议事。等他一到都城，桀就命人把他抓起来关在了夏台（在今河南禹州）。商国人急坏了，大家想尽办法用金银财宝贿赂桀身边的宠臣，终于把汤救了出来。

汤回来后，准备讨伐夏桀。他为了试探夏朝的反应，在右相伊尹的建议下，停止了向夏朝纳贡。桀大发雷霆，立即调动九夷之兵进攻商国。汤立即向夏桀请罪，恢复进贡，稳住了桀，私下则积极和诸侯结盟，发展国力，蓄积力量。

大约在公元前1600年，九夷中许多部落受不了桀的欺压，纷纷叛离，汤再次停止向夏朝进贡。桀想让诸侯讨伐汤，可这次桀的“指挥棒”不灵了，各路诸侯谁也不听他的指挥。汤看到伐夏的时机已经成熟，果断下令起兵伐夏。

战前，汤举行了一场鼓舞人心的誓师大会，列举了桀的种种罪行，又强调说："今天不是我要发动叛乱，是桀犯下很多罪行，上天让我讨伐他！你们只要辅佐我，行使上天对桀的惩罚，我将重重地赏赐你们，决不会不守信用。如果你们不听从我的指挥，我就让你们去当奴隶，以示惩罚。"

经过这番动员，大军士气高涨，汤又制定了严格的作战纪律，然后率领七十辆战车、六千名步兵，加上盟国的军队，绕到夏都西面，出其不意地展开了进攻。桀毫无准备，连忙召集军队，仓促应战。

两军在鸣条（今山西夏县）展开了决战，毫无斗志的夏军很快被打得溃不成军。桀逃到南巢（今安徽巢湖），没多久就病死了，夏朝就此灭亡。

随后，汤召集天下诸侯，举行大会。会上，他得到了三千多名诸侯的拥护，被推为天子，正式建立了商朝。

历史小启迪

商汤是历史上有名的贤王。他能推翻夏桀的原因有：知人善任，能够放下身份的偏见，发现并重用有才干的伊尹；有仁德，他虽主动讨伐葛国，但在讨伐之前曾多次帮助他们，逼不得已才出兵讨伐，并且得到了诸侯们的拥护；做事有计划，能够深思熟虑，不会贸然进攻，一直等到时机成熟才出兵，最后一举获胜。相反，夏桀专制暴虐、荒淫奢侈、残害百姓、残杀诸侯，以至于到了天怒人怨的地步。“得道者多助，失道者寡助”，夏被商汤所灭是历史的必然。

盘庚迁都

商汤建立商朝，定都于亳。汤之后，一连几任君王都贤明能干，使商朝的生产力得到很大的发展，百姓的生活也有了很大改善。可从第六任君王太庚开始，商朝的内忧外患就逐渐显现了出来。

首先，国都亳靠近黄河，黄河经常泛滥，亳也经常遭受水灾，给国家带来很大的损失。其次，商朝的传位制度是先传兄弟再传给儿子，可一个商王通常会有好多个儿子，儿子和同宗兄弟都想当王，这样一来，对王位的争夺在所难免。商王中丁时期，为了争夺王位，就出现了长达一百多年的“九世之乱”。其间，奴隶们因无法忍受统治阶级的剥削，经常发生叛乱，再加上商朝周边小国、少数民族的侵扰，商朝的国力渐渐衰落下去。天灾加上人祸，到了后来，商朝的统治变得摇摇欲坠。

天子们为了摆脱同宗兄弟的威胁，还不时迁都，把忠于自己的王公大臣和亲信带走，将反对自己的留下，以此稳固自己的统治，商朝的国都前后迁了五次之多。

到商朝的第二十位君主盘庚继位时，国都在奄地（今山东曲阜）。奄虽然繁华，可地势低洼，每到雨季都城总是被淹，国家也动荡不安。盘庚决定整顿朝纲，彻底改变国家的现状，他想到的办法就是再一次迁都。盘庚认为，这样不仅能避开外敌的侵扰，还能让贵族们的特权因迁都受到削弱，缓和奴隶主和奴隶之间的矛盾。

于是，盘庚派人仔细考察各地，最后在西面发现了北蒙（今河南安阳）这个好地方。这里前有大河以通航，北有太行山作为屏障，地势险要，是个号令天下的理想之地。而且这里山中有猎物，水中有鱼虾，物产十分丰富，加上气候温暖，没有水灾，自然环境也比原来的都城好多了，于是盘庚就决定把都城迁到北蒙。

迁都令几乎遭到了所有人的反对，尤其是奴隶主和贵族们，他们在这里享受着种种特权，怎么舍得离开呢？他们不但不同意，还煽动平民站出来反对，公开闹事。

面对阻力，盘庚没有动摇迁都的决心，他把奴隶主和贵族们召集到一起，坚定地说：“我这样做，是想像先帝一样关心国家，想把大家带到一个安定的地方。我已经请巫师占卜过多次，这是顺应天意，也是有利于百姓的事。如果你们反对我，先王的在天之灵也会不高兴，会降灾惩罚你们的！你们想要改变我的主意是行不通的。”那个时候，人们都十分相信“天命”，反对的声音总算小了一些。盘庚又耐心地告诉他们迁都的好处，说：“有的人不管百姓死活，可一旦百姓造反，后悔就晚了。现在不迁都，难道要大家以后一起没命吗？到了北蒙，可以更好地控制各个诸侯国，让国家安定下来，这样大家才有好日子过。”

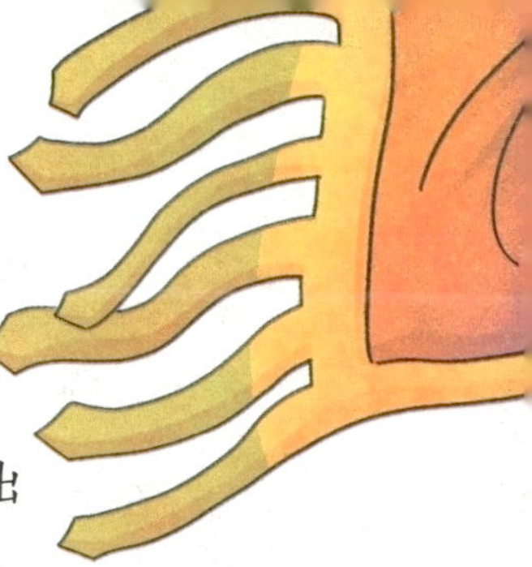

在盘庚的软硬兼施之下，大家总算答应了迁都。迁都之前，盘庚发出警告，如果有奸诈邪恶、不听从命令的人，自己一定会严厉惩罚他们。其实，他是想借此打击贵族的势力。

于是，盘庚带着国民，浩浩荡荡地渡过黄河，在北蒙建立了新的都城。很快这里就被打造成商朝的中心，被命名为“大邑商”。

搬到新的都城后，因为很多地方都要重新修建，大家很不适应，不少百姓都想回到原来的都城，那些反对迁都的贵族也趁机出来闹事。盘庚采取了一系列强硬的措施，平定了内乱。接着，他大力整顿商朝的政治、经济、农业等，使得商朝再次兴盛起来。

盘庚迁都是商朝历史上一个重要的转折点，使商朝得到了一个重新发展的机会。盘庚之后，小乙、武丁先后继位，把商朝治理得更加

繁荣。商朝的制陶、制玉、纺织、制漆、酿酒等工艺在当时都很先进，尤其是青铜器冶铸技术，达到了一个新的历史高度。现代考古学家发现了不少商朝铸铜的作坊遗址，几乎每处作坊的面积都在三万平方米以上。还出土了很多铸铜用的模具和精美的铜器，有礼器、兵器，也有生活日用品，可见铸铜工业在商朝时的发达程度和重要性。

盘庚迁都之后，商朝再也没有发生迁都的事，当时大邑商边上有一块田猎区叫“殷”，有人因此把这里叫“殷都”，商朝也因此又被称为“殷朝”。如今，考古学家们则把殷都遗址称为“殷墟”。

历史小启迪

盘庚通过迁都，避开了水患，也结束了宗室内部斗争的混乱局面，稳定了商朝的统治，为以后的商朝中兴奠定了基础。盘庚的深谋远虑，值得我们学习和借鉴。

武丁中兴

公元前 1250 年，商朝的第二十三代国君武丁即位。武丁当了商王以后，发现朝堂上多是佞臣，缺少优秀的大臣来辅佐他。于是，即位三年，武丁一直不理朝政，对大臣们办的事也不发表意见，嘴巴闭得紧紧的。

就在百姓们纷纷猜测他是不是哑巴，或得了什么绝症的时候，武丁突然说话了。他说梦见天帝向自己推荐了一名贤臣，那位贤臣名叫说。第二天，武丁把梦中贤臣的样子画在了木板上，命大臣们出去寻访。

大臣们奉命寻找，找了很久也没找到。直到有个大臣灵机一动，说：“画像上面的人穿着破破烂烂的衣服，身上还套着绳索，会不会是个奴隶呢？”大臣们觉得不可思议，但还是扩大了寻找的范围，终于在傅岩一带找到了说，他竟然是个正在修土堤的囚犯。大臣们忐忑不安地把他带到武丁面前，武丁一看说便笑了，很有兴趣地和说交谈起来，发现他果真是位贤德之人，非常高兴。

世上真有这么巧的事吗？当然不是。原来，年少时，武丁曾奉父命到民间体察百姓疾苦，他隐瞒王室身份，和平民、奴隶一起劳作。他在傅岩时，正好看到很多囚犯在修土堤，于是好奇地停留了下来，因此认识了说。说虽然是奴隶，却谈吐不凡，在和武丁交谈的过程中还提到了不少治国的方略，武丁非常吃惊，暗暗记住了他。可是，要提拔一个身份卑贱的奴隶，大臣们肯定不会同意。

武丁即位后，按规矩要为父亲小乙守孝三年。三年中，武丁一边仔细观察群臣，看谁是真心为国家办事的，一边苦苦思索怎么让大臣们接受说。最后，他想到了借天帝之名的法子，于是出现了“武丁梦贤臣”的故事。在那个年代，大臣们即使对国君的决定不满，也不敢违背“天意”。武丁仔

细考察过说后，认同了他的才能，便正式向百官宣布，任命说为左相，因为是在傅岩这个地方找到他的，便以“傅”为姓，称他为“傅说”。

除了傅说，武丁还接连任用了一大批贤能的大臣，如甘盘、祖己等。一次，武丁在太庙祭祀祖先的时候，一只野鸡飞了进来，停在鼎耳上鸣叫，武丁因此感到不安。祖己趁机说：“上天考察下民是看他们是否符合道义，大王您继承王位，只要勤于政事、朴素节俭、符合天意，就算有不祥的征兆，也会被化解的。”原来，祖己是看到武丁带来的祭品太丰盛，怕武丁会变得奢侈起来，故意这么说的。武丁看看太庙里的祭品，一下就明白了，此后就减少了祭品。

武丁重用这批贤能之士后，国家事务渐渐上了正轨，政事也被处理得井井有条。国内的吏治逐渐稳定之后，武丁接着开始了对外的征服，并严惩那些胆敢进犯的小国。当时商朝西北方的鬼方、工方和土方不时骚扰商朝边境，武丁亲自率军征讨，对鬼方用兵长达三年，才将其平定。几年之后，又收服了工方、土方，使商朝的版图扩张了不少。到武丁末年，商朝国土西起甘肃，东达海滨，北及大漠，南逾江汉，达到了商朝国力最鼎盛的时期。武丁统治的这一时期，被称为“武丁中兴”。

历史小启迪

武丁能够开创出一个盛世王朝，除了他的雄才大略和远大志向外，还因为他在位期间任用贤能，其对内大治，对外讨伐。通过他几十年的不断努力，国家变得更加繁荣昌盛。他清洁廉明，是商朝一位很有作为的君王。武丁为国家的繁荣稳定所做的贡献值得后人赞颂，他的精神值得后人学习。

西周

历十二王，共二百七十五年

都城：镐京（今陕西西安）等

武王伐纣

大约在公元前1075年，商朝王位传到了帝辛手中。帝辛又称“纣王”，从小天资聪颖，又武力过人，能徒手与野兽搏斗。他还亲自领兵打败了侵占商朝的东夷各部，把商朝的疆土开拓到东南一带，是一位很有作为的帝王。

后来，他变得骄傲起来，甚至比夏桀还要荒淫残暴。他让人在王宫里挖了一个大池子，里面灌上美酒，叫作“酒池”；又叫人在宫里种上一片树，把肉干挂在里面，叫作“肉林”。他和宫女们在酒池肉林中追逐嬉戏，渴了就喝酒池里的酒，饿了就摘肉林里面的肉吃。他嫌当时的都城规模太小，配不上他的功业，就征调了成千上万名奴隶和工匠，将沬都（今河南淇县）扩建成自己的游乐园，并改名为朝歌，还修建了一座豪华壮丽的高台楼阁，叫作“鹿台”，供自己和妃子们享乐。

商朝还是奴隶制社会，有很多残酷的刑罚，纣王用种种酷刑处死了很多劝谏他的大臣。

就在纣王只顾着安逸享乐的时候，商朝西边的一个诸侯国——周国逐渐兴盛了起来。

周国的君主西伯侯姬昌是纣王手下的诸侯，封地在西岐（今陕西岐山），他仁慈爱民，西岐境内，百姓安居乐业，一片安定繁荣的景象。时间一久，姬昌的名声越来越大，无法忍受纣王暴政的商朝百姓、朝中大臣都逃去了西岐。忠于纣王的崇侯虎把这些情况告诉了纣王，纣王就派人召姬昌到朝歌，把他抓了起来。姬昌的大儿子伯邑考为了救出父亲，不顾大臣阻拦，跑到朝歌找纣王求情，也被纣王抓了起来。

姬昌被关进牢里，并没有闲着，而是精心研究上古圣人伏羲留下的先天八卦，把八卦演变成六十四卦，写成了《周易》一书，流传出去后，被百姓奉为圣人。这事传到纣王耳朵里，纣王气坏了，就把伯邑考做成了肉羹，派使者送给姬昌吃。

姬昌被纣王囚禁了七年，周国的臣子们想尽了办法，终于用美女、名马、珍宝等赎回了姬昌。

姬昌回到西岐后，深知纣王已经失去天下民心，于是决心讨伐纣王。为了保证一举成功，他到处寻找能够辅佐自己的奇才。一天，他在渭水附近打猎，看到一个须发皆白的老人家在渭水边钓鱼。身边**车水马龙**，老人家却像没看到一样，仍然专心致志地看着鱼钩。可奇怪的是，他

的鱼钩是直的，没有挂鱼饵，而且离河面还有三尺高，这怎么能钓到鱼呢？一个打柴人好心地提醒他，他却自言自语道："愿者上钩，愿者上钩……"

姬昌觉得这个老人家不平凡，上前和他攀谈起来。老人家名叫姜尚，是个精通治国用兵之术的奇才，却一直没等到自己的伯乐。他知道商朝当灭，姬昌求贤若渴，就故意到姬昌常来的渭水河边钓鱼，还真等到了姬昌。姬昌当即封他为太师，让他辅佐自己。

有了姜尚的辅佐，姬昌加紧训练兵马，巩固自己的后方，没过几年，周国就强盛起来。姬昌又暗中鼓动一直对商朝时附时叛的东夷再次起兵造反，于是商朝和东夷展开了一场持续多年的战争。虽然商朝最后赢了战争，可这场旷日持久的征战也让商朝元气大伤。

姬昌本想趁机起兵伐商，却不幸生病去世了，他的二儿子姬发继承了王位，就是周武王。

为了检验周国的军事实力，周武王率领周国大军，祭祀过姬昌后，就向东进发，直指朝歌。

当大军到达黄河南岸的孟津（今河南孟津）时，闻讯赶来与他们会合，决定和他们一起攻打商朝的诸侯竟然有八百多个。周武王和姜尚十分谨慎，两人商量后，认为商朝朝廷里仍有忠义之士，灭商时机不够成熟，就把大家劝了回去，然后率军返回了周国，但他们对伐商更有信心了。

公元前1046年，纣王杀了触怒他的忠臣比干，囚禁了反对他的箕(jī)子，主管祭祀的太师眼看纣王已无药可救，干脆带着祭祀的宝器逃跑了。这个消息传到了周国，周武王同时收到密报，说商朝大军在外征战，都城内防御薄弱。他认为灭商的时机已经成熟了，就立即率领大军向朝歌进发。

周国与各诸侯国的军队在孟津会合，很快打到了离朝歌只有七十多里的牧野（今河南卫辉）。这个时候，纣王的主力还在东南方打仗未归，他只好匆忙将七十万东夷战俘及奴隶临时武装起来，亲自领兵应战。

牧野之战打得异常惨烈，可没有经过训练的乌合之众哪里打得过姬发的精兵，于是纣王的大军纷纷倒戈。纣王见大势已去，便逃回了朝歌，穿上镶满珠宝的宝衣，登上高高的鹿台，叫人点上一把大火，投火自尽了。商朝的基业，也随之化成了灰烬。

周武王灭商后，建立了周朝，定都镐(hào)京（今陕西西安西南），史称“西周”。

历史小启迪

商纣王独断专横、残害忠良、穷奢极欲，是中国历史上有名的暴君。而周武王重用贤人，联合各诸侯，抓住时机，伐无道，除暴君，得民心，终止了殷商王朝近六百年的统治，确立了周王朝对中原地区的统治秩序，为西周奴隶制礼乐文明的全面兴盛开辟了道路，极大地促进了社会的发展。这段历史告诉我们“得民心者得天下，失民心者失天下”的道理。

周公辅政

周公本是周朝的一个爵位，可历史上所说的“周公”，特指周朝第一位被封在周地的公爵。周公姓姬名旦，是周文王的儿子，周武王的弟弟。周文王时，他对外远征东夷，对内管理国政，后来又和周武王一起伐商，为周朝立下了很大的功劳，被封为公爵，人们就称他为“周公旦”或“周公”。

周武王建立周朝后，很多商朝遗民不服气，不时造反闹事。为了稳定局面，周武王采取了周公旦的建议，进行了大规模分封，一共分封了七十多个诸侯国。可没过两年，周武王就生了重病，儿子姬诵才十三岁，周朝又有很多内忧外患没有解决，周武王放心不下，就流着泪把姬诵托付给了周公旦，叫周公旦暂时行使代理天子的职权。

姬诵继承了王位，就是周成王。周公辅政后，为了稳定局面，采取了一系列措施：确定了直接传位给嫡长子的传位制度，这样就可以避免王室之中为了争夺王位引起内战了；划分了王室奴隶主贵族的等级和特权，规定了每个等级应该穿的服饰和平时需要遵守的礼仪，尊卑有序，这就是著名的“周礼”；针对老百姓也制定了详细的行为规范，据说有三千条之多，后人常说的“刑不上大夫，礼不下庶人”，指的就是周公的这套制度了。

周公不但尽心治理朝政，还用心教导姬诵，留下了“天子无戏言”的典故，也因此在百姓心目中威望很高。尽管他位高权重，为人却十分谦逊。他原本有自己的封地，可因管理国政，无法顾及，等儿子伯禽长大了，他就把伯禽派到封地鲁国去当国君。

伯禽临走前，特来向父亲辞行，想听听父亲的教诲。周公对他说：“我是文王的儿子，武王的弟弟，当今天子的叔叔，你觉得我的地位如何？”伯禽说：“您的地位已经无人能比了。”

周公说："是啊，我的地位确实很高。可我每次洗头发的时候，一碰到急事，就马上停止洗发，把头发握在手里去办事；吃饭的时候，一有人来报告事情，就把来不及咽下的饭菜吐出来去与人交谈。就算这样，我还怕天下有才能的人不肯来呢？你去了鲁国，千万不能骄傲自大啊！"

周公兢兢业业地治理朝政，辅佐成王，他的弟弟管叔、蔡叔、霍叔因嫉妒心怀不满，就在外面造谣，说周公有野心，想要篡夺王位。他们还和纣王的儿子武庚勾结起来，联络一批殷商的旧贵族和东夷的几个部落，怂恿他们起兵造反。

谣言传到镐京，闹得沸沸扬扬，连另外两个辅政大臣召公奭和太公望也怀疑起周公来。周公心里很难过，他和两位大臣诚恳地谈了一次话，将手中的行政权托付给了他

们，又立刻为成王举行了“冠礼”仪式，表示成王可以亲政了，然后就离开了镐京。

周公一走，武庚和东夷的一些部落果然**蠢蠢欲动**，管叔等人却无动于衷。成王他们这才相信了周公的清白，连忙把周公请回来应付危机。

周公回到镐京后，让太公望率军拦截东夷对武庚的支援，自己则亲率大军攻打朝歌。这时，城中的百姓和士兵都被发动起来了，周公一时无法取胜，便把朝歌团团围住，等到朝歌弹尽粮绝的时候，再发起总攻，终于杀死了武庚。

经过三年的艰苦作战，周公平定了叛乱，霍叔和蔡叔也都受到了严惩。管叔觉得没有面目见他的哥哥和侄儿，就上吊自杀了。一大批跟随武庚一起叛乱的商朝奴隶主、贵族也成了俘虏，被周公称为“顽民”。

周公平叛归来后，在中原的中心地带，即镐京西边的洛邑建了一座都城，取名成周，便于对中原进行统治。同时还把商朝“顽民”们迁到那里集中居住，派军队监管他们。从此，周朝就有了两座都城，西都镐京，东都洛邑。

周公辅政七年，周王朝的统治总算巩固下来，成了一个繁华统一的国家。

这时，周成王二十岁了，周公把权力全部交还给了成王，自己只做了一个普通的臣子。辞官后，他回到了东都洛邑，看管那里的“顽民”，为成王排除后顾之忧。

辞官三年后，周公得了重病，临死前留下遗言：“请把我葬在洛邑，我是大王的臣子，要一直追随在大王身边。”周公死后，成王很感激这个叔叔，为了表示对他的尊重，把周公葬在了周武王的墓地旁，还说：“我不敢把周公当成我的臣子。”

周公一生为了国家的利益鞠躬尽瘁，他的功绩和德行为后人传颂，周朝因为他的治理，变得稳定繁荣。

周公辅政对后世产生了深远的影响，周成王的儿子周康王继位后，继续执行周公留下的种种有利于国家的政策。周成王和周康王在位的四十多年里，是周朝国力最为强盛的时期，让“小邦周”

成了“大邦周”。据说，当时天下安宁，夜不闭户，路不拾遗，人民安居乐业，一片升平盛世的景象，足足有四十年没有发生过刑罚事件，这一段历史时期被称为“成康之治”。

历史小启迪

周公虽然一直行使着代理天子的权力，地位尊贵，但他从不居功自傲、目中无人，更没有忘记自己身为臣子的职责，从摄政到还政，有始有终，始终为国家利益着想，为周王朝的统一和繁荣做出了巨大的贡献。这种无私奉献、鞠躬尽瘁的精神，将永远被后人称颂。

国人暴动

周朝传位到第十位国君周厉王时，国力早已衰败下来。一些强大起来的诸侯，开始不把周天子放在眼里，南方诸侯国楚国已经公开称王；周朝边境的很多少数民族也不满周朝对他们的征伐，开始大肆反攻，对周朝的经济和社会安定造成了很大的困扰。另外，王公贵族们喜欢奢侈享受，对奴隶和普通百姓的剥削越来越严重，平民和奴隶的不满情绪也在不断增长，导致阶级矛盾不断加剧。

在种种内忧外患之下，周厉王决定大力发展军事。他不断出兵攻打那些侵犯周朝边境的少数民族，征讨不服从周朝管理的诸侯国，总算稳定了局势，可周朝的百姓也渐渐承担不起战争的重负了。

周厉王宠信一个名叫荣夷公的大臣。一天，荣夷公给周厉王出了一个主意：“大王，这整个天下，所有的山川、河流都是您的，不如您把它们全都封起来，要交了钱才能上山砍柴、下河捉鱼，不交就不准进。”周厉王觉得这个主意很好，顿时眉开眼笑。

大臣芮良夫劝谏周厉王说：“身为天子，应该把各种财物分给群臣和百姓，让天下共享才是长久兴盛之道，怎么能独占天下财利呢？这样下去，周朝很快就要灭亡了。”周厉王不听劝阻，还是实行了这个“专利法”。这下，老百姓不光种田要交税，连喝水、走路、采药也要交税，有的老百姓活不下去了，只好卖儿卖女，过得非常凄惨。

在周朝的制度中，住在野外的农夫叫“野人”，住在都城里的平民叫“国人”。国人们首先怨声

载道起来。大臣召公虎进宫告诉厉王："大王，百姓已经忍受不了了，您再不想想办法，很快就会出乱子的。"厉王不但没有收敛，反而变本加厉起来。他不但对山川、河流收税，对那些小手工业者，甚至卖柴的也不放过，不肯纳税的就抓进监狱做苦工，甚至处以极刑。为了敛聚更多的财富，他又开始出售官爵。

百姓们忍无可忍，纷纷痛骂周厉王。周厉王知道后，火冒三丈，下令禁止国人批评朝政，又从卫国找来一个巫师，以替人占卜算命为名，专门刺探批评朝政的人，一旦发现，就把他们抓进监狱，在脸上刺字、割鼻或砍脚，甚至处以杀头的刑罚。百姓们再也不敢在公开场合里议论国政，在路上碰到熟人，都互相用眼神示意，一言不发就匆匆离去。

厉王对此十分满意，得意扬扬地对召公虎说："现在不是没有人议论了吗？"

召公虎说："这样只是堵住了百姓的嘴，可又能堵多久呢？堵住人的嘴，不让人说话，比堵住河流还要危险啊！百姓就像河水一样，想治理好他们，要靠疏导，让他们的言论可以传达到朝堂上，这样君王才能顺利地处理政事。如果一直不让百姓说话，就像堵住了河流，不让河水流动，等河流冲破了堤口，国家就危险了呀！”

厉王讨了个没趣，一怒之下，命荣夷公加大了“专利法”的范围，对百姓的压榨越来越厉害。

公元前841年，国人再也无法忍受厉王的暴政，他们拿起棍棒，扛着锄头，像潮水一样涌进了王宫，要杀死厉王。厉王调动不了军队，只好慌张地带了一批随从逃命，一直逃到了彘地（今山西霍州东北）。

国人闯进王宫，没有找到厉王，听说召公虎把太子静藏了起来，又围住召公虎家，要召公虎交出太子。召公虎无奈，只好把自己的儿子冒充成太子送出去，才把太子保了下来。

厉王逃走后，国家没有了君王，大臣们经过商议，由召公虎和另一个大臣卫武公代行执政，又召集贵族们组织了议会，一起处理国家政务。因卫武公的封地在共，名叫和，历史上就把这段

时期的执政方式称为“共和行政”，这一年称为“共和元年”。从共和元年（即公元前841年）起，中国历史有了确切的纪年。

十四年之后，周厉王在彘死去。大臣们拥立太子姬静即位，就是周宣王。宣王吸取厉王的教训，励精图治，得到了诸侯们的拥护，史称“宣王中兴”。但是，经过这一场国人暴动，周朝已经外强中干，国力大为衰退，再也不复从前的兴盛。

历史小启迪

“国人暴动”动摇了西周王朝的统治，直接导致西周王室日趋衰微，出现了分崩离析的局面。可见当出现问题和矛盾时，一味地回避，不寻求解决之道，只会让矛盾越来越激化，当矛盾和问题积压到一定程度，忽然爆发，将造成无可挽回的局面。

烽火戏诸侯

公元前782年，周幽王继位。这时的周朝国力已经很衰微了，可幽王无心打理朝政，平时最大的爱好就是搜罗珍玩美女和吃喝玩乐。

褒(bāo)国的国君褒珦（xiàng）因为得罪了周幽王，被关进大牢，一关就是三年。褒国的人到处收集珍宝，又在乡下买了一个漂亮的姑娘，教会她唱歌跳舞。随后，褒国人贿赂周幽王身边的人，找机会把姑娘和珍宝送给了周幽王，替褒珦求情。这个姑娘就是褒姒(sì)。

周幽王见到褒姒，惊为天人，顿时大喜过望，看在褒姒的面子上，就把褒珦放了。

周幽王从此与褒姒形影不离，把国家大事完全抛到了一边。王后申后对此忧心忡忡，几次劝谏周幽王，周幽王不但听不进去，反而对申后更加疏远了。

可周幽王很快就烦恼起来，因为褒姒想念家乡，自从进宫以后，她心情抑郁，不爱说话，一次都没笑过，是个名副其实的“冰美人”。周幽王想尽办法要逗褒姒一笑。他让宫里的乐师、优伶等表演各种节目，可他们使尽浑身解数，褒姒仍然不笑。周幽王急了，就颁布了一个悬赏令：谁能让褒姒笑一下，就赏他千金。

没多久，一个叫虢(guó)石父的大臣给周幽王出了一个主意——点烽火。那个时候，为了防范犬戎进攻，周朝在骊山一带建了二十多座用来传递信息的烽火台。敌人来犯的时候，第一座烽火

台的士兵点燃烽火，第二座烽火台的士兵看到后也会立刻点燃烽火，这样一个一个传下去，附近的诸侯看到了，就会派兵前来救援。

虢石父说：“现在天下太平，烽火台也没什么用，不如您和夫人去骊山游玩，点上烽火，夫人见到诸侯们心急火燎地带兵赶来却扑了个空的狼狈相，心里一定很高兴，说不定就笑出来了。”

周幽王拍手叫好，不顾大臣的劝阻，带着褒姒和侍从，真的去了骊山，让士兵点燃烽火。顿时，火光冲天，烽火一个接一个地传递了下去。

诸侯们看到烽火，以为犬戎打进来了，急忙召集军队赶过来，可路上一个敌人都没有。一头雾水的诸侯们到了骊山，却看到周幽王在那儿饮酒作乐。

周幽王派人告诉他们说：“辛苦大家了，不过是大王和夫人放烟火玩儿，你们回去吧！”

诸侯们气坏了，可又没有办法，只好带着兵马回到自己的封地。褒姒看到许多兵马乱哄哄地忙来忙去，终于忍不住笑了起来，这可把周幽王乐坏了。

周幽王见这一招果然管用，大喜，他重赏了出主意的虢石父。后来的几天中，又陆陆续续来了一些诸侯，他们知道自己上当了，都怒气冲冲，再也不信任周幽王了。

周幽王却满不在乎，他宠爱褒姒和褒姒所生的儿子伯服，就废黜了申后和太子宜臼，改立褒姒为后，伯服为太子。申后的父亲是申国的诸侯，得知这个消息，跑来找周幽王评理。

周幽王看到申侯竟然敢顶撞他，顿时火冒三丈，不但要削去申侯的爵位，还要去征讨申国。

申国国小兵少，根本挡不住周朝的大军，于是有人建议申侯向犬戎借兵。犬戎早就惦记着中原的财富，一听申侯要借兵，求之不得，立即发兵一万多人，向镐京杀来。

周幽王听到犬戎进攻的消息，惊慌失措，连忙命人把骊山的烽火点起来。烽火倒是燃起来了，可是诸侯们以为又是周幽王在逗褒姒玩儿，谁也不来救援。

周幽王后悔不已，只好派大将郑伯友领兵出战。可镐京的兵马不多，很快就被犬戎兵打得落花流水，郑伯友也战死了。犬戎的兵马像潮水一样涌进城来，大肆烧杀抢掠，把镐京搞得一片狼藉。周幽王慌了神，问一向很信任的大臣虢石父怎么办才好，可虢石父只懂花言巧语，哪里懂带兵打仗呢？他根本没有主意。

结果，公元前771年，镐京被攻破，周幽王和虢石父被杀，褒姒也被犬戎兵掳走了。

犬戎退走后，诸侯及大臣们拥立原太子宜臼为天子，即周平王。

公元前 770 年，周平王把都城从镐京迁到了洛阳，因为洛阳在镐京东边，所以历史上把周平王之后的周朝称为“东周”。

历史小启迪

烽火在古代本是敌寇侵犯时的紧急军事报警信号，可是周幽王为了博褒姒一笑，点燃烽火，把千军万马当成招之即来、挥之即去的取乐工具。这一历史事件在很大程度上是西周被犬戎灭亡的导火线，褒姒也成了古代历史上红颜祸水的典型代表。